东北师范大学青年学者出版基金资助
中央高校基本科研业务费专项资金资助

闫欢　等◎著

积极网络舆论引导论

中国社会科学出版社

图书在版编目(CIP)数据

积极网络舆论引导论／闫欢等著．—北京：中国社会科学出版社，2017.6

ISBN 978-7-5203-0099-5

Ⅰ.①积… Ⅱ.①闫… Ⅲ.①互联网络-舆论-研究-中国 Ⅳ.①G219.2

中国版本图书馆 CIP 数据核字(2017)第 067748 号

出 版 人 赵剑英
责任编辑 曲弘梅
责任校对 刘 娟
责任印制 戴 宽

出　　版 中国社会科学出版社
社　　址 北京鼓楼西大街甲 158 号
邮　　编 100720
网　　址 http：//www.csspw.cn
发 行 部 010-84083685
门 市 部 010-84029450
经　　销 新华书店及其他书店

印刷装订 北京君升印刷有限公司
版　　次 2017 年 6 月第 1 版
印　　次 2017 年 6 月第 1 次印刷

开　　本 710×1000 1/16
印　　张 19.25
插　　页 2
字　　数 280 千字
定　　价 86.00 元

凡购买中国社会科学出版社图书，如有质量问题请与本社营销中心联系调换
电话：010-84083683

目　录

绪言　积极网络舆论：国家与市民社会良性互动的媒介实践

起始于被称作“微博元年”的2010年，经过2011年的“微信元年”，直至2016年的“虚拟现实（Virtual Reality，VR）元年”，社交媒介新技术与新媒介形态的普及与应用，使得人们的生活场景发生了巨大的变化。无时无处不握着手机的人们，沉浸于各种形态的媒介信息海洋与媒介关系网络中，视频的、音频的、文字的以及混合在一起的各种形态的媒介信息在我们的指尖传递，媒介成为我们生活中须臾不可缺的“朋友”：她实时（甚至仿真）地告诉我们全球正在发生的大事小情，（让我们每个人都有机会因看似“眼观六路、耳听八方”而对赖以生存的世界发出前所未有的“忧患观照”）；诸如环境污染、气候变暖、食品安全、流行病以及各种资源稀缺等对个体、社会以及国家发展产生阻碍的话题，不再仅是国家、政府、企业、组织层面面临的发展压力，而成为关系每个人切身利益的生存生态。

微博、微信等社交媒介传播为人们带来认知客观世界的场域，而认知的同时更融入情绪情感要素，尤其是对转型社会发展进程中所遇到的问题的认知，很容易发生担忧、沮丧、愤怒与怨恨等负面情绪，这些负面情绪反过来对人们的认知结果起到破坏、瓦解、限制或阻断的影响。不仅如此，社交媒介也为人们提供了公共意见表达的载体，不同个体在群体中的关系与意见领袖的影响下，形成屡有发生的或从众、或集群等负面舆论宣泄现象，造成极大的社会负面影响。因而，在对网络舆论的已有研究中，人们多倾向于对负面舆论规律的关注，并由此进行负面网络舆情的预警、提出舆论引导的相关策略，以抵御负面舆论的形成与负面社会影响。

我们似乎在针对负面网络事件的舆情中，忽略了积极舆论的现象，如在2015年“8·12”天津爆炸事件中，在公众对天津媒体及事件相关部门的负面网络舆论中，同样可以看到有关对消防官兵的敬畏情绪下所形成的积极网络舆情。不仅如此，在网络舆论中，在对现实的忧患意识下，更多的公众在积极地参与有关正义、民主、平等、责任、仁爱、宽容等议题的讨论中，乐观地进行各种的关注、表达、分享与讨论，并在其中体验来自媒介环境所营造的各种积极情绪，进而累积形成促发各类亲社会的积极外显行为的动机，试图借此来为己、为人、为社会、为国家乃至世界做出有益的事情，并由此形成积极网络舆论。

舆论引导研究中多关注了针对社交媒体与主流媒体之间所形成的两个舆论场的对峙，以及群体性事件的社交媒介负面舆论生成演变机制，多关注了负面舆论及其负面影响，却将人性中对美好的向往中的积极网络舆论视为应然的现象与结论，而忽略了对其生成机制及其社会积极影响规律的认知与应用。

如果我们把目光投向积极的网络舆论，我们或许可以从对网络负面舆论的生成规律及其负面影响的探究转而指向这样的议题：从个体层面，如何能在媒介生态中获取幸福；从国家层面，如何建构并培养积极的网络社会心态，如何在传播路径上实现与公众的良性互动，进而实现国家与社会的积极转型。因此，积极网络舆论就成为对个体幸福、社会稳定与国家繁荣等既与个体生活息息相关，又与社会、国家的宏大叙事密不可分的议题。

一　国家与市民社会良性互动的理论溯源

国家与市民社会良性互动理论是全球化背景下世界各国在国家建设上所秉持的重要理念。这一理论的形成起源于人类社会在政治生活发展历程中对国家与市民社会关系的认识，并伴随国家的演进而逐步发展而来。在西方社会的理论透视与实践中，国家与市民社会的关系大致经历了三个阶段：混沌不清、进展对峙与良性互动。①

① 荆学民、李彦冰：《政治传播视野：国家形象塑造与传播中的国家理念析论——以政治国家与市民社会的良性互动为理论基点》，《现代传播》2010年第11期。

古希腊时期，国家与市民社会的关系是混沌不清的。我们可以从两个方面来尝试理解这一关系的特征与形成。其一，古希腊时期的国家以城邦出现，凡自由的成年男子都享有参与政府工作的平等权利。正如柏拉图在《对话录》中所描绘的苏格拉底的社会生活与政治生活融合的图景："上午逛街，陪妻子，陪孩子，下午出去参加哲学辩论，参与政治讨论，投票等。"① 在这里，人们的社会生活和政治生活是相互融合的，在一定程度上，社会生活即是政治生活，难以将二者的关系完全剥离。马克思在回顾中世纪时的政治国家与市民社会关系时也认为："人民的生活和国家的生活是同一的。"② 其二，从对这一关系所依托的思想体系来判定城邦与市民社会关系的混合性。古希腊思想家柏拉图在苏格拉底所提出的"知识即美德"的判断基础上，提出人必然同社会分工合作而结成国家的思想。亚里士多德进而提出了"人是天生的政治动物""人是自然趋向于联邦生活的动物"。亚里士多德认为凡有权参加议事和审判职能的人，就是城邦的公民，城邦就是为了维持自给生活而具有足够人数的一个公民集团。一面是具有政治本质属性的公民所形成的市民社会，另一面是有足够人数的公民集团并以为公民服务为目的的城邦，一旦市民社会与城邦的政治取向与目的得以融合，国家与市民社会的界限就必然模糊起来。此外，为当代学术界所采纳的"市民社会"的概念也由于古希腊时期的这种城邦与市民社会关系的混沌不清，是由"政治社会"这一概念所缘起的③，正是这一概念的理论渊源将政治、市民社会与国家结为一体，并为我们持续讨论国家与市民社会的关系带来了逻辑起点。

伴随从文艺复兴到各国的资产阶级革命的历史脉络，西方资本主义国家得以诞生与发展，国家与市民社会之间的问题随之凸显，资产阶级政治思想家们对国家与市民社会的关系给予了持续关注，二者的关系从混沌不清发展至利益对峙。正如卢梭所认为，私有制的出现使

① ［美］诺曼·莱文：《马克思的国家与市民社会理论》，王今一译，《中国政法大学学报》2009 年第 4 期。

② 《马克思恩格斯全集》第 1 卷，人民出版社 1972 年版，第 284 页。

③ 肖岁寒：《市民社会的历史考察》，《天津社会科学》1999 年第 3 期。

人类出现了不平等，为了保护私有财产和个人自由，人们订立了社会契约，建立了国家[①]，资本主义国家就是维护资本主义生产关系和资产阶级根本利益的工具。而亚当·斯密的古典经济学认为每一个人处在他当时的地位，显然能判断得比政治家或立法家好得多[②]，这意味着作为经济领域的市民社会又是独立于作为政治领域的国家的，市民社会服从于经济体系，而不是代表资产阶级利益的国家。洛克在这一观点的启发下进而提出“社会先于或外在于国家”的市民社会理论。国家与市民社会之间由此出现界限，孟德斯鸠和他的继承者托克维尔认为国家与市民社会是分立自治及相互制衡的，社会由其政治社会予以界定，但作为政治社会的强大的君主制须受制于法治，而法治须按分权原则独立的“中间机构来加以捍卫”[③]，在国家与市民社会之间的中间机构在调和目的的达成中却难免唤起并促发了国家与市民社会的关系对峙。黑格尔进一步阐明了二者的对立关系，认为体现特殊性的市民社会独立于国家，但在伦理上并不自足，需要代表普遍利益的国家对其加以救济[④]。

20世纪50年代以来，国家与市民社会的关系进一步成为学术界讨论的热点。我国学者在对西方国家与市民社会理论的引入与梳理过程中逐渐认识到马克思的良性互动理论的精髓。马克思承认黑格尔所提出的国家与市民社会的分野，但是对黑格尔的国家决定市民社会的认识的逻辑基础给予了批判，指出是市民社会决定了国家。而西方马克思主义理论家并未沿袭马克思的良性互动理论脉络，即便是西方马克思主义的代表人物葛兰西对国家与市民社会的关系的阐释中也过多地强调了国家与市民社会的对峙，认为组成市民社会的学校、教会、公民团体等这些机构都被统合进了国家，为了争取市民社会的支持，更好地维护自己的垄断地位，国家的触角深入市民社会，从而形成国

① 吴琦：《试论卢梭的社会契约思想》，《江西社会科学》1994年第5期。

② 洪明月：《国家与社会的边界和互动》，《江苏省社会主义学院学报》2006年第3期。

③ 邓正来：《关于“国家与市民社会”框架的反思与批判》，《吉林大学社会科学学报》2006年第5期。

④ 同上。

家与市民社会的对立和冲突。为传播学者所熟识的哈贝马斯的市民社会理论，也承认了市民社会是独立于政治国家的私人领域，在市场领域和文化领域两个方面对市民社会给予深入的论证，但是其批判的焦点仍旧是市民社会与国家之间的对峙，而非良性互动层面的建构，这与批判学派学者所身处的资本主义国家的性质是不无关系的。而马克思则在承认国家和市民社会的分野的同时，不止于对资本主义的批判，认为市民社会决定国家，并在此基础上提出了国家与市民社会良性互动的理论，把注意力聚焦在解决二者之间的冲突上，认为市民社会本身矛盾的克服在于其自身的发展，只有通过经济基础的改变从而改变社会利益关系，并最终达到公共利益的实现。①

我国学者始终坚持马克思主义国家学说，马克思的国家与市民社会良性互动理论是与我国的政治体制、社会主义国家发展现状特征是相契合的，我国是人民民主专政的社会主义国家，这一政体决定了国家和市民社会良性互动的基础与发展走向。因而，解决社会主义国家发展进程中出现的问题也是要以这一基本政体为依托的，这是我们从良性互动角度探索两个舆论场规律、积极舆论引导规律的出发点与研究目的所在。而在我国改革开放之后，由于市场化和民主浪潮的推进，中西方理论界对我国国家与市民社会的关系的讨论中，并未将理论的注意力放置于对二者良性互动关系的建构上，而是更多地沿袭了对二者关系对峙的理论基点加以批判，例如，奥斯特加德使用市民社会反抗国家的理论模式解释了20世纪80年代末期的政治实践②；也有学者针对对峙的关系的调和进行了讨论，华人学者戴慕珍使用“法团主义模式”强调了地方利益共同体的作用，黄宗智提出了国家与市民社会的“第三领域”理论模式，即在国家与市民社会之间存在着一个第三空间，而国家与社会又都参与其中，这些理论在一定程度上解释了转型中的中国在国家与市民社会对峙关系中如何调和的途径。

① 陈晏清等：《市民社会观念的当代演变及其意义》，《南开大学学报》2001年第6期。

② 顾昕：《当代中国有无公民社会与公共空间？评西方学者有关论述》，《当代中国研究》1994年第4期。

我国学者也进一步提出“分类控制体系”模式、“行政吸纳社会”模式①等，试图由此来避免陷入西方民主的窠臼之中。但是，我国学者邓正来明确指出，认为这两种理论秉承实证主义路径，无法站在中国市民社会和民主政治建设高度来建构未来。邓正来进而强调不同的知识系统在中国社会转型中的遭遇，需要改变原有的社会结构并趋向于国家与社会相分离却良性互动的社会结构。②

基于国家与市民社会良性互动的理论视角，邓正来进一步尝试建构出“生存性智慧理论”模式，认为“生存性智慧”是人们在生活实践中习得的，应对生活世界各种生存挑战的“智慧”，在此作用下逐步形成独特的、符合“中国理想图景”要求的市民社会发育及民主转型模式。邓正来认为，生存性智慧不属于知识范畴，但中国人的“生存性智慧”常常是以具有当然有效性的某种官方意识形态为伪装或外衣的，那些在意识形态视域中具有有效性的各种知识都会在符合“责任伦理”的原则下与“生存性智慧”构成互动关系，甚至衍化成其本身的内容。③ 回到本文所试图探寻的国家与市民社会良性互动的理论视角下进行积极网络舆论引导的议题上，笔者认为主流媒体所传播的核心价值观为公民的价值判断提供责任伦理（以后果为导向的具体道德规则）模式，并内化为公民美德，进而默化为真正意识上的公民的“生存性智慧”，在此作用下形成积极的网络舆论，因而，积极网络舆论的形成将成为阐释中国国家与市民社会良性互动在传播路径上的理论机制，换句话说，也是中国国家与市民社会良性互动理论在传播实践中的检验，从这一理论视角看去，积极网络舆论的形成就体现为公民美德与主流媒体正能量传播的主流价值之间良性互动的某种顺应、强化。

---

① 康晓光：《转型时期的中国社团》，《中国社会科学季刊》1999 年版，第 28 页。

② 邓正来：《国家与市民社会：中国市民社会研究》，转引自邓正来《生存性智慧模式——对中国市民社会既有理论模式的检视》，《吉林大学社会科学学报》2011 年第 3 期。

③ 邓正来：《“生存性智慧模式”——对中国市民社会研究既有理论模式的检视》，《吉林大学社会科学学报》2011 年第 2 期。

二　公民美德的理论溯源及其对促进舆论互动的主体价值

为了更好地理解积极网络舆论在国家与市民社会良性互动的传播路径中的积极作用，我们有必要厘清什么是公民美德，这一市民社会活力的内在价值与动力源泉。公民美德这一概念在西方政治思想史中占有非常重要的地位，其所指中包含了某些特有的假定或理智的习惯。西方对公民美德的研究先后经历了共和主义传统到自由主义观念的历史脉络。如前所述及，在国家与市民社会的关系处于混沌的古希腊时期，亚里士多德做出人是“政治人”的假设，认为人在本性上应该是一个政治动物，个人的人格依赖于他从物的世界中解放出来并进入到政治的世界中，只有通过承担军事义务和参与政治而服务于共同体，公民才真正获得作为人的价值，而承担军事义务和参与政治就被视为体现了公民美德，并且道德和善的生活也将通过履行公民美德而得到公开的表达。[①] 以执着追求人类的自由、平等、民主和共和的卢梭，把美德称为各个人的个别意志与公共意志的协调，尽管公共意志体现并代表所有成员的利益，但每个成员的意志仍有时要和整体意志发生矛盾，这种情况下，要通过调节个人的意志使之与公共意志相一致。也就是说，公民的小我要从国家的大我出发，考虑和满足小我的愿望和要求，有时宁可牺牲个人的小我，也要保全国家这个大我。公民美德的核心和本质就是爱国思想，协调小我和大我的最灵验方法就是爱国思想，卢梭认为爱国思想产生了美德的最伟大的奇迹。

西方政治学不仅对公民美德的政治效用加以阐释，也不断论争了公民美德的内涵，诸如，亚里士多德认为理想城邦的公民应有智慧、节制、勇敢和正义这四种美德；阿伦特将勇气、言行恪守边界适度、宽恕和承诺视为公民美德；拉克维尔认为现代公民美德源自个人美德，通过启蒙和引导得以形塑。我国学者对西方公民美德的现当代研究进行了一定的引入，也强调了公民美德的政治性和公共性，如吴俊认为公民美德包括爱国主义、公民参与、正义感、宽容和文明礼貌[②]。

---

① 朱前星：《政治哲学视域中的公民美德》，《伦理学研究》2009 年第 9 期。

② 吴俊：《论公民美德》，《哲学研究》2010 年第 3 期。

我们追溯心理学的学术脉络时，发现作为21世纪国际心理学重心的、研究人类的积极心理品质、关注人类的健康幸福与和谐发展的积极心理学对人类美德给出了概念性的界定和操作化的工具。积极心理学家彼得森和塞利格曼基于全世界主要宗教流派和哲学流派提出六种跨文化美德，即智慧、勇气、仁慈、正义、节制和超越①。积极心理学与前述政治思想史以及政治学脉络下的公民美德尽管理论视角有所不同：前者在于与美好生活有关的人格特质；后者在共和主义传统中被视为一种“积极的公民资格”，在自由主义传统中旨在维持公民社会正常运转的底线意义上的“社会品德”，这种社会品德不仅适用于政治活动，也适用于日常行为。但我们仍可见，积极心理学理论所建构的人类性格优势与美德的内涵与政治哲学视域中的公民美德的内涵的目的趋近性，正如表0-1所呈现。

表0-1　　　　公民美德与美德优势的内涵对照

<table>
<tr><th colspan="2">政治哲学视域下的公民美德</th><th colspan="2">积极心理学视野中的美德优势</th></tr>
<tr><td>亚里士多德</td><td>智慧　节制　勇敢　正义</td><td rowspan="4">彼得森和塞利格曼</td><td rowspan="4">智慧　勇气　节制
仁慈　超越　正义</td></tr>
<tr><td>阿伦特</td><td>勇气　言行恪守边界
适度　宽恕　承诺</td></tr>
<tr><td rowspan="2">吴俊</td><td>爱国主义　公民参与</td></tr>
<tr><td>正义感　宽容　文明礼貌</td></tr>
</table>

中国传统文化中也尤为重视美德，诸如孔子以“知、仁、勇”为三达德，孟子以“仁义礼智”为四基德，管仲提出“四维七体”，四维是礼义廉耻，七体是孝悌慈惠、恭敬忠信、中正比宜、整齐樽诎、纤啬省用、敦蠓纯固、和协辑睦。中华传统美德与西方政治学的公民美德、积极心理学的美德优势在价值内涵上也具有一定的趋近性，既兼顾了个体美德优势的重要性，又强调其在国家政治生活中的道德规约作用。

回到笔者所要探讨的积极网络舆论议题上，如前所述，积极网络

---

① ［美］Peterson, C., & Seligman, M., *Character strengths and virtues, A handbook and classification*. New York: Oxford University Press, 2004, p. 13.

舆论实质上是在传播路径中主流媒体所传播的主流价值与市民社会中积极舆论主体的公民美德形成良性互动的必由之路与结果。这里的“公民美德”不再只是西方政治学与积极心理学视角下的“公民美德”与“美德优势”，而是糅合了中国传统美德在内的“公民美德”；主流媒体所传播的核心价值具有对公民美德的社会记忆的唤醒、认同与重构的作用，通过沉浸、品味与升华等积极心理机制，在主流媒体的核心价值的引导下，公民美德进而内化为公民的积极应对生活世界挑战的“生存性智慧”，从而形成积极的网络舆论场，促发一个有序的、独特的中国市民社会的形成。

第一章 作为积极网络舆论主体的积极传播者

媒介技术的发展日新月异，媒介技术的进步推动着媒介环境的变化及媒介功能的转变，媒介环境的蜕变引起受众观念与行为的变化，从而完成了受众角色与身份的转化。社交与虚拟现实媒介环境下，受众已经突破了传统媒体中信息接收者的角色，媒介对人体的延伸的同时，也完成了受众"话语权"的回归，受众已经打破了信息传播的单向壁垒，活跃于信息传播网络中的受众已俨然成为真正的舆论主体，成为信息的积极传播者。

为进一步阐明作为积极网络舆论主体的积极传播者的理论内涵，从而发展并培植积极的舆论主体，笔者回溯了受众研究的理论源头，梳理出从消极受众观发展到积极受众观的历史脉络，试图在积极受众观的理论衍化进程中建构出内涵更为丰富、更适用于当下舆论环境，契合国家与市民社会良性互动理论的积极网络舆论主体理论。

第一节 积极受众观的历史脉络

西方的受众研究经历了由"消极"过渡到"积极"的研究转向。不论批判学派视野中，还是经验学派的实证研究都呈现出这一发展趋势。在新媒介舆论环境中，网络的发展和扩散带来的交互性为受众理论的发展提供新的思路，积极受众研究与媒介的社会功能相联结，受众分析的技巧日益成熟。受众研究经历了批判范式、行为范式到观展范式，呈现出较为显著的实践转向，日益凸显受众个体的主动性。

一　传播学批判学派视野中的消极受众

在传播学批判学派的视野中，消极受众理论在很长一段时间占有主导地位。形成于20世纪二三十年代的法兰克福学派运用理性的批判，在学术上形成了其独特的风格和地位。法兰克福学派在继承马克思主义意识形态批判理论的基础上，结合弗洛伊德的精神分析方法，对“文化工业”进行了深刻的分析和批判，在宏观的媒介影响与微观的受众心理关系上有较为深入的分析。“法兰克福学派虽然没有系统化的受众研究，但其关于大众文化的批判与分析却是开创性的，其受众理论思想正蕴含在其对‘文化工业’的批判之中。”① 英国学者斯特里纳蒂对此这样评价：“如果不了解法兰克福学派，那么无论如何都很难理解对通俗文化的分析。”② 早期法兰克福学派通过对文化工业的分析和批判，用文化工业取代大众文化的概念，定义了受众的位置，认为“受众是被资产阶级所生产的文化所麻痹的大众，不加选择、麻木被动地接受一切文化”③，可见，法兰克福学派是消极受众观的主要代表，其将传播中的文本和信息作为研究的主要对象，而忽视了作为受众的人的积极主动性和能动性，没有开展真正意义上的受众研究。作为法兰克福学派的主要代表人物，霍克海默、阿多诺、马尔库塞和哈贝马斯等学者对受众的论断构成了法兰克福学派消极受众的主要观点。

1. 霍克海默和阿多诺：欺骗受众的启蒙精神

霍克海默和阿多诺合著的《启蒙辩证法》于1947年出版，书中对近代以来的启蒙进行了深刻的批判，“开创了对发达工业社会和晚期资本主义的法兰克福式批判的先例”④，为其后法兰克福学派的发展开辟了道路，马尔库塞和哈贝马斯的研究也延续了该理论思想。霍克海默和阿多诺认为，资本主义笼罩下的文化工业，已经与经济、政

① 陈晨：《西方当代受众理论批判》，硕士学位论文，新疆大学，2011年。

② ［英］斯特里纳蒂：《通俗文化理论导论》，商务印书馆2000年版，第61页。

③ 陈晨：《西方当代受众理论批判》，硕士学位论文，新疆大学，2011年。

④ ［德］霍克海默、阿多诺：《启蒙辩证法》，重庆出版社1993年版，第3页。

治产生密切联系并不可分割，因此，他们用“文化工业”取代了“大众文化”，更明确定位了大众文化的属性，并指出“文化工业只承认效益，它破坏文艺作品的反叛性，而从属于代替作品的格式”。①因而，文化工业维护了真正当权者的利益，大众媒介成为了资本欺骗消费者的工具。

“文化工业”指出了大众文化的商品经济属性，文化产品的生产都在资本主义文化工业的控制之中，受制于资本主义商品经济的利益最大化原则，大众文化从属于市场压力，导致文化产品迎合利益缺乏思考，而深陷其中的受众毫无主动性可言。阿多诺在《电视和大众文化模式》中指出：“现代大众文化已转变成一种心理控制的手段，这种操控是隐蔽的，在不知不觉中悄然进行的。大众文化对人们的满足是虚假的，而控制才是真实的。”② 在大众文化的潜在影响下，受众逐渐丧失了自身的判断能力，标准化产品和机械化节奏使受众越发麻木并易被操纵。

在资本主义社会关系的压迫下，受众的自我力量被逐渐消减，而资本主义社会中家庭功能的衰落，也加速了这一进程。社会媒介影响与强化过程中侵蚀了家庭和个人生活，自我力量衰弱后更易受到外部权威的操纵和控制，民众沦为麻木与被动的受众。

2. 马尔库塞：单向度的受众

马尔库塞在其所著的《单向度的人——发达工业社会的意识形态研究》一书中，揭示了“异化”的本质，并对单向度的社会进行了批判。他认为，资本主义发达工业社会其经济力量和技术设备具有极权主义性质，并对个体意识具有较强的统治力量。人们在无限的物质需求与享乐的过程中，推动了控制效果的加强，大众文化产品扼杀了社会中的反对意见和反对力量，将批判意识消磨殆尽。社会由此成为单向度的社会，个体成为丧失了合理批判能力、畸形的“单向度的人”。

马尔库塞指出，西方发达资本主义社会是一个无对立面的社会。

① ［德］霍克海默、阿多诺：《启蒙辩证法》，重庆出版社 1993 年版，第 10 页。

② 尤战生：《流行的代价——法兰克福学派大众文化批判理论研究》，山东大学出版社 2006 年版，第 153 页。

其特色在于，它在绝对优势的效率和不断增长的生活标准的基础上，依靠技术进步并扩展到整个统治和协作体系，并创造了一些生活方式或权利，来调和社会对抗和矛盾，达到对立面的一体化。[①] 他认为，“极权主义”是社会恐怖主义的政治协调和非恐怖主义的经济——技术协调，该协调在操纵需求时依靠既得利益。“极权主义”刺激起了不属于人本性的物质需求和享受欲望，针对该现象，马尔库塞提出了非常重要的“真实的需求”和“虚假的需求”的思想。在他看来，“虚假的需求”是指那些在个人压抑中由特殊的社会利益强加给个人的需求，这些需求使艰辛、侵略、不幸和不公平长期存在下去。这些需求的满足也许对个人是最满意的，但如果这种幸福被用来阻止发展那种鉴别整体的疾病并把握治愈这种疾病的机会的能力的话，结果将是不幸中的幸福感，就不应该维持和保护。[②] 在极权社会下，控制的加强，使人们在看似自由的情景下被强加需要，社会中的人成了单面人。

3. 哈贝马斯：公共领域中的受众

作为法兰克福学派的第二代代表人物，哈贝马斯在《公共领域的结构转型》一书中提出了“公共领域”的概念，并用该概念对资本主义的民主、言论和社会发展进行了描述和分析。在该书中，哈贝马斯从公共领域的历史起源和概念谈起，并对社会福利国家转型对公共领域结构转型的推进进行了探讨。

这里所谓的“公共领域”，是一种介于市民社会中日常生活的私人利益与国家权力领域之间的机构空间和实践，其中个体公民聚集在一起，共同讨论他们所关注的公共事务，形成某种接近于公众舆论的一致意见，并组织对抗武断的、压迫性的国家与公共权力形式，从而维护总体利益和公共福祉。[③] 公共领域最早由阅读公众组成，其构成是多元的。公共领域将原本经济市民概念转变为国家公民，均衡公民利益并使其获得普遍有效性，国家消解成为社会自我组织的媒介。

---

① ［美］赫伯特·马尔库塞：《单向度的人》，张峰等译，重庆出版社1993年版，第2页。

② 同上书，第6页。

③ 汪民安：《文化研究关键词》，江苏人民出版社2007年版，第91页。

随着公共领域的不断扩张，大众需要更为有效地行使权利进行社会交往。但是，资本主义的迅速发展导致财富分配不均衡，导致公共领域控制的不平等，官僚化的集中趋势改变了不同阶层的生活领域，国家和社会的分离逐渐消失。国家和公众对传媒的控制加强，导致了公共领域的“再封建化”。传媒的民主属性逐渐退化，政治话语取代了大众话语，大众的话语权和主动权被忽视，公民的合法权益受到了政府利益的损害。“正是这种变化导致了公共领域的结构转型，公众因此从文化批判的大众走向文化消费的大众。资本主义作为当年公共领域的催生力量，现在又亲手摧毁了这个公共领域。”①

曾经的公共领域建立于公众文化生活和需要的基础上，因此公众能保持意识独立，维持其基本的批判立场。公共领域的再封建化催生了文化消费的伪公共领域，公众的批判意识受到消费文化的消磨，经济活动渗透到文化活动中来，批判立场转化为消费观念，受众的独立意识沦陷于资本主义的经济体制中。“大众传媒塑造出来的世界所具有的仅仅是公共领域的假象。即便是他对消费者所保障的完整的私人领域，也同样是幻象。”② 公众被鼓励被动地去观看，而不是主动地参与和投入，从而丧失批判能力成为受操纵的消费大众。

在法兰克福学派对受众的论述中，受众是易受操纵被动接受的，媒介在受众面前无比强大，受众无法抵御有害的文化工业产品，受众主体与文化环境的关系被完全抹杀。受众解读文本和媒介使用的主动性被忽视，传播中的受众完全是消极的受众。

二　传播学经验学派的积极受众观缘起

20 世纪 30 年代，在“媒体无限强大”的理论之下，美国经验学派的传播效果研究者指出受众的接受犹如“皮下注射”式的无意识被动输入，认为传播媒介的力量强大不可抵御，媒介向受众传播

① 臧海群、张晨阳：《受众学说：多维学术视野的关照与启迪》，复旦大学出版社 2007 年版，第 126 页。

② ［德］尤尔根·哈贝马斯：《公共领域的结构转型》，曹卫东等译，学林出版社 1999 年版，第 196—197 页。

信息的过程犹如子弹击中躯体，媒介可以无形中左右受众的意见，并支配其行为。如施拉姆对“魔弹论”的论述，“传播被视为魔弹，它可以毫无阻拦地传递观念、情感、知识和欲望。……传播似乎可以把某些东西注入人的头脑，就像电流使电灯发出光亮一样直截了当”。①

其后，植根于人们认识与传播语境的变化。传播学中的“使用与满足”“沉默的螺旋”“议程设置”等理论均转换视角，从宏观的理论角度展开效果研究，促成了对于受众主体性及其地位认识的转化。其中，“使用与满足”理论强调了受众是对媒介有需求的个体，受众的媒介接触活动有着具体的需求动机，媒介使用过程是受众个人需求得到满足的过程。这个模型意味着受众观的重要改变，它抛弃了媒介对受众做了什么的思考习惯，取而代之的是考察受众对媒体会做什么。这一观念突出了一个事实：不同的媒介受众对于一个特定的节目会有不同的使用和不同的诠释，这与传播者的本意可能大相径庭。②莫利指出，这一观念正确地强调了受众在意义构建中的重要地位。使用与满足理论标志着受众不再被看作等待被媒介信息填满的空容器，而是可以按照自我的需要自主选择媒体内容的主体，从这个意义上讲，这个理论开始承认受众也可以是主动的，他们第一次被看作在能动地选择、拒绝和吸纳媒体的不同侧面。③ 这一理论促成了受众从被动接受到主动接受的改变，根据受众的不同心理特点引发的需求，均可以从媒体中吸收和建构意义，强调了受众在意义构建中的重要地位。经验学派的受众研究促成了受众从以往的“被动”地位转为“主动”，又向“相对主动”转变，使用与满足理论是从消极受众观转向积极受众观的重要理论转折之一。

---

① 张隆栋：《大众传播学总论》，中国人民大学出版社 1998 年版，第 156 页。

② ［英］戴维·莫利：《电视、受众与文化研究》，史安斌主译，新华出版社 2005 年版，第 59 页。

③ ［英］利萨·泰勒、安德鲁·威利斯：《媒介研究：文本、机构与受众》，吴靖、黄佩译，北京大学出版社 2005 年版，第 143 页。

三 批判视野中的积极受众

1. 早期的文化研究与受众转向

20世纪50年代，文化研究在英国兴起，其源头可以追溯到法兰克福学派的文化工业理论[①]。文化研究融合了马克思主义理论和其他不同理论流派的观点，研究内容涵盖了语言学、人类学等多个领域。文化研究“试图追溯历史上精英们支配文化的轨迹，批判这种支配的社会后果，并论证它如何继续作用于特定的少数群体或亚文化群”。[②] 20世纪60年代，文化研究中第一个重要学派在伯明翰大学诞生，其领军人物就是斯图尔特·霍尔[③]，至此，掀开了文化研究的新篇章。也有学者认为，英国的文化研究的真正开展始于霍尔，如金惠敏在《积极受众论》一书中指出，“霍尔之前只是英国文化研究的前史，英国文化研究自霍尔而始”。[④] 霍尔的传播理论来源于他对法国阿尔都塞的结构主义和意大利葛兰西的霸权理论的批判性继承，他著名的解码/编码模式及对主导意识形态的论述体现了他对意识形态和大众媒介的思考。霍尔的著名论文《电视话语的编码与解码》（以下简称《编码/解码》）打破了传统的传播研究范式，运用话语分析，认为话语即政治，它等同于意识形态，话语传播充满着权力斗争，而电视便是话语斗争的场所。“霍尔赋予大众媒介很高的地位，认为它形成了当代资本主义的主要意识形态制度，因为传播系统掌握了主导符号，并且是主导舆论的生产者，大众传播媒介就是通过这些主导符码将社会联接起来。”[⑤]

---

① 石义彬：《单向度、超真实、内爆——批判视野中的当代西方传播思想研究》，武汉大学出版社2003年版，第122页。

② ［美］斯坦利·巴兰、丹尼斯·戴维斯：《大众传播理论：基础、争鸣与未来》，曹书乐译，清华大学出版社2004年版，第231页。

③ 王祎：《“积极受众论”与“文化帝国主义说”的论争及延续》，《东南传播》2013年第8期。

④ 金惠敏：《积极受众论：从霍尔到莫利的伯明翰范式》，中国社会出版社2010年版，第3页。

⑤ 石义彬：《单向度、超真实、内爆——批判视野中的当代西方传播思想研究》：武汉大学出版社2003年版，第155页。

在《编码/解码》中霍尔指出，电视话语进入生产流通环节时，电视话语好比商品，要经历信息的编码/解码环节。他详细分析了电视观众的读解，提出了他最著名的、影响深远的三种受众读解模式，即：主导—霸权读解或偏好读解、协商读解以及对抗读解。偏好读解中受众赞同了传者的意见，编码和解码间意义达成了一致；协商读解中受众与编码者产生了轻微的意义争斗，读解过程中充满矛盾；对抗读解中，受众的读解与编码者的初衷背道而驰，二者处于意义的对立面。霍尔指出，三种模式并不是分离的，而是紧密联系的。

霍尔提出的三种受众读解模式对积极受众论的理论发展具有重要意义，它是积极受众论研究开展的纲领性理论，打开了受众研究的理论大门，正式完成了文化研究对受众关注的转向。“霍尔的传播理论给我们最大的启示恐怕就是恢复了受众在传播中的本原位置：传者和受众的关系是平等的。在此之前，美国的传播研究模式一直处于主导地位，受众被视为大众文化被动的消费者，霍尔彻底地打破了这一格局，赋予文化生产与接收以新的分析语汇和理论。”①

2. “积极受众论”的产生及发展

作为霍尔的门生，戴维·莫利承袭了霍尔的文化研究思想与受众主动性的研究范式，并从阿尔都塞等人的话语理论中寻找研究的出发点，成为电视研究中“积极受众论”的主要代表人物。同时，莫利推动并加速了文化研究从文本研究转向受众研究的理论进程。1980年，莫利对英国广播公司晚间新闻节目《全国新闻》的观众展开研究，目的在于验证霍尔的“编码/解码”模式。他采用定量与定性分析的方法，结合大量的观众调查与访问，运用得出的调查结果对霍尔的理论进行了修正：“首先，莫利证实了霍尔关于阶级位置对解码的影响，同时也指出，解码模式不能简单地被看作只是由阶级位置决定的，而是由社会位置与个人位置在不同话语架构的位置相互接合而决定的。从某种意义上来说，所谓主导性解码的生效，是因为信息的内容受制于编码者的意图。其次，三种解码模式之间不是彼此不相连续

① 石义彬：《单向度、超真实、内爆——批判视野中的当代西方传播思想研究》，武汉大学出版社2003年版，第146页。

的，而是存在着一条连续的‘意义输送带’。”①

此后，莫利将“民族志”的研究方法引入文化研究，通过对家庭收视情况进行调查，发表了《家庭电视：文化力量与家庭休闲》一文，“指出文本和受众之间要存在共鸣才能生成意义，否则意义将会被忽略。最后，莫利还强调话语的重要性，并指出单一性、封闭性的叙事文本的主导意义容易被觉察，而肥皂剧等开放性文本则可能产生抵抗主导意义的阐释”②。在莫利的理论建构下，“积极受众论”正式形成。

约翰·费斯克推动“积极受众论”得到了进一步的发展。在《电视文化》中，他提出了“生产者文本”概念，肯定了受众权利和主动性。他指出：“受众是意义的生产者，有能力根据自己的文化背景和社会经验对文本进行解读，从而生产出自己的文化。其阅读行为是‘在已有的文化知识与文本之间建立联系’。受众的从属地位意味着他们没有创造大众文化的资源和能力，但他们的确从有限的资源中创造了属于他们的文化。”③

综上可见，莫利等人的“积极受众论”一直在向一个“本体”的受众概念迈进，指出只有信息内容不再受制于编码者意图，才能完成受众的主导性解码；批判了受众处于从属地位时对于文化创造的扼杀。积极受众论是英国伯明翰学派对电视研究的一项重要理论贡献，从广义的大众文化研究视角来看，它突破了法兰克福学派“文化工业”论的理论局限。积极受众论日渐成为英国文化研究的基础理论，当代文化传播研究的基本逻辑起点。

3. 对“积极受众论”的相关讨论

戴维·莫利的“积极受众论”一经提出，在国际传播学和文化研究领域引起了较为强烈的反响，越来越多的传播学者加入“受众能

---

① 王祎：《“积极受众论”与“文化帝国主义说”的论争及延续》，《东南传播》2013年第8期。

② 同上。

③ ［美］约翰·菲斯克：《电视文化》，祁阿红、张鲲译，商务印书馆2005年版，第151页。

动”和“主动受众”的研究中来。博德韦杰克和范·卡姆提出的咨询型和对话型的传播关系模式，使受众在传播中获得极大的主动权。英国学者阿伯克龙比和朗斯特将消费和认同的观点纳入受众研究，提出了观展/表演范式。

此外，许多西方传播学著作对“积极受众论”理论进行了介绍和论证。例如，中文译本的著作有利萨·泰勒、安德鲁·威利斯著的《媒介研究：文本、机构与受众》（*Media Studies：Texts、Institutions and Audiences*），该书中对莫利1986年开展的《家庭电视》的研究进行了介绍和评析，指出其研究表明了“了解文本和受众消费方式之间的联系，不能脱离受众在家庭环境下所处的地位”①，同时指出其研究存在的潜在问题，即“因为没有检验家庭成员对特定节目可能做出的解码，莫利无法研究家庭角色如何被文本内容所建构”②。此外，罗杰·迪金森、拉马斯瓦米·哈里德拉纳斯和奥尔加·林耐著的《受众研究读本》（*Approaches to Audience：A Reader*），约翰·塔洛克著的《电视受众研究——文化理论与方法》（*Watching Television Audiences：Cultural Theories & Methods*）也对“积极受众论”的理论有所论述。

“积极受众论”理论研究中所运用的“民族志”研究方法也得到了国外研究者的极大关注，众多研究者在自己的研究中践行了该研究方法。例如，有詹姆斯·劳尔开展的《电视的社会使用》研究，多罗斯·霍布森的民族志研究《家庭主妇和大众传媒》，和米佳·那娃、奥尔森·那娃的《有辨别能力还是被愚弄？作为广告/艺术消费者的年轻人》等。

国内学者金惠敏对戴维·莫利“积极受众论”给予分析与评述，在《从话语的铁屋子里突围——试论戴维·莫利的积极受众论》一文中，他论述了莫利对话语研究的新突破。在《走向社会本体论——试论戴维·莫利的积极受众论》一文中，金惠敏教授对莫利的民族志研究和相关理论进行了详细阐说，并进一步深入分析，衍化出基于社会

---

① ［美］利萨·泰勒、安德鲁·威利斯：《媒介研究：文本、机构与受众》，吴靖、黄佩译，北京大学出版社2005年版，第157页。

② 同上。

本体论的“受众”概念，指出“受众是因其作为社会本体的存在而具备‘抵抗’能力的；或者说，受众的‘物质性存在’才是其积极抵抗的最终解释”[①]。在对霍尔的编码/解码模式的批判与反思中，金慧敏教授指出，话语研究应当突破表面的话语分析，进而深入受众的日常生活中去，并对莫利在话语层面分析积极受众的问题给予批判。

我国学者王祎对同为批判学派的文化研究和传播政治经济学的经典理论进行评价，将“积极受众论”与“文化帝国主义说”的理论论争进行梳理和分析，并对理论的适用性进行印证，进一步丰富了“积极受众论”的学术渊源。

但莫利的受众研究在“话语”的矛盾中曲折前进，话语既是受众研究的理论出发点，又是建构积极受众理论的路障，仅在话语层面谋求积极受众理论的发展是其理论研究的问题所在。此外，莫利等人的研究均以电视为研究媒介，其研究具有环境和技术的局限性。在大众媒介迅速发展的今天，传播方式和媒介特点都发生了翻天覆地的变化，“积极受众论”应用于今日的传播学研究存在不可回避的理论局限。因此，必须结合现今的媒介发展现状，融合不同学科的理论视角，找寻崭新的理论内容为切入点，对“积极受众论”的理论内容进行填充和发展，培植内涵更为丰富、更适用于当下传播学研究的积极受众理论，成为亟待解决的理论问题。

四　积极受众观的发展

随着时代的发展和进步，媒介技术和媒介形式的发展变化日新月异。与“积极受众观”所产生的电视媒介传播时代相比，新媒体传播衍生出诸多的新特性与对受众观念的新变化。

1. 发展中的媒介与受众

新媒体具有形式丰富、互动性强、渠道广泛、覆盖率高、精准到达、性价比高、推广方便等特点，并凭借其优势在现代传媒产业中占据越来越重要的位置。新媒体拥有大量的信息载体、多种多样的传播

① 金惠敏：《走向社会本体论——试论戴维·莫利的积极受众论》，《汉语言文学研究》2012年第3期。

渠道和丰富个性的表现方式；新媒体具有较强的融合特质，以网络媒体为代表的新媒体其发展和扩散过程中存在较强的交互性，可以代替或改进传统媒体的信息传播方式。

作为新媒体发展最新阶段的成果，自媒体的核心是基于受众对信息的自主提供与分享，越发强化了受众的主体性地位。自媒体进入门槛低，具有自主性强、发展快、应用广、作用大以及管理难等特点。目前应用较为广泛的新媒体均具备自媒体特性，自媒体已成为重要的信息传播渠道。

新媒体传播的变革体现在传播方式和传播文本的变化上。在传播方式上，首先，新媒体更强调“参与式传播”，赋予受众生产和选择的权利。其次，新媒体传播更凸显去中心化和无把关的开放性文本，减少了意识形态的渗透。最后，新媒体的传播中心已经向社交和用户转移，逐渐完成了社会关系的虚拟化构建。在传播文本上，新媒体消解了现实存在和虚拟现实的界限，且容易导致文本的失真。

2. 新媒体对积极受众的建构

受众角色在新媒体传播中发生了巨大的变化。受众完成了由“受者”向“传者”身份的转化，更多的话语权和主动权回归受众手中，受众的主动性增强，转而积极主动地传递信息和观点，主体性地位得到巩固。每个人都成为传播主体，可以通过媒介自主编辑内容表达观点，构建社交网络，获取自己感兴趣的信息，实现以自我需求为中心的信息的获取和传递。个人信息获取和发布能力的提高，推动了信息的自由流通，进一步消弭了前互联网社会话语权和信息传播权的中心化状态。[①] 传统媒体不再主导议程，公众从“被设置”到“能设置”。传统媒体的“说服”功能减弱。曾被认定的媒介作用于受众的放大效果不复存在，相反，受众作用于媒介的效果显现。

新媒体的传播特性也逐步完成了对积极受众的建构。首先，新媒体改变了受众的生活方式，移动终端的普及真正意义上让媒介成为人体的延伸，对于积极受众而言，媒介成为其行为方式和生活方式。其

① 喻国明、欧亚、张佰明、王斌：《微博：一种新传播形态的考察》，人民日报出版社 2011 年版，第 25 页。

次，新媒体成为公共领域的信息平台，受众拥有更多参与公共事务的机会，拓展了积极受众的参与空间。最后，以网络为载体的新媒体传播速度快，提高了受众参与传播的效率，提升了受众参与的能动性。新媒体时代受众主动性提高，根据受众的不同特点，受众参与媒体的积极性也是不同的。学者尼科·卡彭特尔就曾将积极受众分为与媒介内容互动的受众和参与媒介产品生产的受众。①

此外，新媒体传播利弊相伴相生。新媒体的传播特性也带来信息传播碎片化和内容浅薄化的问题，碎片化的内容削减了信息传播的效果，导致受众对形式的关注程度超过内容，网络成瘾和信息复制等行为失范现象使新媒体传播面临管制问责和道德拷问，这一系列问题均瓦解了媒介对于积极受众的建构。因此，针对当下受众研究所面临的问题与困境，亟待完善积极受众的理论建构，并加强积极受众的建设。

3. 受众研究的深入

媒介研究者越发意识到，受众作用于媒介的积极作用，可能是促进媒介效果显现的重要因素，受众研究逐渐与媒介的社会功能相联结。在以往的受众研究中，研究者过于关注媒介效果本身，而忽视了受众对媒介的使用。受众研究经历了消极受众观向积极受众观的理论转向之后，随着研究方法的发展，受众个体的复杂性日渐得到重视。新的研究方法得到应用后，受众研究渐渐超越消极或者积极的理论定义的局限，摆脱了主被动的二元对立，随着实证量化、民族志等研究方法的引入，量化分析、受众心理研究都逐步展开，受众的分析技巧日渐成熟。

五　受众研究的实践转向

从西方受众研究的理论发展看，先后经历了由行为范式、批判范式、观展范式到实践的几次转向，研究方法也在不断创新，无论从理论演进还是从方法流变的角度看都已日渐完善，西方受众研究已经逐

---

① Carpentier, N. "*New configurations of the audience, In Nightingale*", V., ed. *The handbook of media audience*. Blackwell: United Kingdom, 2011, p. 202.

渐成为西方文化研究的热点。

大众文化研究从最初的生产性研究转移到受众研究，经历了受众主体地位上升的过程。从以法兰克福学派为代表的消极受众观到以伯明翰学派为代表的积极受众观，再到对受众能动性研究的不断深入，受众研究的实践转向，除了关注受众主体的复杂性，还关注到受众所处的文化大背景，日渐凸显受众个体的主动性，且受众研究出现较为显著的实践转向。

1. 作为粉丝的受众

粉丝作为受众的特殊群体，在研究中受到学术界的关注。粉丝就是受众中的“狂热分子”和“过度的消费者”，有时甚至被认为是“沉迷的”“歇斯底里的”受众。粉丝依赖文化工业所提供的产品而产生，他们狂热地迷恋文化工业流水线上生产的明星偶像、流行歌曲、言情小说、漫画或电影。[①] 粉丝群体依托于文化产业而产生，本身就具备较强的依赖性，是文化产业的产物和附生品，文化产品不是由大众生产，粉丝本身存在处于弱势群体地位上的被动性。对此，粉丝文化研究者费斯克也指出，大众文化就是一种工业化的文化，受众所消费的文化资源是商品经济的产物，受众无法生产自己的文化产品，只能在消费环节发挥自己的主体性和创造性。[②] 粉丝作为媒介的过度消费者，其消费行为也受到媒介的深刻影响。

虽然粉丝的被动性不可忽视，但粉丝对媒介内容进行了二次生产和自我解读，成为受众中最为活跃的群体，具有较强的能动性和主动性，粉丝活动进行了创造性的文化生产。保罗·威利斯在对年轻人的文化研究中指出：“尽管媒介吸引着某些特定阐释，但年轻人不仅学会了符码规则，而且还学会了如何玩弄符码阐释，重新塑造形式，通过自己的美学与媒介相互联系……他们从这些事物中得到的意义渗透了他们所有的活动。更重要的是，文化媒介被当作工具，用来生产活

① 陈晨：《西方当代受众理论批判》，硕士学位论文，新疆大学，2011 年。

② ［英］约翰·费斯克：《理解大众文化》，王晓珏、宋伟杰译，中央编译出版社 2001 年版，第 33—34 页。

力，提供和构建他们现有的、将有的认同的各种层面。”[①] 费斯克将粉丝的生产力划分为三个层面：符号生产力、声明生产力和文本生产力。粉丝的文化生产渗透于整个文化产品的生产过程中，包括文化产品原始文本和新生文本。

在对作为粉丝的受众进行研究的过程中，更关注粉丝具有的狂欢式符号生产和抵抗的主动性，研究的着眼点是粉丝对文化产品的生产和实践活动，立足于粉丝对文本内容的生产实践，粉丝的受众研究具有一定的实践导向。

2. 互联网下的受众

随着媒介的迅速发展，受众已经从传统意义上信息接收者的角色中解放出来，突破了被动受众的桎梏，成为了信息的浏览者、反馈者、交流者等，受众身份的突围，使得受众主动选择的积极性得以凸显。对此，麦奎尔认为，计算机和互联网技术的出现大大增强了受众利用传播媒介的能力。受众可以通过更加多元的方式选择何种媒体以及选择何种接受方式。技术进步的基础给了受众主动性发挥的空间。他认为，互动技术所提供的交流方式，为受众提供了在更大范围内参与传播和进行交流的可能性，尤其是对话型的媒介出现了对话型受众，这更意味着受众主动性的恢复和增强。[②] 与此同时，他也表示，交互性本身的潜在吸引力有多大，仍然是非常不确定的。它虽然改变了受众以往的接收方式，但是，传统的观看方式在相当长的时间里仍然无法被取代。即使互动媒体完全投入使用，很大程度上也将从属于社会实践，从属于既有的对这一类技术的解说。[③] 他还认为，尽管新技术的发展不可小觑，但是这种媒介技术发展还没有从根本上改变人们的接受方式和接受行为。绝大多数媒体在传播渠道多样化的今天，仍然致力于不断扩大自己的受众群体。技术发展所提供的前景，更多

---

① ［美］Henry Jenkins，“*Textual Poachers*：*Television Fans and Participatory Culture*”，选自陶东风编《粉丝文化读本》，北京大学出版社 2009 年版，第 43 页。

② ［英］丹尼斯·麦奎尔：《受众分析》，刘燕南等译，中国人民大学出版社 2006 年版，第 175 页。

③ 同上书，第 154 页。

地表现在传播渠道的拓展而不是取代旧的“受众行为”模式。“旧的模式依然存在（通俗内容拥有大量受众），并可能延续下去，因为它满足了个人、传播者和社会的众多需求——在群体环境中共享闲暇和娱乐是一种社会需求。”①

3. 观展范式中的受众

英国学者尼古拉斯·艾伯柯龙比和布莱恩·朗赫斯特批判了以往的受众研究，提出了观展范式。他们认为伯明翰学派在研究青年亚文化时发展出一种收编/抵抗范式，这种研究范式在受众研究领域发挥着重要的影响，并且发展出文本主导和受众主导的两个完全不同的立场。法兰克福学派可以说是前者的代表，而费斯克的研究则是后者的体现。但是，尼古拉斯和布莱恩认为，这种范式是有其局限性的，不管受众的态度积极也好，消极也罢，过去的研究仍然把大众文化限定在一个先在的传播者与接受者的权力结构中，而没有超越这种关系。②艾伯柯龙比和朗赫斯特认为，收编/抵抗范式其重点仍然着眼于受众的反应与支配性权力的关系。首先，过去的受众研究一直在消极受众和积极受众的两极做钟摆式的摆动，却始终没有脱离受众反应与支配性权力的关系。同时，积极受众并不等于抵抗的受众，受众能够积极地创造出各种意义，但这些意义不一定和抵抗有关，它也可能只属于一种游戏性的解读而已，它们是积极的、创造性的，却不见得就是抵抗的。真实的受众反应具有一种不可预测的无序性而不一定是抵抗的无序性。这也与詹金斯的观点相呼应。因此，将受众活动局限于收编和抵抗的框架内是一种简单化，这种反应可能既不是被收编，也不是什么反抗，而是根本就无法归入这两个范畴。其次，收编/抵抗范式内单个的小规模的经验性研究不足以支撑关于霸权的宏大社会理论。个案的经验性研究在广度上是有限的。最后，收编/抵抗范式中隐含的权力的单向运作理论受到了挑战，福柯的理论佐证了微观权力运作的多向性。在权力的偶发、碎片、流变的状态下，受众的解读也越来

① ［英］丹尼斯·麦奎尔：《受众分析》，刘燕南等译，中国人民大学出版社 2006 年版，第 176 页。

② 陈晨：《西方当代受众理论批判》，硕士学位论文，新疆大学，2011 年。

越无法简单地用主体性的消极或是积极来解释，而是取决于具体的语境。①

观展范式取代了受众主体性研究，强调受众的身份概念。观展范式关注受众在不同语境中变化不定的身份构建，回归到日常生活，建构受众主体间性传播关系，在实践层面消解意识形态对受众的影响，将受众作为真实存在的主体进行研究。正如彼特·达尔格伦所说，“过去的确定性理解已经消失了，不再会有统一的‘受众理论’，不再会有对于‘受众’含义以及受众研究方法的一致意见。无论我们在从事研究工作时遵循什么样的传统或理论框架，我们都面对着受众实践的多维度特性，以及影响观看活动的不断变化的语境因素——并推断着受众理解的意义”。② 观展范式将受众研究转向实践视角，受众的媒介实践成为对其理解的重要因素。

综上，在梳理了积极受众观的历史脉络后可见，受众研究在经历了“消极”向“积极”的研究转向后，由行为范式、批判范式、观展范式到实践转向，正逐步凸显受众个体的主动性。

第二节　积极传播者：转型社会中的积极舆论主体

在对受众观的历史脉络的回顾中，不难看出受众观的形成与所处时期的社会发展阶段特征、媒介应用形态以及相关学科领域的学术渊源等因素有着重要的内在联系。中国当下社会正处于全面步入小康社会的关键阶段，同时迎来移动互联网时代的传播场景巨变，相关学科理论出现新的转向，来自社会、媒介以及学术方面的新旧观念的更迭为受众观的重建提供了极大必要性与可能性。一个较为典型的重构方向在于，无论是其他学科的新理论转向中，还是中国传统文化的启蒙下，我们都将发现积极主体这一理论精髓，为积极传播者的理论建构

① 陈晨：《西方当代受众理论批判》，硕士学位论文，新疆大学，2011 年。

② ［英］罗杰·迪金森：《受众研究读本》，单波译，华夏出版社 2006 年版，第 331 页。

提供了扎实的理论观照。这里试图从心理学视野中的积极主体、中国传统文化影响下的积极主体、幸福拐点指数下的积极主体等方面对转型社会中的积极舆论主体进行较为深入的分析，透过以下讨论，推演并阐明转型社会中积极传播者作为积极舆论主体而存在，并将在其媒介实践中主动形成积极的舆论。

一　心理学视野中的从消极个体到积极主体

与受众研究的理论从“消极”走向“积极”转向趋同，第二次世界大战以后，现代心理学研究也经历了从“消极”到“积极”的理论转向，并衍生出了积极心理学这一新的研究视角，强调人自身的潜在积极性，主张人对美德和积极力量的积极发展与获得，为我们理解积极的传播者提供了理论基础。

第二次世界大战后，西方心理学将研究重点放在了问题和障碍心理的研究上，如心理障碍、婚姻危机、毒品滥用和性犯罪等问题，心理学成为一门类似于病理学性质的学科，成为“消极”心理学。心理学自从取得独立地位以后就面临有三项主要使命：治疗人的精神或心理疾病、帮助普通人生活得更充实幸福和发现并培养具有非凡才能的人。这三项使命在第二次世界大战以前均得到了心理学工作者的同等程度的关注。[①] 但第二次世界大战后，心理学工作者仅将注意力集中在第一项任务上，即纠正人们生命中的问题，将工作重点放于心理问题的评估和矫正上，试图消解紧张性刺激给人心理所带来的消极影响。

消极心理学在治疗心理疾病方面虽然取得了一定的成就，但心理学研究重心的这种转移实际上背离了心理学存在的本意，因为心理学的目的不仅在于解决问题，还在于帮助人们培植良好的心理模式，从而推进幸福生活的构建。消极心理学的研究导致了很多心理学家几乎不知道正常人怎么样在良好的条件下能获得自己应有的幸福，没有使生活变得更积极更有意义。这里不得不提及的是，以心理学为重要母

---

① Martin E. P. Seligman, Mihaly Csikszentmihalyi, Positive Psychology: An Introduction, *Journal of American Psychologist*, 2000, 55 (1).

体学科的传播学研究所形成的关注负面效果为主的传统，也与心理学在20世纪所形成的消极心理传统有很大关系，甚至影响对舆论规律的研究，形成了针对负面舆论与舆论的负面影响的关注传统。

20世纪五六十年代，人本主义心理学家马斯洛、罗杰斯等人开始研究人性积极的一面，引起了心理学家对于积极心理活动的重视，并开始对人的积极情绪研究给予关注。塞里格曼在美国心理学会1998年的报告中提出，现在心理学家已经能对多种心理疾病采取有效治疗措施，对精神病患者的了解也显著提升，但不可忽视的是，世界上患心理疾病的人数也在成倍增长。心理学者不能仅依靠问题的修补来为人类谋取幸福，心理学研究应转向人类的积极品质。“当一个国家或民族被饥饿和战争所困扰的时候，社会科学和心理学的任务主要是抵御和治疗创伤；但在没有社会混乱的和平时期，致力于使人们生活得更美好则成为他们的主要使命。”①

20世纪末，心理学家也开始关注对心理疾病的预防，通过研究发现，人的积极力量对于抵御心理疾病具有重要作用。因此，心理学逐渐研究人的积极品质和美德，转向个体的提升性研究，加深对人的主体性认识，帮助人们通过增强人性积极力量和心理品质而不断发展，是心理学研究更具理论价值和现实意义的议题。在此基础上，积极心理学这一新的心理学研究取向形成了，心理学研究的积极转向完成了。

二 积极舆论主体的基本特征

积极心理学作为致力于研究人的发展潜力和美德等积极品质的科学，为我们理解积极主体的特征提供了扎实的理论基础。积极心理学将研究重点放在人自身的积极因素方面，主张心理学要以人固有的实际的潜在的具有建设性的力量、美德和善端为出发点，提倡用一种积极的心态来对人的心理现象（包括心理问题）做出新的解读，从而激发人自身内在的积极力量和优秀品质，并利用这些积极力量和优秀

---

① Ruark J. *Redefining the Good Life: A New Focus in the Social Sciences*, APA online. See: Http: //www. apa. org/ed/goodlife. html.

品质来帮助有问题的人、普通人或具有一定天赋的人最大限度地挖掘自己的潜力并获得良好生活。① 因而，积极主体具有的基本特征体现为具有积极的人格特质，有发现并体验积极情绪的能力，并且努力对积极的社会制度建构而付诸实践。

其一，积极主体具有积极的人格特质，并主动去寻求与发展积极人格特质，在媒介实践中乐于分享、评论并制作参与积极人格特质相关的活动。积极人格作为积极心理学研究的支柱领域之一，如序言中所谈及，“积极心理学家彼得森和塞利格曼基于全世界主要宗教流派和哲学流派提出六种跨文化美德，即智慧、勇气、仁慈、正义、节制和超越”，其中每一种美德都包含着相应的积极人格特质，具体包括“爱学习、创造力、好奇心、社会智力、洞察力、判断、勇敢、坚持、正直、爱、善良、领导能力、公民的职责和权利、公平、谦虚、审慎、自制、感恩、美的欣赏、宽恕、幽默、信仰、希望、热情”24种积极人格。积极心理学的相关研究也证实个体对积极人格的追求是积极、主动的，诸如，清华大学清博大数据——新媒体指数通过数据统计及专家推荐的2015年中国最具影响力30强的新媒体女性中，包括清华大学教授陈昌凤、“石榴婆报告”微信账号创始人程艳、腾讯网络媒体总编辑陈菊红、凤凰卫视前战地记者闾丘露薇等新媒体传播中具有重要影响力的女性媒体实践者，她们作为积极的传播主体，在其个人的新媒介产品生成中显露出积极的人格特质，爱、感恩、勇敢、善良、创造力、宽恕、幽默、希望、热情等积极人格特质涵盖在她们所传播的内容中，既是她们自身积极人格特质的媒介文本再现，也通过其社交媒介舆论传播对粉丝及其他个体的积极人格的发展带来积极作用。

其二，积极主体具有发现、体验并传播积极情绪的能力，积极主体的积极情绪体验与传播具有对积极舆论形成的拓展与建构作用。对于过去、现在和将来的积极情绪情感体验的特征及产生机制是积极心理学的另一大支柱。正如前文所提及的心理学从消极到积极的转向，

① 任俊：《积极心理学》，上海教育出版社2006年版，第3页。

心理学对情绪的研究也从对负面情绪转向积极情绪的关注。积极情绪是具有正向价值的情绪，可以激发个体产生接近性行为或行为倾向的情绪，由于体内外刺激、事件满足个体需要而产生的伴有愉悦感受的情绪。积极舆论主体在媒介实践中可能受到各种事件、信息与价值判断的刺激，在满足其对信息与价值层面的需要的同时，产生积极的情绪体验。美国学者芭芭拉·弗雷德里克森根据多年研究将积极情绪归纳为10种形式：喜悦、感激、宁静、兴趣、希望、自豪、逗趣、激励、敬佩和爱。[①] 社交媒介中的每一个用户，针对某个事件、某个话题，发布、转发、评论微博的行为都可能是带有上述个人情绪化的表达与回应，这就成为其对来自媒介实践刺激所做出的心理反应，即情绪体验，积极舆论主体的积极情绪体验即是来自其自身情绪的表达；同时，每个用户主体的积极情绪表达又将成为其他用户主体以情绪体验的刺激源，进而形成积极情绪体验的媒介传递链，促进负面舆论向积极舆论的转化。

积极舆论主体的积极情绪具有扩展与建构的功能。弗雷德里克森提出的积极情绪的扩建理论认为，积极情绪如喜欢、满足、爱、自豪等，可以拓展延伸人们的思想和行为能力，并能构筑增强个体内在的力量，增强人的各种知觉、行动能力，如智力、体力、交往能力等，这对网络群体性事件、突发事件的传播，负面舆论一边倒的现象具有重要的启示作用。积极舆论主体的作用如果能够得以发挥，就将通过其积极情绪的“滚雪球”效应，扭转舆论走向积极方面。“正能量”舆论持续扩散，尽而影响到舆论主体的现实行为，激发其积极人格的发展，将逐步建构起和谐、积极的社会心态，形成稳定、健康的舆论格局。

其三，积极舆论主体在传播媒介实践中，将会把注意力主动转向对积极的社会制度的建构上，而非只是对社会的怨恨、对制度不合理等负面情绪的宣泄。积极的社会制度作为积极心理学研究的第三大支柱，又称为“积极的社会组织系统”，其研究内容是社会组织系统中

---

① ［美］芭芭拉·弗雷德里克森：《积极情绪的力量》，王珺译，中国人民大学出版社2010年版，第38—40页。

的社会机构或组织通过哪些方法可以使生活于其中的人源源不断地产生积极情感，最终形成积极的人格，实现积极的生活。其实质是通过社会外在因素为其中的人提供正能量，影响并改变人。积极心理学认为社会组织机构是复杂的，很难将其看作全部积极或者全部消极的，但是其对社会甚至整个世界具有广泛、长远的特殊影响。良好的机构的主要特点有：公正、好运、正义、耐心、深谋远虑与安全等，并进一步将积极的社会组织机构分为积极的家庭、积极的学校、积极的工作场所、积极的社会以及积极的宗教。[①] 积极舆论主体在公共议题的社交媒体参与中，将在积极人格的促发下，更多地投向建构积极的社会组织系统的表达与分享之中。

这对我们所熟识的对负面舆情规律的研究具有重要的启示。在对主流媒体与社交媒介两个舆论场的互斥研究中，我们一方面试图通过预测负面舆情来抵御其所带来的对国家、政府、社会以及个人的负面影响；另一方面承认公共舆情对促进社会制度进步与发展所带来的积极作用，而这二者之间又是存在着某种策略层面的“不和谐”，其中的原因就在于负面舆情的传播主体对国家、政府与社会制度、组织机构的批判的过程中往往忽视了对其的建构目的，而变为盲目的诋毁、失去边界的宣泄，从而起不到积极的建构作用，而积极舆论主体所试图建构的积极的社会制度与组织机构的初衷与积极传播行为之间是内在统一的，因而是将起到积极的社会效果的。从舆论引导的角度来说，一方面要尝试引导负面舆情，另一方面要改变将积极舆情视为“应然”的现象，积极地引导积极舆论主体走向对国家与社会组织机构的积极建构的轨道上来。

三　中国传统文化影响下的积极主体

在理论的承袭与碰撞中，反观中国的传统文化，也可以感悟到积极主体的理念精髓。中国的传统文化一直关注个体的自身修养和积极建设性力量，积极主体是儒家文化中“修身”的重要目标。

---

① ［英］克里斯托弗·彼得森：《积极心理学》，徐红译，群言出版社2010年版，第198—215页。

中国传统文化中的“天地人”三者是文化结构的核心基础，人作为行为主体自古以来备受关注。作为儒家思想的创始人，孔子推动了“神人关系”向“天人关系”的转变，并且确立起了以人为中心的儒家哲学。在“恕道”“仁”学的思想下，儒家建立起了“君子”的规范角色，强调了修身养性的重要性。孔子在《论语·里仁》中有云：“见贤思齐焉，见不贤而内自省也。”该句是后世儒家修身养德的座右铭。“见贤思齐”是说好的榜样对自己的震撼，驱使自己努力赶上；“见不贤而内自省”是说坏的榜样对自己的教益，要学会吸取教训，不能跟随别人堕落下去。这句话强调了个体发挥作为主体的修身养德的重要性，指出要反思不良行为，重视个体的积极建设。

儒家思想的重要著作《礼记·大学》中有云：“古之欲明明德于天下者，先治其国；欲治其国者，先齐其家；欲齐其家者，先修其身；欲修其身者，先正其心；欲正其心者，先诚其意；欲诚其意者，先致其知，致知在格物。物格而后知至，知至而后意诚，意诚而后心正，心正而后身修，身修而后家齐，家齐而后国治，国治而后天下平。”意思是说，古代那些要想在天下弘扬光明正大品德的人，先要治理好自己的国家；要想治理好自己的国家，先要管理好自己的家庭和家族；要想管理好自己的家庭和家族，先要修养自身的品性；要想修养自身的品性，先要端正自己的思想；要端正自己的思想，先要使自己的意念真诚；要想使自己的意念真诚，先要使自己获得知识，获得知识的途径在于认识研究万事万物。通过对万事万物的认识研究，才能获得知识；获得知识后，意念才能真诚；意念真诚后，心思才能端正；心思端正后，才能修养品性；品性修养后，才能管理好家庭家族；家庭家族管理好了，才能治理好国家；治理好国家后天下才能太平。

修身、齐家、治国、平天下，是传统文化对自我修养及个人发展的经典论述，是儒家思想的精粹。无论你的理想大小与否，实现所有理想的基础，在于找到内心的真正感受，一个人内心的感受永远比他外在的业绩更加重要，强调了个体内心定力的核心作用。“修身”对积极主体的概念进行明确阐述，其精髓强调了人作为个体内心感受和信念的重要性，该思想也成为中国传播思想的基础，即重视个体的建设和发展，将传播的关注点置放于人的积极主体本身，着重建设个体的积极心理品质，这是中国传统文化对“积极主体”概念所给予的重要理论关照。不仅在现实社会中，积极舆论主体在网络社会中也需要去积极发展作为积极主体的良性发展，主动习得并内化积极的人格特质。

四　幸福指数据点下的积极主体

积极心理学不仅为我们思考积极舆论主体的特征提供了积极人格特质、积极情绪体验以及积极的社会制度三大支柱的理论基础，积极心理学这三个领域也是以幸福感研究为核心的。幸福感是一种心理体验，它既是对生活的客观条件和所处状态的一种事实判断，又是对于生活的主观意义和满足程度的一种价值判断。20 世纪 60 年代后期到 80 年代中期，心理学家对于主观幸福感的探讨更多地来自生活质量、心理健康和社会老年学三个学科领域。由于社会学家和经济学家加入幸福感研究的行列，幸福感的丰富内涵和表现形式得到了更多的揭示。美国的经济学家 P. 萨缪尔森提出了一个幸福方程式：效用/欲望=幸福指数。幸福指数是对幸福感衡量的标准。近年来，美国、英国、荷兰、日本等发达国家都开始了幸福指数的研究，并创设了不同模式的幸福指数。如果说 GDP、GNP 是衡量国富、民富的标准，那么，百姓幸福指数就可以成为一个衡量百姓幸福感的标准。百姓幸福指数与 GDP 一样重要，一方面，它可以监控经济社会运行态势；另一方面，它可以了解民众的生活满意度。可以说，作为最重要的非经济因素，它是社会运行状况和民众生活状态的“晴雨表”，也是社会发展和民心向背的“风向标”。经济合作与发展组织（经合组织）2011 年 5 月 24 日在巴黎发布一项名为“幸福指数”的在线测试工具，普通民众可以根据个人关注度对物质条件和生活质量等 11 个因素的重要性进行排序，然后得出的指数可以用来衡量民众对生活的满意度，并在经合组织 35 个成员国之间进行比较。“幸福指数”涉及的 11 个因素为：收入、就业、住房、教育、环境、卫生、健康、社区生活、机构管理、安全、工作与家庭关系以及对生活条件的整体满意度。

美国经济学家麦耶斯提出的“拐点理论”带来人们对幸福认识的新转变。“拐点理论”认为个人的财富与其幸福感之间存在一个拐点：在贫穷国家里，财富对幸福感的影响还是比较大的，但当一个国家的人均收入超过一定水准时，财富与国民幸福感的相关性就消失了，而人权、社会平等指标的影响便开始增大。在美国，一个家庭年收入是否超过5万美元是幸福与否的分水岭。清华大学数据行为研究团队的研究发现：中国人的幸福拐点大约在三万元人民币。①

由此可见，幸福感的评定不仅依托于主观幸福感，还受到人权、社会平等等指标的影响，超越幸福拐点的个体要通过自我实现来完成幸福感的达成，强调了人是具有主观追求能动性的积极主体。因而，在网络舆论的形成过程中，超过幸福拐点的积极舆论主体将更多地关注人权、社会平等等与实现幸福感相关的信息，在积极人格的作用下积极选择、分享与评论此类信息内容，形成积极的舆论导向。

五　积极舆论主体的界定

前文通过对积极受众观的历史脉络进行溯源式梳理，厘清了传播学视野中消极受众向积极受众的研究转向，并对文化研究中“积极受众论”的理论局限性进行了分析。在此基础上，笔者结合当下媒介与受众研究的发展现状及媒介对受众建构的新特性，参照心理学、积极心理学、中国传统文化和幸福拐点理论下的积极主体理念，探索性地架构了积极舆论主体的理论内涵。

在新媒体环境下，自媒体的广泛使用促使媒介不单单局限于信息传播，受众通过媒介完成知识获取的过程，并拓展公共活动领域，参与文化活动，甚至通过媒介完成消费活动。媒介成为人体的延伸，受众更积极地使用媒介传递个人价值观，从而更主动地通过使用媒介描摹个人生活。

---

① 彭凯平：《积极心理学在中国》，CPPA幸福中国微信公众平台，2014-02-13。

新媒体“参与式传播”的传播特性在提高受众参与性的基础上，极大地提升了受众的传播能力和传播地位，受众已经不是传统意义上的信息接收者，也突破了“积极受众论”仅对受众权利和主体性关注的局限性，受众已经成为现今媒介环境中的传播主体。鉴于作为传播主体的受众为实现个人价值和参与社会交往具有较强的主观能动性，且积极主动地参与媒介使用和信息传播，有意识地传播积极内容和价值观。笔者将具备该类特性的媒体参与主体，即传播学研究中的受众、用户，界定为积极的舆论主体。

需要指出的是，在本章试图构建的积极舆论主体的概念中，“积极”是指能发挥正向价值和作用，能激发个体产生接近性行为或产生行为倾向。在这里，“积极”和“消极”不是二元对立的，从效果评估的角度看，积极舆论主体在价值判断过程中倾向于正义和民主，追求有意义的内容，其行为推动事件的积极发展并促进事件的解决。

积极舆论主体在媒介实践过程中更倾向于对有意义的内容进行积极搜索，自身会加强对于媒介内容的关注，并有意识地将注意力转移到媒介实践中，在搜索的基础上对检索内容进行学习和吸收，将有意义的内容为我所用，转化为自身成长和发展的力量。积极传播者会通过转发、评论等方式，将检索内容与家人、朋友以及社交网络中建构的关系对象进行分享，促成积极内容的进一步传播与扩散，以期待积极的传播内容能激励更多的人，带动更多受众成为积极的舆论主体。

在面对危机事件时，积极舆论主体会通过积极传播协助问题解决并推动舆论的积极发展。诸如，在 2014 年初发生的昆明火车站恐怖袭击事件中，微博用户的积极传播让民众感受到了积极个体媒介实践的力量。昆明火车站恐怖袭击事件致 29 人死亡、130 多人受伤。事件发生后，昆明各大医院展开对伤者的紧急救治，微博网友积极发布微博团结力量，号召在昆明的民众参与到献血队伍中去，并及时更新急需的血型，方便救治。此外，网友们纷纷点燃虚拟蜡烛缅怀逝者，安慰遇难者家属，并为警方破案积极提供线索。由此可见，积极舆论主体在媒体实践中更多地进行积极内容的搜索与传播，通过扩散积极力量而完成自我实现。在突发事件的传播中，积极舆论主体是积极网络舆论的生成者，积极网络舆论主体在突发事件的传播中起到积极的建构作用。

综上所述，伴随媒体时代的变迁，每一位在媒介化环境中生存的个体都可能成为积极的舆论主体，并伴随经济指标的提升，追求意义与目的层面的需要将成为越来越多公众的内在需要，积极舆论主体将会越来越多。在社交媒介舆论场中，积极舆论主体主动追求幸福，在媒介实践中完成自我实现，与此同时，生成并重构积极的网络舆论格局，积极舆论引导理论的形成将进一步促进舆论引导理论的发展与完善。

第二章　积极舆论主体的实现论媒介动机

舆论主体的媒介实践动机是舆论生成的潜在心理动因，媒介实践动机来源于舆论主体自身的心理期望，以及在媒介信息接收、发布、分享与评论等过程中得到的心理满足。在心理期望与心理满足的共同作用下，新的媒介实践动机不断衍生。舆论主体心理的稳定性和认知差异等因素直接影响媒介实践动机的生成和作用的发挥。因而，舆论主体的媒介实践动机存在一定的个体差异，舆论主体个人的媒介实践经历对其后续的信息接触活动具有一定程度的影响。在媒介实践行为激发新的媒介动机的过程中，媒介情境和社会环境具有举足轻重的作用，并对舆论主体新生成的媒介实践动机产生影响。那么，在媒介化生存程度不断演变的进程中，积极舆论主体成为舆论主体的重要组成部分，积极舆论主体的媒介实践动机特征出现了何种变化？我们对积极舆论主体媒介实践动机的深入分析有助于对舆论引导规律与策略的总体认识的提升。

第一节　实现论与实现幸福感

实现论哲学来源于古希腊的哲学理论，实现论倡导人们认识自身的最佳潜能，并努力去追求实现它。作为实现论的代表人物，古希腊哲学家亚里士多德曾指出："幸福就是人的灵魂的有逻辑的部分的合德性的实现活动，而人的可实现的最高善，就是幸福。"①

① ［古希腊］亚里士多德：《尼各马可伦理学》，廖申白译，商务印书馆2003年版，第18—19页。

一　哲学与心理学视野中主体的自我实现

实现论哲学家们指出，“实现”的生活呈现出较强的追求自身价值观的特点，并且“实现”的内涵丰富，包括主观和客观两方面的要素。努力“实现”的个体行为方式具有谨慎性和较强的有意识性，其行为方式以自主意识为先，行为的协调性和调动性较强，能充分地体现个体能力，从而获取自身的归属感。具备较高实现水平的个体，能推动社会和家庭紧密地联系在一起，从而更适应社会生活。实现论哲学视角下的积极舆论主体具有追求自身内在积极价值观的特性，其积极的媒介实践体现出对自主性、能力和归属感的满足。

在心理学领域，对实现论给予较高关注的是人本主义心理学研究者。如第一章中所提及，人本主义心理学家马斯洛关注人性积极的一面，提出了自我实现理论，他将自我实现定义为“促进个体潜能、才干和能力的实现”，“将个体对内在本质的接受视为个体的一种朝向统一、完整和协调的倾向”①。马斯洛的自我实现概念重点指出人们要成为自我实现者，需要不断地挖掘个人潜能，通过不断地发挥自我潜能来呈现个人价值，从而不断地进行自我完善，以此来实现个人价值和能力的最大程度呈现，全面而彻底地展现个人才能。自我实现不是一成不变的，而是需要不断挖掘进取的，在动态的过程中，个体需要不断进行自我心理调整，从而更好地挖掘自身潜力。马斯洛也提出，高峰体验是人自我实现的重要状态和表现，自我实现需要不断地超越自我勇攀高峰。经过研究论证，马斯洛总结出自我实现存在主观要素和客观要素。由此看来，积极舆论主体在媒介实践中关注和传播积极力量，以此来完成个体潜力的挖掘和个人价值与能力的呈现。

二　积极舆论主体的实现幸福感

以西方哲学的快乐论和实现论为理论基础，分别衍生出以快乐论为哲学基础的主观幸福感，和以实现论为基础的心理幸福感。21 世

---

① 马捷莎：《论人的自我实现》，《黑龙江社会科学》2007 年第 1 期。

纪以后，沃特曼等心理学家在主观幸福感和心理幸福感的研究基础上进一步发展了实现论思想，提出了关于实现幸福感的理论，实现幸福感是实现论幸福感研究的具体化概念。这对我们理解积极舆论主体的媒介实践动机而言是具有重要启示的，如同我们所熟识的满足受众视听享受的媒介动机，其背后的理论支撑就是基于快乐论哲学的主观幸福感，那么，基于心理学视野下所认识到的实现论幸福感，其与快乐论下的追求感官快感的媒介动机是不是会有明显的差异呢？积极舆论主体的实现论媒介动机又如何体现呢？

为了回应上述问题，我们有必要回溯到人类对幸福感认知的历史脉络中，来理解究竟什么是幸福以及什么是实现论幸福感。昔兰尼学派产生于亚里士多德之前，该学派提出了“享乐主义”一词，用来指代“幸福感”。昔兰尼学派认为，人们只有在个体肉身体验到短暂的快乐体验时才感受到幸福。基于其“享乐主义”的观点，昔兰尼学派认为幸福体验本身是幸福最重要的体验，但是形成幸福的因素是不值得研究的。“享乐主义”的哲学观点衍生出了现代的幸福感理论，即主观幸福感研究取向。主观幸福感指主体主观上满意自己现有生活状态的肯定态度，是一个人情绪上对自我生活、环境和事件的满意的认知和评价，表达了个人的主观认同。

基于享乐论观点可见，“享乐主义”追求个体自身积极的、短暂的快乐体验，并将此类体验归类于幸福体验。享乐论衍生的主观幸福感即指个体为获取积极情绪的主观体验而具有的主观追求，主观幸福感体现于个体的能动性追求中，强调了人的主体性。将这种快乐体验延伸于媒介环境中，即受众积极地利用媒介获取能带来积极情绪体验的内容，通过媒介内容对感官的刺激，来获取快乐的体验。因此，享乐论下的受众媒介动机观认为人们是通过积极地使用媒介，找寻能带来感官刺激的媒介内容，从而通过使用媒介完成个体的娱乐体验。

在第一章中，基于幸福拐点指数的相关理论，谈及主体对幸福的观念出现了转向，也是在呈现从基于快乐论的主观幸福感感知到基于实现论的实现幸福感的认知转化。早在古希腊时期，亚里士多德就曾基于实现论哲学对昔兰尼学派“享乐主义”的哲学解释进行了批评，并用“实现主义”来指代个体生活的理想状态。“实现主义”认为幸福是客观的，是不以人的主观意识为转移的，只有挖掘自身优秀品质才能获得幸福感。区别于主观幸福感对主观性情绪体验的集中探讨，心理幸福感关注个体发展和自我挑战，着重对主观情绪和状态背后的心理因素和行为机制进行研究，关注内容更为复杂。沃特曼认为心理幸福感分为两种：“一种是个人展现的幸福，指个人全心全意专注于某项活动中时的一种状态”；“另一种是尽情享乐的幸福，指通过这些活动中满足了自己的生活或心理需要而产生的一种快乐体验”。①

心理幸福感理论对人格展现的认识为进一步理解实现幸福感提供了一定的基础。实现幸福感源自实现论哲学，吸收了人本主义心理学理论的精髓，是兼顾心流和人格展现理论，逐步形成了对幸福感的全新理解。实现幸福感理论的提出者——美国心理学家沃特曼将实现幸福感定义为，“个体试图‘找到自我’的过程，并在这一过程中从事促进个人成长和自我实现的活动”②。依照这一概念，积极舆论主体的媒介实践过程，就将皈依至对主体的“寻找自我”的过程中，透过媒介实践来促进主体个人成长和自我实现的媒介活动，尤其是在媒介化生存的社会中，积极舆论主体的媒介实践活动就是其日常的实践活动本身。

沃特曼进一步指出实现幸福感的心理维度主要包含以下六个方面③。其一，自我发现，实现论要求个体朝着自我实现的方向努力奋斗。但在这之前，必须认识自我并了解自我，这是自我实现的前提。其二，潜能感知，实现论哲学家认为，个体需要努力将个体最佳状态的潜能实践出来，这样个体就能获得充分的发展。其三，生活目的，为了体验到实现幸福感，个体必须在识别自身能力的基础之上追求个

---

① 张陆、佐斌：《自我实现的幸福》，《心理科学进展》2007年第15期。

② Waterman, A. S., Sehwartz, S. J., Zamboanga, B. L., Ravert, R. D., Williams, M. K., Agocha, B. et al., The questionnaire for eudaimonic well-being: Psychometric properties, demographic comparisons. and evidence of validity. *Journal of Positive Psychology*, 2010, 5, pp. 41-61.

③ 苗元江、胡亚琳、周堃：《从快乐到实现：实现幸福感概观》，《广东社会科学》2011年第5期。

人目标，并在这一过程中找到运用技巧和能力的方式。其四，才智追求，实现幸福感需要个体充分运用自身才能来达到自我实现，因此，个体投入该活动的努力水平必须比个体从事其他活动时要多得多。其五，活动投入，实现幸福感体验程度的指标之一应该是个体感受到的强烈投入某项活动的频率。其六，人格展现，具有高实现幸福感水平的个体报告他们在从事某项活动时会产生人格展现体验，并在一定范围内比低实现幸福感的人更经常地产生这种体验。

三　积极舆论主体的实现论媒介动机测量

沃特曼于 2010 年开发了“实现幸福感问卷”（*The Questionnaire for Eudaimonic Well-Being*），这一问卷测量了个体水平的幸福感实现功能，即实现幸福感水平。该问卷基于对 EWB 进行操作性定义后研发，期待能从哲学层面理解实现功能题项，为了保证该问卷与其他幸福感测量工具保持一致的测量维度，该问卷测得的是被试实现功能的一般水平，排除了特殊体验的情况。该问卷共有 21 个题项，包含了前面所提及的 6 个心理维度，即自我发现、潜能感知、生活目的、追求才智、活动投入和人格展现。这为我们评价积极舆论主体的实现论媒介动机给予了必要的参照，实现幸福感水平高的主体是否也将具有实现论理论观照下的媒介动机？其是否也相应地呈现高水平的实现论媒介动机？

为了能够回应上述问题，有必要考量实施测量的研究工具的适用性。我国学者苗元江教授对实现幸福感进行了较为深入的西方理论引介和本土理论对接与建构，在《从快乐到实现：实现幸福感概观》一文中，苗元江教授梳理了实现幸福感的理论发展脉络，国内学者主要以大学生和教师群体为研究对象，探究实现幸福感的心理结构及影响因素，并对沃特曼教授的“实现幸福感问卷”进行了本土化修订。在胡亚琳的论文《大学生及研究生实现幸福感心理结构研究》中，通过预测问卷进行因素分析，将原问卷中的 6 项心理维度修订为 5 项，分别是：自我发现、生活目的、潜能感知、才智追求和人格展现。经过检验，问卷信度、效度良好，且适宜于大学生群体使用如果我们将研究测量的对象限定为大学生群体，考量大学生群体作为积极舆论主体的实现论媒介使用动机是否可以依照沃特曼量表来展开设计呢？为了弥合实现幸福感和实现论媒介动机两个概念之间的“距离”，笔者尝试做出以下的理论前设：积极舆论主体强调并重视人的主体性与对实现幸福感的追求，在媒介实践中具有较强的主观能动性，激发较强的实现动机，期望在媒介使用过程中能不断发掘自身的积极潜能，在媒介信息处理过程中得到心理满足，促进个体成长并实现自我以获得实现幸福感体验，而积极舆论主体在其实现论媒介动机的作用下所进行的上述媒介实践行为，将以积极舆论的形态在网络平台中得以体现。实现幸福感所包含的每个维度都对应着积极舆论主体相应的实现论媒介动机，将实现幸福感的 5 个维度（前述修正后的大学生问卷维度）置放于媒介化生存情境中，转化为相应的 5 个实现论媒介动机维度。

我们采用“实现幸福感问卷”和“基于实现论幸福感的媒介使用动机调查问卷”对大学生实施问卷调查，回收问卷 280 份，并运用深度访谈法试图更全面地呈现大学生作为积极传播主体的媒介使用动机。深度访谈的问题提纲修订依托于“实现幸福感问卷”和“基于实现论幸福感的媒介使用动机调查问卷”，问题设计更为口语化，开放式提问期待能对媒介使用动机的挖掘更为深入。本节研究随机选取 20 名在校大学生进行深度访谈，访谈采取对面访谈和在线访谈两种形式，每位受访者的访谈时间约为 1 小时，并选取大学生自制视频《舌尖上的宿舍》作为案例进行分析。

本节将研究对象选定为大学生群体，大学生正处于心理发展的关键阶段，世界观、人生观、价值观较为系统地形成，随着媒介不断渗透大学生的生活中，大学生受众对媒介的使用越发频繁，媒介在大学生成长过程中扮演着重要角色。对大学生而言，媒介已成为人际交流的中介，以及知识获取的工具。随着媒介功能的延伸，媒介已经成为大学生生活方式的主要构成，大学生受众对于媒介使用的能动性越发增强，并积极主动地通过传递积极信息完成自我实现，大学生已经成为媒介使用的积极舆论主体。

需要在此说明的是，这里选择大学生群体作为研究对象，也因研究中受人力、物力等客观因素的限制；针对基于幸福拐点指数下的积极舆论主体特征，收入等指标是被试主要的判定参数，大学生虽在经济上尚未独立，但在长辈的帮助下，他们一般是符合幸福拐点指数这一指标的要求的。但仅在大学生群体中发放问卷，未对其他人群进行测量，结果也具有一定的局限性，还需要未来的研究进一步验证。

在具体研究中，我们考察作为积极舆论主体的大学生，其实现幸福感的水平情况；作为积极舆论主体的大学生在媒介实践过程中，其首要的实现论媒介使用动机是什么；作为积极舆论主体的大学生的实现论媒介动机是否存在性别、年级、专业等人口统计变量上的差异；作为积极舆论主体的大学生的实现幸福感水平与其实现论媒介使用动机是否存在相关性，如果存在相关，实现论幸福感水平对其实现论媒介使用动机有怎样的影响。我们的研究结果将在第二节中给予呈现，试图通过以大学生作为积极舆论主体的代表，来对积极舆论主体的实现论媒介使用动机进行初步的验证。

第二节　作为积极舆论主体的大学生实现论媒介动机的实证研究

一　问卷的发放与分析情况

（一）预测问卷的发放

采用随机抽样的方法，以随机偶遇的方式选取 120 名东北师范大学的在校生作为预测问卷的施测对象。预测问卷的发放于 2014 年 11 月进行，被试的年级分布涵盖大一、大二、大三、大四、研一、研二、研三等几个年级。被试的专业分布涵盖文科专业和理科专业，包括新闻学、广播电视学、戏剧与影视学、美术学、情报学、计算机及软件工程学、现代教育技术、会计学等。预测问卷共施测 120 份，回收问卷 108 份，剔除乱填、漏填问卷 13 份，回收有效调查问卷 95 份，有效回收率为 79.2%。其中，男生 29 人，占总人数 30.5%；女生 66 人，占总人数 69. 5%。文科生 58 人，占总人数 61. 1%；理科生 37 人，占总人数 38. 9%。样本构成情况如下表 2-1 所示。

表 2-1　　预测问卷被试构成情况一览

性别	文科	理科	合计
男生	6	23	29
女生	52	14	66
合计	58	37	95

预测问卷的发放目的主要有四点。第一，因为研究内容具有较强的专业性，在预测问卷时需考察被试能否顺利理解问卷中对专业名词的阐释。第二，调查问卷中题项的表述是否有模糊不清或令人困惑的地方。第三，问卷每项题目后是否需要具体举例说明或解释。第四，调查问卷的顺序编排和题目数量是否合理。通过施测问卷，我们对问卷内容进行了多次修改：对问卷中“媒介使用”等关键字进行了明确的阐释和说明；问卷的题项修改更为具体化，表述更贴合媒介使用的相关内容；在问卷题目后增加了多项内容更为具体的举例说明和解释，使题目更清晰可感、便于理解。

对“实现幸福感问卷”和“基于实现论幸福感的媒介使用动机调查问卷”的整体信度和各维度内部一致性信度进行分析，分析结果如表 2-2 和表 2-3 所示。

表 2-2　　实现论、实现论媒介动机问卷的整体信度检验

问卷	题目数量	Cronbach's α
实现幸福感问卷	20	0. 903
基于实现论幸福感的媒介使用动机调查问卷	20	0. 918

通过表 2-2 可见，两份问卷的总体 Cronbach's α 系数分别是 0. 903 和 0. 918，α 大于 0. 80，两份问卷的内部一致性非常好，适宜于研究使用。通过表 2-3 可见，两份问卷各维度内部一致性信度在 0. 756—0. 926 之间，均大于 0. 60，两份问卷信度良好。

表 2-3 问卷各维度信度检验

问卷 \ Cronbach's α	自我发现	生活目的	潜能感知	才智追求	人格展现
实现幸福感问卷	0.828	0.926	0.763	0.756	0.756
基于实现论幸福感的媒介使用动机调查问卷	0.838	0.924	0.885	0.763	0.869
题目数量	4	3	4	3	5

（二）正式问卷的发放

正式问卷的发放采用随机抽样，以随机偶遇的方式在上海交通大学和东北师范大学中选取 280 名在校生作为正式问卷的施测对象。被试的年级分布涵盖大一、大二、大三、大四、研一、研二、研三等几个年级。被试的专业分布涵盖文科专业和理科专业，包括新闻学、戏剧与影视学、美术学、情报学、广播电视学、计算机及软件工程学、会计学、法学、现代教育技术、机械、船建、机动专业等。正式问卷共施测 280 份，回收问卷 267 份，剔除乱填、漏填问卷 24 份，回收有效调查问卷 243 份，有效回收率为 86.8%。其中，男生 106 人，占总人数 43.6%；女生 137 人，占总人数 56.4%。本科生 159 人，占总人数 65.4%；研究生 84 人，占总人数 34.6%。文科生 127 人，占总人数 52.3%；理科生 116 人，占总人数 47.7%。样本构成情况如表 2-4所示。

表 2-4 正式问卷被试构成情况一览

性别	男生	女生
	106	137
年级	本科生	研究生
	159	84
专业	文科生	理科生
	127	116

（三）数据分析方法

本节运用国际通用统计软件 SPSS 18.0 数据输入与管理系统对数

据进行管理。针对“实现幸福感问卷”部分，计算243份问卷中每份问卷的平均分，总结大学生实现幸福感水平的总体情况，并结合反映被试实现功能一般水平的界限分数3分，根据得分筛选出实现幸福感水平的高分组和低分组。

针对“基于实现论幸福感的媒介使用动机调查问卷”部分：首先计算243份问卷在自我发现、潜能感知、生活目的、才智追求和人格展现共5项媒介使用动机维度上的平均分；其次结合性别、年级、专业等维度，分析在不同人口学变量下大学生媒介使用动机是否存在差异；最后，以“实现幸福感问卷”部分的数据结果为依托，分别统计出实现幸福感水平高分组和低分组的各项媒介使用动机水平，即分别统计高分组和低分组在自我发现、潜能感知、生活目的、才智追求和人格展现维度上的平均分，将结果按照分数从高到低进行降序排列，比较实现幸福感水平高分组和低分组的被试其媒介使用动机情况是否存在差别。描述性统计分析主要从以下四个方面进行：第一，大学生实现幸福感水平分析；第二，大学生基于实现论幸福感的媒介使用动机总体情况分析；第三，不同人口学变量下的大学生媒介使用动机差异性分析；第四，实现幸福感水平高分组、低分组的媒介使用动机差异性分析。在此基础上，对大学生的实现幸福感水平和基于实现论幸福感的媒介使用动机的相关性进行分析。

二 大学生实现幸福感水平分析

本节研究依托“实现幸福感问卷”的结果进行分析，正式施测的问卷共包含5个维度，20个项目，采用1—7分的7点式计分法。现计算243份问卷中每份问卷的平均得分，形成被试实现幸福感总均分趋势图，如图2-1。

由图2-1可见，被试大学生个体水平实现功能的均值为5.27分，高于实现幸福感均分3分，并且大学生总体个体水平的实现功能均高于实现功能的一般水平，仅有极小部分学生个体水平的实现功能即实现幸福感水平偏低，低于实现功能的一般水平3分。大学生实现幸福感的总体水平偏高，总趋势较为理想。由此可见，在实现幸福感水平

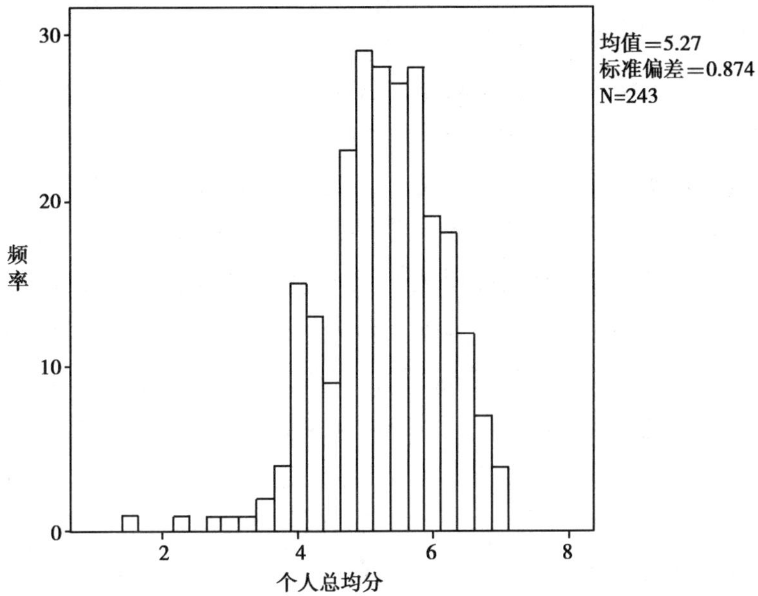

图 2-1　被试实现幸福感总均分趋势

普遍偏高的大学生群体中，个体水平的实现功能总均分已经高于 3 分的一般水平，5.27 分的均值证明了被试群体的平均水平。因此，结合大学生被试群体的实际情况，在本节研究的后续探讨中，将以 5 分作为个体水平实现功能的分界线，继而对大学生个体水平实现功能偏高和偏低群体的媒介使用动机进行比较分析。

表 2-5　　问卷各维度与总体的平均分与标准差

	自我发现	生活目的	潜能感知	才智追求	人格展现
平均分	21.18	14.2	20.98	16.08	27.87
标准差	4.529	4.298	4.413	3.189	4.623

对被试大学生群体实现幸福感总体及各维度的平均分与标准差进行统计，形成表 2-5。如表所示，问卷各维度的平均分范围为 14.2—27.87 分，其中人格展现的平均分最高居于首位，随后依次为自我发现、潜能感知、才智追求和生活目的。问卷各维度的标准差范围为 3.189—4.623 分，都在 3 分以上，高于一般水平，其中人格展现维

度分数最高，随后依次为自我发现、潜能感知、生活目的和才智追求。前三位同各维度平均分的排序一致。

综上，大学生群体的实现幸福感水平，即个体水平的实现功能总体水平偏高，总体趋势很理想。总均分为5.27分，后续研究可选取5分作为个体水平实现功能的分界值。问卷各维度均分按照降序排序，依次为：人格展现、自我发现、潜能感知、才智追求和生活目的。由此可见，被试大学生作为高校学子，通过自我人格的呈现和表达能够获取更高的幸福感达成自我实现。大学生群体对自我发现和潜能感知的水平也较高，说明伴随着较高的自我意识和自我约束，大学生较勤于进行自我挖掘和自我发现，以期许达成更高意义上的自我追求。大学作为综合能力的培养场所，才智追求已经不是个人发展追求的唯一目标，加之专业选择的细化推动生活目的的越发明确化，大学生才智追求和生活目的的个体实现水平较低。

三　作为积极舆论主体的大学生实现论媒介使用动机总体情况分析

如本章上一节所述，本节研究沿用的“实现幸福感问卷”中心理维度可以对个体实现功能的一般水平进行测量，实现幸福感是由5项因子构成，每一个因子也是一种内在的心理需求，在不同需求下可能催生不同动机。而积极舆论主体在媒介使用过程中积极发挥主观能动性，发掘自身潜在的积极力量，那么将实现幸福感的5项心理维度置放于媒介环境中，不同的心理需求可能催生不同的媒介使用动机。本节研究将“实现幸福感问卷”的5项心理维度与媒介环境因素相结合，对题项进行适度修订形成“基于实现论幸福感的媒介使用动机调查问卷”，使其适用于媒介使用动机研究，从而对积极舆论主体的实现论媒介动机进行测量。本节研究依托“基于实现论幸福感的媒介使用动机调查问卷”的结果进行分析，正式施测的问卷共包含5个维度，20个项目，采用1—7分的7点式计分法。现分别计算243份问卷中5项心理维度的平均得分，形成被试基于实现论幸福感的媒介使用动机各维度平均分一览表，如图2-2。

由图 2-2 可见，基于实现论幸福感的媒介使用动机各维度平均分范围是 12. 51—25. 38 分。其中，人格展现的媒介使用动机的平均分是25. 38 分，居于第一位；潜能感知的媒介使用动机的平均分是 18. 8 分，居于第二位；自我发现的媒介使用动机的平均分是 18. 65 分，居于第三位；才智追求的媒介使用动机的平均分是 14. 51 分，居于第四位；生活目的的媒介使用动机的平均分是 12. 51 分，居于第五位。

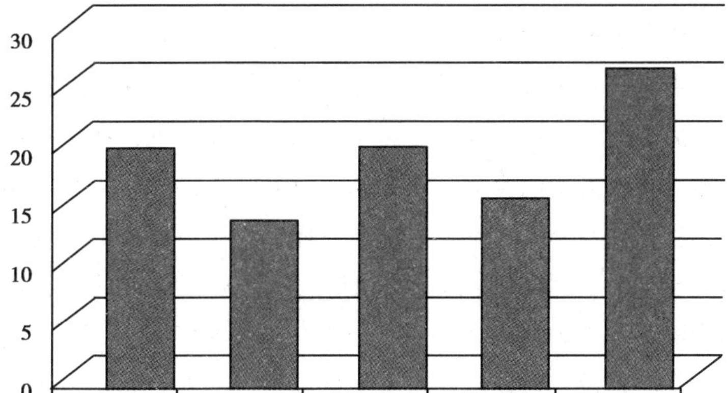

	自我发现	生活目的	潜能感知	才智追求	人格展现
■平均分	18.65	12.51	18.8	14.51	25.38

图 2-2　基于实现论幸福感的媒介使用动机各维度平均分

（一）人格展现媒介动机

基于实现论幸福感的心理维度，大学生作为积极舆论主体，其首要的媒介使用动机是人格展现。大学生作为积极传播主体，在使用媒介的过程中，具有较为强烈的人格展现媒介动机，主要表现为以下四点：

第一，在媒介使用过程中，大学生很看重媒介实践给其自身带来的满足感，因为媒介使用过程中潜移默化地展现了自我人格魅力。这种人格特质是随着大学生迈进校园后才开始显现的，伴随活动经历和社会阅历的增加，大学生的价值观和自我思考模式逐渐形成，开始培养出自我人格特质，而媒介使用提供了展现自我人格的平台，是大学生表现自我的首选，基于该种动机，催生出更为积极的媒介使用行为。例如，在深度访谈中有同学表示：“通过使用媒介，能让我更全面地表现自己，转发信息能让同学更了解我的关注点和兴趣爱好，评论可以表现出我的思考深度和视角，甚至上传的自拍都能展现我不同时间点下的精神状态，媒介让我有机会更直观地表达自己、呈现自己，而现实生活中我却比较害羞或者根本没有机会去说。”相比于现实生活，媒介使用的自主性和开放性激发了大学生表达自我的愿望，促使他们更乐于通过媒介使用展现人格魅力。

第二，具备较强自我意识的大学生群体往往认为，自己喜欢比别人的评价更重要。因此，在媒介使用中个人的主观性较强，能凭借个人喜好而进行自主选择和筛选，并根据个人认知和评断进行转发或评价，完成个人的二次传播，传递个人的观点和意见，在此类传播中更注重的是个人力量的渗透。例如，面对公共事件时，大学生倾向于使用媒体发声参与公共讨论，以此来完成自我人格品质的呈现。在访谈中有同学认为，“面对面讨论事情时，有时碍于同学关系，有完全相反的看法都不能表达得太激进，有时说着就生气了，容易产生矛盾。但在转发、评论的时候，谁也看不见谁，自己怎么想就怎么说，能完全释放自己”。在媒介使用中大学生能更好地释放自我，毫无保留地表达意见，这种特性也促使他们更积极主动地使用媒介。

第三，由于在高等教育环境下，大学生持续接受较为正向的教育内容。因此，在媒介使用过程中，大学生倾向于采取正向行为。例如，他们会经常去做那些自己认为有意义的事情，从而达成了个体人格的展现和发挥。此外，在媒介使用过程中，相比于现实环境，大学生会有更多的机会去做那些自己认为正确的事情，并且在个人或者团体的努力下获得意想之外的收获和结果，敦促其更积极主动地使用媒介。

2014 年 5 月 24 日，大学生自制视频《舌尖上的宿舍 · 泡面篇》一经发布在网络上迅速走红并引起热议，该片灵感来源于央视热播纪录片《舌尖上的中国》，承袭其解说词的风格，将泡面与大学宿舍情谊娓娓道来，在幽默风趣中不失温情。从该片的制作行为可以看出，大学生已不仅仅是信息接受者，而俨然成为媒介传播内容的制作主体和传播主体，他们主动运用媒介来进行自我展现和表达，同时通过正能量内容的传播展现了大学生之间的同窗情谊。

第四，在媒介使用过程中，大学生有时也可能会遇到困难，如表达意见遭受误解、个人行为遭受非议、参与公众事务遭遇阻碍力量等，但是出于人格展现的媒介实践动机，加之平等而自主的网络环境，会敦促他们迎难而上，更积极主动地化解危局，解决困难，从而达成自我展现与升华。一名大学生在访谈中说："在网络中大家互相都不认识，即使说错了被大家指责，也不会太在意，讨论着就过去了，每天新的信息太多，大家注意力也不会停留太久。"

（二）潜能感知媒介动机

大学生作为积极舆论主体，排在第二位的媒介使用动机是潜能感知。大学生在媒介实践的过程中，具备较强的潜能感知的媒介动机，主要表现为以下两点：

第一，大学生通过使用媒介，使自己更相信自我有巨大的潜能，如自我能力的挖掘、对公共事务的参与等，并希望挖掘这些潜能追寻个人目标。在校园相对闭塞的环境下，大学生接触社会事务的机会有限，由于缺乏公共参与的机会，个人的意见和力量不能得到充分的施展和发挥。互联网等新媒体具备平等性和参与性的特征，可以使每一个可以使用媒介的学子拥有话语权，这种对自我潜能的感知和挖掘促使大学生更为积极地参与媒介使用和传播，是其媒介使用的重要动机。在深度访谈中有同学提起："去年，我们学校（东北师范大学）会计专业的学生患重症肝炎，我们在朋友圈帮忙转发信息，有同学还在微博上写话题，好多同学评论转发，许多外省学校的同学都帮忙捐款，筹集了16万多的医疗费，超乎大家的想象。"大学生通过使用媒介散发自身的光与热，收获意料之外的回馈与支持力量。再如，《舌尖上的宿舍·泡面篇》视频的主创学生专业为思想政治教育，出于自身兴趣，他们利用课余时间试探性地展开创作。该视频在网络上的超高人气证明了他们的实力，也挖掘出他们影片创作的才能和创造力，使他们更好地感知自身的潜能。

第二，大学生在媒介使用过程中，当个体充分发挥自我潜能时，如自我能力的挖掘、对公共事务的参与等，更强烈地感受到自己存在的价值。并且，通过媒介的使用和延伸，大学生能充分发挥自我意见表达和公共参与的潜能。例如，微公益传播中，大学生通过积极参与传播与互动，完成对自我潜能的挖掘和发挥，筹集到超出想象数额的善款，发挥前所未有的力量，而这样能量的发挥在现实生活中几乎是不可能实现的。媒介使用确实在极大程度上满足了大学生挖掘自身潜能、服务社会的需求，并使其生命充满了挑战与惊喜。以上潜能感知媒介动机的存在，促使大学生作为积极传播主体更加主动地参与媒介实践。

（三）自我发现媒介动机

基于实现论幸福感的心理维度，大学生作为积极舆论主体，排在第三位的媒介使用动机是自我发现。大学生作为积极传播主体在媒介使用过程中，其自我发现的媒介动机体现为以下四点：

第一，欲通过媒介使用，了解自己的媒介实践行为及媒介表达。大学生正处于心理发展的关键阶段，世界观、人生观和价值观较为系统地形成，社会个性逐渐走向成熟，其自我发现和自我认识还在社会实践中逐步形成，而身处校园环境，大学生重要的社会接触窗口便是媒介。例如：通过接收媒介信息，大学生更清晰认识自我的性格类型或气质类型；通过在媒介中发布信息，更了解自己的用词习惯和表达模式等，出于更加了解自己，从而进行自我发现和探索的目的，大学生更自主地使用媒介。在访谈中有同学提及，“我初中高中时写作文从来没得过高分，我也没觉得自己表达能力强，结果我偶尔写写微博，大家都来说我文笔好，其实我就是写得随性，却快成了段子手”。媒介使用时不经意的表达，可能都会挖掘出自己不易察觉的才能。

第二，通过媒介使用，自我发现的媒介动机使大学生比别人更清楚，哪些事情是对自己有利的。例如，通过接受和筛选海量的媒介信息，大学生完成了自我学习和认知的过程。对是非的判断、利弊的评断更有经验，增强了大学生自我辨别是非的能力，使其在进行选择或决断时，不是一味盲从地听从他人意见，能做出对自己更为贴合和有利的判断。

第三，自我发现的媒介动机敦促大学生在使用媒介传递信息和人际交往时，更明确地意识到自身的优势所在，并知道如何利用媒介发挥自己话语表达和动员能力的优势。随着社交软件的日益普及和丰富，媒介中的人际交流成为对现实人际交往不足的有效弥补。大学生通过使用媒介可以丰富人际交往活动，帮助其更好地发现自我、完善自我。例如，“上大学之后室友喜欢看动漫我也跟着看，结果对动漫周边产品很感兴趣，渐渐还迷上 cosplay，在 QQ 和微博上加入很多活动群组，有动漫展我们就一块去，慢慢都成朋友了”。媒介使用中的较强互动性可以帮助大学生扩大交际范围，培养新的兴趣爱好，更好地完成自我发现。

第四，自我发现的媒介动机使大学生通过使用媒介，形成自己的价值观，并且获取自我人生的意义。大学生通过接受庞杂的媒介信息，形成个人的判断力和基本价值观，价值观的形成对人生意义的确立和追寻产生重要影响。人生目标的确立和追寻已经不再依赖于老师和父辈的教诲，丰富的、针对性较强的信息可以帮助大学生开阔眼界，增长见识，更明确自己的发展目标。例如，“决定考研完全是逛论坛的结果。大三时总是犹豫不定，也没想好考哪所学校，晚上没事逛考研论坛，发现有学姐卖考研书和复习材料，加了好友聊天，发现考研好像也没想象中那么难，就把书买了开始复习，总和学姐交流还能收获很多复习经验，考研决心也更坚定了”。

（四）才智追求媒介动机

基于实现论幸福感的心理维度，大学生作为积极舆论主体，排在第四位的媒介使用动机是才智追求。相比于前三位的媒介使用动机，大学生在媒介使用的过程中，具有较弱的追求才智的媒介动机。其追求才智的需求主要表现为以下三点：第一，在媒介使用中，很容易进入媒介即定角色，例如公共事务参与者、正义伸张者、是非审判者等，在进入这些角色后，大学生能够更充分地追求个人才智。第二，由于新媒体已经渗入人们生活的方方面面，媒介实践也已经成为大学生个人生活的一部分，会敦促其更为全身心地投入到每天的生活中去，更充分地享受生活。第三，为了追求更为良好的个人感觉，大学生会在媒介实践中更认真地完成自我认为值得努力的事情，从而达成自我才智的追求与实现。例如，“我有时候登录微博就是为了了解最近的热点事件，以及大家都是怎么讨论的，从这种对话里了解真相，并做出自己的判断再进行传播，经常这样看，我觉得自己判断是非的能力增强了，而且发觉自己能更敏锐地感知时事了”。但是，大学作为综合能力的培养场所，才智追求已经不是个人发展追求的唯一目标，加之专业选择的细化推动生活目的越发明确化，相比之下，大学生才智追求的媒介使用动机较低。

（五）生活目的媒介动机

基于实现论幸福感的心理维度，大学生排在最后的媒介使用动机是生活目的。大学生在媒介实践的过程中，其生活目的媒介动机最弱。其动机驱动媒介使用的主要表现为以下三点：第一，通过媒介使用行为，即在对媒介信息处理和人际交流中，大学生能够找寻到未来的目标。例如，通过接收媒介信息，发现自己感兴趣的职业或发展方向，即对未来目标的确立产生影响，挖掘生活的根本目的。第二，在媒介使用过程中，大学生通过媒介信息的辅助，有可能确立起对未来的具体规划方案。因此，为了建立起扎实的知识储备库，以期在未来个人发展中确立更为详尽和明确的发展目标，大学生会更为积极主动地使用媒介传播。第三，大学生通过媒介使用的辅助，可能会更加明确未来具体要做的事情。每个人接触的生活圈子和信息交流空间都是有限的，但是媒介信息的数量却是无限的，随着互联网技术发展的日新月异，群体智慧的力量可以推动个体更好地前行，通过接触媒介信息，可能更加明确个体的追求目标。在访谈中有同学说道：“我迷茫那段时间很喜欢看‘一个’（APP 应用），看文章里面不同的人生不同的抉择，然后也觉得自己受熏陶了，不会那么看不开了。”媒介使用一定程度上能帮助大学生舒缓自身的焦虑情绪，更好地寻求未来方向。

由于大学生正处于个人心智和阅历成长的关键阶段，其生活目的追寻并非该阶段需要解决的主要矛盾。因此，相比于人格展现、潜能感知、自我发现和才智追求等动机，生活目的媒介使用动机位居最后。

四　作为积极舆论主体的大学生实现论媒介使用动机的人口学变量分析

（一）大学生实现论媒介使用动机在性别维度上的差异分析

本节研究依托“基于实现论幸福感的媒介使用动机调查问卷”的结果，结合人口学变量中的性别变量进行分析。现分别计算 243 份问卷中不同性别在 5 项心理维度的平均得分，形成被试基于实现论幸福感的媒介使用动机不同性别平均分，如图 2-3。

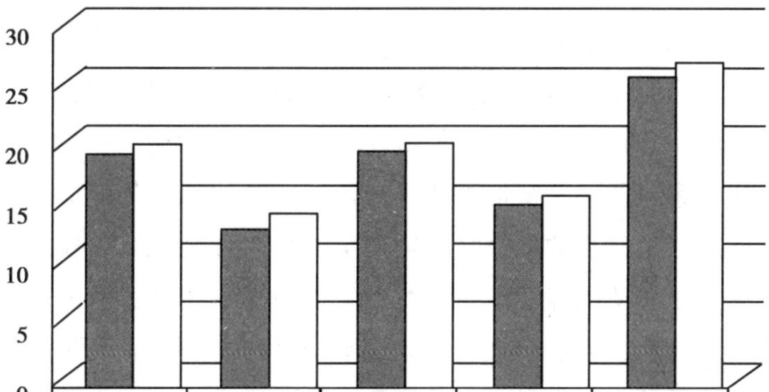

	自我发现	生活目的	潜能感知	才智追求	人格展现
■男生	18.28	11.96	18.58	14.24	24.9
□女生	19.11	13.24	19.08	14.85	26.00

图 2-3　基于实现论幸福感的媒介使用动机不同性别平均分

结合图 2-3 的数据，以性别变量为基准，将基于实现论幸福感的媒介使用动机不同性别的平均分按照降序排列，形成下表 2-6。

表 2-6　　基于实现论幸福感的媒介使用动机不同性别的平均分（降序）

男生		女生		总体	
人格展现	24.90	人格展现	26.00	人格展现	25.38
潜能感知	18.58	自我发现	19.11	潜能感知	18.80
自我发现	18.28	潜能感知	19.08	自我发现	18.65
才智追求	14.24	才智追求	14.85	才智追求	14.51
生活目的	11.96	生活目的	13.24	生活目的	12.51

由表 2-6 可见，大学生基于实现论幸福感的媒介使用动机，男生的平均分范围是 11. 96—24. 90 分。其中，人格展现的媒介使用动机的平均分是 24. 90 分，居于第一位；潜能感知的媒介使用动机的平均分是 18. 58 分，居于第二位；自我发现的媒介使用动机的平均分是 18. 28 分，居于第三位；才智追求的媒介使用动机的平均分是 14. 24 分，居于第四位；生活目的的媒介使用动机的平均分是 11. 96 分，居于第五位。相比于总体的媒介动机情况，男生的媒介动机水平排序与总体排序完全吻合，但 5 个维度的动机平均分均低于总体水平。

此外，大学生基于实现论幸福感的媒介使用动机，女生的平均分范围是 13. 24—26. 00 分。其中，人格展现的媒介使用动机的平均分是 26. 00 分，居于第一位；潜能感知的媒介使用动机的平均分是 19. 11 分，居于第二位；自我发现的媒介使用动机的平均分是 19. 08 分，居于第三位；才智追求的媒介使用动机的平均分是 14. 85 分，居于第四位；生活目的的媒介使用动机的平均分是 13. 24 分，居于第五位。相比于总体的媒介动机情况，女生的媒介动机水平排序与总体排序未完全吻合，但 5 个维度的动机平均分均高于总体水平。

由此可见，男生和女生基于实现论幸福感的媒介使用动机水平排序基本一致，仅在第二位和第三位的潜能感知与自我发现存在差异，居于首位的媒介使用动机均是人格展现，与总体情况一致。其中，女生 5 个维度的动机平均分均高于总体水平，男生 5 个维度的动机平均分均低于总体水平，女生的媒介使用动机水平高于男生。

（二）大学生实现论媒介使用动机在年级维度上的差异分析

本节研究依托“基于实现论幸福感的媒介使用动机调查问卷”的结果，结合人口学变量中的年级变量进行分析。本节研究中将年级变量界定的范围扩大，定义为“本科生”和“研究生”，现分别计算 243 份问卷中各年级在 5 项心理维度的平均得分，形成被试基于实现论幸福感的媒介使用动机各年级平均分，如图 2-4 所示。

结合图 2-4 的数据，以年级变量为基准，将基于实现论幸福感的媒介使用动机各年级的平均分按照降序排列，形成表 2-7。

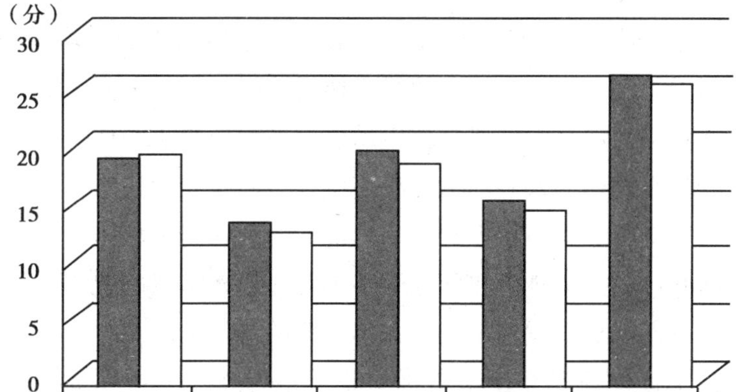

	自我发现	生活目的	潜能感知	才智追求	人格展现
■ 本科生	18.55	12.77	19.13	14.74	25.54
□ 研究生	18.82	12.04	18.18	14.06	25.07

图 2-4　基于实现论幸福感的媒介使用动机各年级平均分

表 2-7　　基于实现论幸福感的媒介使用动机各年级的平均分（降序）

本科生		研究生		总体	
人格展现	25.54	人格展现	25.07	人格展现	25.38
潜能感知	19.13	自我发现	18.82	潜能感知	18.80
自我发现	18.55	潜能感知	18.18	自我发现	18.65
才智追求	14.74	才智追求	14.06	才智追求	14.51
生活目的	12.77	生活目的	12.04	生活目的	12.51

由表 2-7 可见，大学生基于实现论幸福感的媒介使用动机，本科生的平均分范围是 12.77—25.54 分。其中，人格展现的媒介使用动机的平均分是 25.54 分，居于第一位；潜能感知的媒介使用动机的平均分是 19.13 分，居于第二位；自我发现的媒介使用动机的平均分是 18.55 分，居于第三位；才智追求的媒介使用动机的平均分是 14.74 分，居于第四位；生活目的的媒介使用动机的平均分是 12.77 分，居于第五位。相比于总体的媒介动机情况，本科生的媒介动机水平排序与总体排序完全吻合，但 5 个维度的动机平均分均低于总体水平。

此外，大学生基于实现论幸福感的媒介使用动机，研究生的平均分范围是 12.04—25.07 分。其中，人格展现的媒介使用动机的平均分是 25. 07 分，居于第一位；潜能感知的媒介使用动机的平均分是 18. 82 分，居于第二位；自我发现的媒介使用动机的平均分是 18. 18 分，居于第三位；才智追求的媒介使用动机的平均分是 14. 06 分，居于第四位；生活目的的媒介使用动机的平均分是 12. 04 分，居于第五位。相比于总体的媒介动机情况，研究生的媒介动机水平排序与总体排序未完全吻合，但 5 个维度的动机平均分均高于总体水平。

由此可见，本科生和研究生基于实现论幸福感的媒介使用动机水平排序基本一致，仅在第二位和第三位的潜能感知与自我发现存在差异，居于首位的媒介使用动机均是人格展现，与总体情况一致。其中，本科生 5 个维度的动机平均分均高于总体水平，研究生 5 个维度的动机平均分均低于总体水平，本科生的媒介使用动机水平高于研究生。

（三）作为积极舆论主体的大学生实现论媒介使用动机在专业维度上的差异分析

本节研究依托“基于实现论幸福感的媒介使用动机调查问卷”的结果，结合人口学变量中的专业变量进行分析。本节研究中将专业变量界定为“文科”和“理科”，现分别计算 243 份问卷中不同专业在 5 项心理维度的平均得分，形成被试基于实现论幸福感的媒介使用动机不同专业平均分，如图 2-5。

结合图 2-5 的数据，以专业变量为基准，将基于实现论幸福感的媒介使用动机不同专业的平均分按照降序排列，形成表 2-8。由表 2-8 可见，大学生基于实现论幸福感的媒介使用动机，文科生的平均分范围是 12. 36—25. 52 分。其中，人格展现的媒介使用动机的平均分是 25. 52 分，居于第一位；潜能感知的媒介使用动机的平均分是 19. 02 分，居于第二位；自我发现的媒介使用动机的平均分是 18. 85 分，居于第三位；才智追求的媒介使用动机的平均分是 14. 90 分，居于第四位；生活目的的媒介使用动机的平均分是 12. 36 分，居于第五位。相比于总体的媒介动机情况，文科生的媒介动机水平排序与总体排序完全吻合，但 5 个维度的动机平均分均高于总体水平。

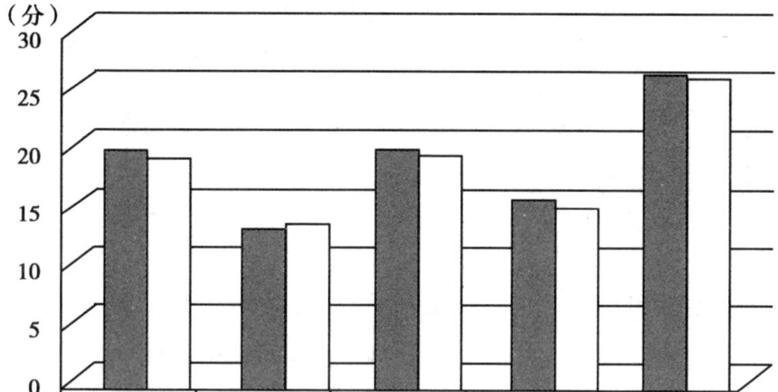

	自我发现	生活目的	潜能感知	才智追求	人格展现
■文科	18.85	12.36	19.02	14.90	25.52
□理科	18.42	12.68	18.57	14.08	25.22

图 2-5　基于实现论幸福感的媒介使用动机不同专业平均分

表 2-8　　基于实现论幸福感的媒介使用动机不同专业的平均分（降序）

文科		理科		总体	
人格展现	25.52	人格展现	25.22	人格展现	25.38
潜能感知	19.02	潜能感知	18.57	潜能感知	18.80
自我发现	18.85	自我发现	18.42	自我发现	18.65
才智追求	14.90	才智追求	14.08	才智追求	14.51
生活目的	12.36	生活目的	12.68	生活目的	12.51

此外，大学生基于实现论幸福感的媒介使用动机，理科生的平均分范围是 12.68—25.22 分。其中，人格展现的媒介使用动机的平均分是 25.22 分，居于第一位；潜能感知的媒介使用动机的平均分是 18.57 分，居于第二位；自我发现的媒介使用动机的平均分是 18.42 分，居于第三位；才智追求的媒介使用动机的平均分是 14.08 分，居于第四位；生活目的的媒介使用动机的平均分是 12.68 分，居于第五位。相比于总体的媒介动机情况，女生的媒介动机水平排序与总体排序完全吻合，但 5 个维度的动机平均分均低于总体水平。

由此可见，文科生和理科生基于实现论幸福感的媒介使用动机水平排序完全一致，居于首位的媒介使用动机均是人格展现，与总体情况一致。

其中，文科生5个维度的动机平均分均高于总体水平，理科生5个维度的动机平均分均低于总体水平，文科生的媒介使用动机水平高于理科生。

五 作为积极舆论主体的大学生实现幸福感与实现论媒介使用动机的相关性分析

（一）大学生实现幸福感与自我发现媒介动机的相关性分析

由表2-9可以看出，“幸福感个人总均分”与“动机自我发现”两个变量相关性的Pearson系数r为0. 564，$0.5 < r \leq 0.8$，大学生实现幸福感与自我发现呈显著相关，且$r>0$，大学生实现幸福感与自我发现呈正相关，即大学生实现幸福感的水平越高，其基于实现论幸福感的自我发现媒介使用动机越强烈。

表2-9　大学生实现幸福感与自我发现媒介动机的相关性分析

相关项		幸福感个人总均分	动机自我发现
幸福感个人总均分	Pearson 相关性	1	0. 564**
	显著性（双侧）		0. 000
	N	243	243
动机自我发现	Pearson 相关性	0. 564**	1
	显著性（双侧）	0. 000	
	N	243	243

注：**. 在0. 01水平（双侧）上显著相关。

（二）大学生实现幸福感与生活目的媒介使用动机的相关性分析

通过表2-10可以看出，“幸福感个人总均分”与“动机生活目的”两个变量相关性的Pearson系数r为0. 417，$0.3 < r \leq 0.5$，大学生实现幸福感与生活目的呈显著相关，且$r>0$，大学生实现幸福感与生活目的呈正相关，即大学生实现幸福感的水平越高，其基于实现论幸福感的生活目的媒介使用动机越强烈。

表2-10　大学生实现幸福感与生活目的媒介使用动机的相关性分析

相关项		幸福感个人总均分	动机自我发现
幸福感个人总均分	Pearson 相关性	1	0. 417**
	显著性（双侧）		0. 000
	N	243	243

续表

相关项		幸福感个人总均分	动机自我发现
动机生活目的	Pearson 相关性	0.417**	1
	显著性（双侧）	0.000	
	N	243	243

注：**. 在0.01水平（双侧）上显著相关。

（三）大学生实现幸福感与潜能感知媒介使用动机相关性分析

通过表2-11可以看出，“幸福感个人总均分”与“动机潜能感知”两个变量相关性的Pearson系数r为0.484，0.3<r≤0.5，大学生实现幸福感与潜能感知呈显著相关，且r>0，大学生实现幸福感与潜能感知呈正相关，即大学生实现幸福感的水平越高，其基于实现论幸福感的潜能感知媒介使用动机越强烈。

表2-11　　大学生实现幸福感与潜能感知相关性分析

相关项		幸福感个人总均分	动机潜能感知
幸福感个人总均分	Pearson 相关性	1	0.484**
	显著性（双侧）		0.000
	N	243	243
动机潜能感知	Pearson 相关性	0.484**	1
	显著性（双侧）	0.000	
	N	243	243

注：**. 在0.01水平（双侧）上显著相关。

（四）大学生实现幸福感与才智追求的媒介使用动机的相关性分析

表2-12　　大学生实现幸福感与才智追求的媒介使用动机的相关性分析

相关项		幸福感个人总均分	动机才智追求
幸福感个人总均分	Pearson 相关性	1	0.495**
	显著性（双侧）		0.000
	N	243	243

续表

相关项		幸福感个人总均分	动机才智追求
动机才智追求	Pearson 相关性	0.495**	1
	显著性（双侧）	0.000	
	N	243	243

注：**. 在 0.01 水平（双侧）上显著相关。

通过表 2-12 可以看出，"幸福感个人总均分"与"动机才智追求"两个变量相关性的 Pearson 系数 r 为 0.495，0.3<r≤0.5，大学生实现幸福感与才智追求呈显著相关，且 r>0，大学生实现幸福感与才智追求呈正相关，即大学生实现幸福感的水平越高，其基于实现论幸福感的才智追求媒介使用动机越强烈。

（五）大学生实现幸福感与人格展现的媒介使用动机的相关性分析

通过表 2-13 可以看出，"幸福感个人总均分"与"动机人格展现"两个变量相关性的 Pearson 系数 r 为 0.571，0.5<r≤0.8，大学生实现幸福感与人格展现呈显著相关，且 r>0，大学生实现幸福感与人格展现呈正相关，即大学生实现幸福感的水平越高，其基于实现论幸福感的人格展现媒介使用动机越强烈。

表 2-13　　大学生实现幸福感与人格展现相关性分析

相关项		幸福感个人总均分	动机人格展现
幸福感个人总均分	Pearson 相关性	1	0.571**
	显著性（双侧）		0.000
	N	243	243
动机人格展现	Pearson 相关性	0.571**	1
	显著性（双侧）	0.000	
	N	243	243

注：**. 在 0.01 水平（双侧）上显著相关。

综上大学生实现幸福感与基于实现论幸福感的媒介使用动机在5个维度上均呈显著相关，且均为正相关，即大学生的实现幸福感水平越高，其基于实现论幸福感的媒介使用动机越强烈。

六 大学生实现幸福感水平与实现论媒介使用动机的差异性分析

依托“实现幸福感问卷”和“基于实现论幸福感的媒介使用动机调查问卷”的结果进行分析，结合前面的研究结论，在实现幸福感水平普遍偏高的大学生群体中，个体水平的实现功能总均分已经高于3分的一般水平，5.27分的均值证明了被试群体的平均水平。因此，结合大学生被试群体的实际情况，我们将以5分作为实现幸福感水平的分界线，将实现幸福感水平总均分高于5分的被试界定为高分组，将实现幸福感水平总均分低于5分的被试界定为低分组，继而对大学生实现幸福感水平高分组和低分组的媒介使用动机进行比较分析。

（一）独立样本T检验

将大学生实现幸福感水平的高分组和低分组分别与自我发现、生活目的、潜能感知、才智追求和人格展现5个维度进行独立样本T检验。检验结果由表2-14所示，在Sig.均大于0.05的情况下，Sig（双侧）假设方差相等的数值均小于0.05。由此可见，大学生实现幸福感水平的高分组和低分组，在自我发现、生活目的、潜能感知、才智追求和人格展现5个维度的媒介实践动机上存在显著差异。

（二）实现幸福感水平高分组与低分组的实现论媒介使用动机差异分析

分别计算实现幸福感高分组和低分组在5项心理维度上的平均得分，形成被试基于不同实现幸福感水平下的媒介使用动机情况，如图2-6。

表 2-14　　　　大学生个体水平实现功能总均分在媒介实践动机维度上的差异检验

动机项		方差方程的 Levene 检验		均值方程的 t 检验						
		F	Sig.	t	df	Sig.（双侧）	均值差值	标准误差值	差分的 95% 置信区间 下限	差分的 95% 置信区间 上限
动机自我发现	假设方差相等	0.206	0.605	7.073	241	0.000	5.053	0.714	3.646	6.460
	假设方差不相等			6.671	52.710	0.000	5.053	0.757	3.533	6.572
动机生活目的	假设方差相等	0.130	0.718	4.777	241	0.000	3.249	0.680	1.909	4.589
	假设方差不相等			4.961	57.548	0.000	3.249	0.655	1.938	4.561
动机潜能感知	假设方差相等	0.022	0.883	6.053	241	0.000	4.731	0.782	3.192	6.271
	假设方差不相等			5.735	52.905	0.000	4.731	0.825	3.077	6.386
动机才智追求	假设方差相等	0.002	0.965	5.874	241	0.000	3.209	0.546	2.133	4.286
	假设方差不相等			5.517	52.528	0.000	3.209	0.582	2.042	4.377
动机人格展现	假设方差相等	0.467	0.495	8.483	241	0.000	6.798	0.801	5.219	8.376
	假设方差不相等			8.635	56.417	0.000	6.798	0.787	5.221	8.374

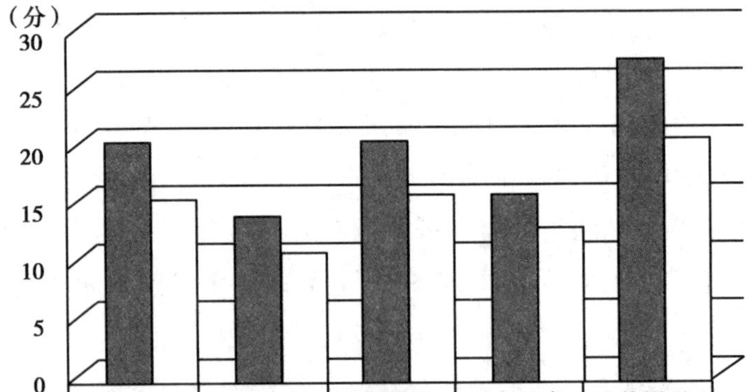

	自我发现	生活目的	潜能感知	才智追求	人格展现
■高分组	19.48	13.05	19.58	15.03	26.5
□低分组	14.43	9.80	14.85	11.83	19.7

图 2-6　实现功能不同水平被试的媒介使用动机

结合图 2-6 的数据，以高分组和低分组为单位，将实现幸福感水平不同被试的媒介使用动机的总均分按照降序排列，形成表 2-15。

由表 2-15 可见，大学生基于实现论幸福感的媒介使用动机，高分组的平均分范围是 13. 05—26. 50 分。其中，人格展现的媒介使用动机的平均分是 26. 50 分，居于第一位；潜能感知的媒介使用动机的平均分是 19. 58 分，居于第二位；自我发现的媒介使用动机的平均分是 19. 48 分，居于第三位；才智追求的媒介使用动机的平均分是 15. 03 分，居于第四位；生活目的的媒介使用动机的平均分是 13. 05 分，居于第五位。相比于总体的媒介动机情况，高分组的媒介动机水平排序与总体排序完全吻合，但 5 个维度的动机平均分均显著高于总体水平。

此外，大学生基于实现论幸福感的媒介使用动机的低分组的平均分范围是 9. 80—19. 70 分。其中，人格展现的媒介使用动机的平均分是 19. 70 分，居于第一位；潜能感知的媒介使用动机的平均分是 14. 85 分，居于第二位；自我发现的媒介使用动机的平均分是 14. 43 分，居于第三位；才智追求的媒介使用动机的平均分是 11. 83 分，居于第四位；生活目的的媒介使用动机的平均分是 9. 80 分，居于第五位。相比于总体的媒介动机情况，低分组的媒介动机水平排序与总体排序完全吻合，但 5 个维度的动机平均分均显著低于总体水平。

表 2-15　　实现功能不同水平被试的媒介使用动机的总均分（降序）

高分组		低分组		总体	
人格展现	26. 50	人格展现	19. 70	人格展现	25. 38
潜能感知	19. 58	潜能感知	14. 85	潜能感知	18. 80
自我发现	19. 48	自我发现	14. 43	自我发现	18. 65
才智追求	15. 03	才智追求	11. 83	才智追求	14. 51
生活目的	13. 05	生活目的	9. 80	生活目的	12. 51

由此可见，实现幸福感水平的高分组和低分组的媒介使用动机水平排序完全一致，居于首位的媒介使用动机均是人格展现，与总体情况一致。其中，高分组 5 个维度的动机平均分均显著高于总体水平，低分组 5 个维度的动机平均分均显著低于总体水平，高分组的媒介使用动机水平显著高于低分组。

七　研究启示与不足

第一，大学生群体的实现幸福感水平，即个体水平的实现功能总体偏高，总体趋势很理想。总均分为 5.27 分，高于实现幸福感总均分的一般水平 3 分。实现幸福感各维度的平均分范围为 14.2—27.87 分，其中人格展现的平均分最高居于首位，随后依次为自我发现、潜能感知、才智追求和生活目的。这与我们将大学生群体视为积极的舆论主体的经验观察是一致的，其具有了积极舆论主体的基本特征。

第二，大学生基于实现论幸福感的媒介使用动机各维度平均分范围是 12.51—25.38 分。其中，人格展现的媒介使用动机居于第一位，随后依次为潜能感知、自我发现、才智追求和生活目的。这一方面呈现了大学生在网络媒介使用过程中的媒介行为的倾向性；另一方面也预示了其在追求自我以及意义与目的的实现论媒介动机作用下的积极表达以及积极行为。因而，我们就对以大学生群体为代表的对积极舆论主体的动机与其积极网络舆论、积极线下行为的积极传播脉络有了基本的理解。

第三，男生和女生基于实现论幸福感的媒介使用动机水平排序基本一致，女生 5 个维度的动机平均分均高于总体水平，男生 5 个维度的动机平均分均低于总体水平，女生的媒介使用动机水平高于男生。本科生和研究生基于实现论幸福感的媒介使用动机水平排序基本一致，本科生 5 个维度的动机平均分均高于总体水平，研究生 5 个维度的动机平均分均低于总体水平，本科生的媒介使用动机水平高于研究生。文科生和理科生基于实现论幸福感的媒介使用动机水平排序完全一致，文科生 5 个维度的动机平均分均高于总体水平，理科生 5 个维度的动机平均分均低于总体水平，文科生的媒介使用动机水平高于理科生。在积极舆论引导过程中，对上述积极意见领袖的媒介使用规律的探究，或许可以提供一定的基础参数的作用指导。

第四，大学生实现幸福感与基于实现论幸福感的媒介使用动机在 5 个维度上均呈显著相关，且均为正相关，即大学生的实现幸福感水平越高，其基于实现论幸福感的媒介使用动机越强烈。这一结论给予了积极舆论主体的积极表达（意义与目的的积极价值层面）以更深层次的心理动因，即为了寻求个体的实现幸福感而产生的实现论媒介动机以及实现媒介行为。因而，我们能够在个体幸福、网络社会和谐以及社会与国家良性互动等三个维度上得到统一，也即积极的舆论引导是个体、社会与国家三个层面的共同需要。

第五，实现幸福感水平的高分组和低分组在媒介使用动机 5 个维度上的水平呈显著差异。两者在媒介使用动机水平的排序上完全一致。高分组 5 个维度的动机平均分均显著高于总体水平，低分组 5 个维度的动机平均分均显著低于总体水平，高分组的媒介使用动机水平显著高于低分组。实现论媒介使用动机下，积极舆论主体将会呈现越来越强的实现媒介使用动机，因而，需要对低实现幸福感的舆论主体加以积极的舆论引导，提高其实现幸福感水平，进而提高其实现论媒介使用动机的水平，从而实现网络社会的和谐。

在本节研究中，由于时间和精力有限，本节研究共发放调查问卷 280 份，回收有效问卷 243 份。样本数量的局限性导致了研究分析的局限性，可能导致未能完全客观和准确地反映研究问题，数据的代表性还有待于更多的相关研究来进一步检验。此外，本节研究仅将“实现幸福感问卷”和“基于实现论幸福感的媒介使用动机调查问卷”在大学生群体中发放，未对其他人群进行测量，导致结果分析具有较强的局限性。针对基于幸福拐点指数下的积极传播主体，其他人群基于实现论幸福感的媒介使用动机情况如何，还需要未来的研究进一步验证。

本节研究结合新型主流媒体概念与战略的提出，探索性地提出了积极舆论主体实现论媒介动机的理论构想并以大学生群体为例加以验证，既奠定了积极舆论引导理论的核心内容，也赋予积极舆论引导理论以从积极舆论主体角度的出发点与归宿，即蕴含社会主义核心价值观的有意义的媒介内容与舆论引导是与积极舆论主体的心理动机相应对的。

第三章　新型主流媒体的积极社会制度框架与舆论引导

习近平总书记在2014年8月18日中央全面深化改革领导小组第四次会议上，提出了“新型主流媒体”的概念，要求“着力打造一批形态多样、手段先进、具有竞争力的新型主流媒体，建成几家拥有强大实力和传播力、公信力、影响力的新型媒体集团，形成立体多样、融合发展的现代传播体系”①。这一国家战略为主流媒体指明了发展的方向，一批新型主流媒体应时而生，诸如上海报业集团在《东方早报》脱胎换骨转型的基础上推出的“澎湃新闻”，搭建成“澎湃新闻”微博账户、“澎湃新闻”手机APP客户端以及“一号专案”“舆论场”“知食分子”等具有影响力的一系列新媒体平台，粗具新型主流媒体的形态。

新型主流媒体作为舆论的拟态主体，在突发事件爆发过程中发挥着舆论引导的重要作用，那么，在日常传播中其舆论引导的功能如何得以发挥呢？如前文所述，积极舆论引导的理论视域中，我们将超过幸福拐点指数的公众作为积极的舆论主体，积极舆论主体具有实现论的媒介动机，在舆论引导过程中，新型主流媒体是否提供了与积极舆论主体的实现论媒介动机相对应的积极媒介框架，进而通过其积极框架对舆论主体的价值观给予潜移默化的培植作用，就成为积极舆论引导理论中对拟态主体研究的重要内容。而且，新型主流媒体的积极舆论引导不仅仅是因社会与个体心理的媒介动机的转型而生发，从媒体舆论引导的脉络中，我们可以看到主流媒体引导主流意识形态的进程

① 《习近平论媒体传播》，《中国报业》2014年第17期。

中，对积极舆论引导内容、积极舆论引导效果的理论探究与实践实施是具有历史传统的，新型主流媒体的积极舆论引导是这一历史脉络的当下延续与创新。

第一节　主流媒体舆论引导的历史脉络与现实需求

一　新中国成立以来几代领导人的主流媒体舆论引导观

我国政府历来高度重视传统主流媒体舆论在传播主流意识形态中的作用。早在1948年，党的第一代领导人毛泽东同志就要求“办好报纸”，并“正确地宣传党的方针政策，通过报纸加强党和群众的联系，这是当前的工作中的一项不可小看的、有重大原则意义的问题”[①]。在《对晋绥日报编辑人员的谈话》中也谈道：“报纸的作用和力量，就在它能使党的纲领路线、方针政策、工作任务和工作方法，最迅速最广泛地同群众见面。”[②] 这为传统主流媒体开展舆论引导工作指明了方向。

20世纪70年代末，党的第二代领导人邓小平同志不仅多次强调，“要使我们党的报刊成为全国安定团结的思想上的中心”，“党报党刊一定要无条件地宣传党的主张”[③]，更是在此基础上提出了开放的思想。这种“开放”不仅包含着对内与对外的双向开放，也包含着对公众思想开放的重视与推进：“一个革命政党，就怕听不到人民的声音，最可怕的是鸦雀无声。”[④] 这为上下互动疏通了渠道：既拓宽了“上情”的传播范围，加快其传播速度，又丰富了“上情”的传播内容与传播方式，进而增进了公众对“上情”的认同感；既使“下情”上传更自由、真实、及时，又夯实了群众基础，打破了社会层级限

① 《毛泽东新闻工作文选》，新华出版社1983年版，第149—151页。

② 《毛泽东选集》，人民出版社1991年版，第1318页。

③ 《邓小平文选》，人民出版社1994年版，第272页。

④ 《邓小平文选》，人民出版社1994年版第2卷，第144—145页。

制，促进了民众平等、广泛、实时交流沟通。舆论引导再不是单向的由上至下，而是形成了上下共动的开放局面。党的第三代领导人江泽民同志指出，党的新闻事业与党休戚与共，是党的生命的一部分。可以说，“舆论工作就是思想政治工作，是党的国家的前途命运所系的工作”①。

党的十七大以来，在党的第四代领导人胡锦涛同志的带领下，“坚持新闻工作的党性原则，坚持‘团结稳定鼓劲、正面宣传为主’的方针，牢牢把握正确的舆论导向，努力营造昂扬向上、团结奋进、开拓创新的良好氛围”②，而网络舆论在上情下达方面的贡献更是有目共睹。回顾党的十七大开幕当天，“十七大手机报”发行 2000 万份，各网站共登载十七大开幕式相关消息、通讯、评论等 6400 多条③；十七大期间，“中国共产党新闻网”日访问量达 1000 万人次④。

党的第五代领导人习近平总书记 2013 年 8 月在全国宣传思想工作会议上强调了网络舆论工作的重要性，它应该作为“宣传思想工作的重中之重来抓”，“必须坚持巩固壮大主流思想舆论，弘扬主旋律，传播正能量，激发全社会团结奋进的强大力量”⑤，“网络舆论传播有助于在全社会形成男女平等、尊老爱幼、扶贫济困、礼让宽容的人际关系，有助于尊重差异、包容多样、引领思潮，最大限度地形成社会共识，有助于倡导和谐理念，培育和谐精神，形成全社会共同的理想信念和道德规范，从而保持社会的文明、繁荣、稳定、进步”⑥。

针对网民数量庞大的现状，习近平进一步指出，“宣传思想工作是做人的工作的，人在哪儿重点就应该在哪儿”，主流媒体、主流意识都不能被边缘化了，一边使“网络空间清朗起来”，“讲好中国故

---

① 桑丽：《网络舆论研究》，博士学位论文，中共中央党校，2011 年。

② 胡锦涛：《在全国宣传部长会议上的讲话》，《人民日报》2002 年 1 月 11 日第 1 版。

③ 冯晓芬：《移动“十七大手机报”发行量达 1.5 亿》，http://www.gznet.com/news/2007-11-01。

④ 《互联网宣传报道党的十七大：四个第一 四个亮点》，http://www.gov.cn/jrzg/2007-10/21/content_781369.htm。

⑤ 《习近平论媒体传播》，《中国报业》2014 年第 17 期。

⑥ 吕坤良：《网络舆论传播与和谐社会构建》，《青年记者》2007 年第 8 期。

事，传播好中国声音”①；一边要“壮大主流思想舆论，重点推动统一思想、凝聚力量”，“引导我国人民树立和坚持正确的历史观、民族观、国家观、文化观”② 和社会主义核心价值观。如本章引言所提及，2014 年 8 月 18 日，习近平主持召开中央全面深化改革领导小组第四次会议时首次提出“新型主流媒体”概念，为网络舆论引导工作指明了主体与行动方向：要“推动传统媒体和新兴媒体融合发展”，“强化互联网思维，坚持传统媒体和新兴媒体优势互补、一体发展”，推动二者在“内容、渠道、平台、经营、管理等方面的深度融合，着力打造一批形态多样、手段先进、具有竞争力的新型主流媒体，建成几家拥有强大实力和传播力、公信力、影响力的新型媒体集团，形成立体多样、融合发展的现代传播体系”③。新型主流媒体从概念到具体形态与传播内容的提出与指示，将舆论主体、作为舆论拟态主体的新型主流媒体与联结二者互动的价值传递内容有机地结合起来，这是与当下网络舆论引导的现实需求相对应的。

二　网络舆论引导的现实需求

从传统媒介时代走向新媒介时代的进程中，正如陈力丹教授所言，舆论也跨越了传统社会的舆论形态发展为现代、当代社会的舆论。传统社会的舆论由于其处在较为封闭、交往范围比较狭小的传统社会，因此它常常滞后于社会政治、经济和文化的发展，且是一种“群体意识”。现代社会的舆论兴起于现代社会交往的越来越便利，公众参与社会公共事务的平台增多、自主意识增强，现代舆论开始并越来越多地显示出它的独特作用和巨大能量。

网络舆论是现代舆论的最主要组成部分。21 世纪以来，我国国

---

① 习近平：《意识形态工作是党的一项极端重要的工作》，http://news.xinhuanet.com/politics/2013-08/20/c_ 117021464.htm。

② 习近平：《建设社会主义文化强国　着力提高国家文化软实力》，http://news.xinhuanet.com/politics/2013-12/31/c_ 118788013.htm。

③ 习近平：《共同为改革想招　一起为改革发力》，http://news.xinhuanet.com/politics/2014-08/18/c_ 1112126269.htm。

内学术期刊上陆续出现“网上舆论”“因特网舆论”等概念，但学界明确提出“网络舆论”这一概念则是在2003年以后。对网络舆论这一概念的界定，相关学者众说纷纭，在这里我们可以将“网络舆论”基本理解为它是“社会公众或社会组织机构通过网络对客观社会表达的意见”①。

在媒介技术与媒介形态的巨大变迁中，网络舆论逐渐形成其自身特性：传受上的全民性、互动性；时空上的即时性、全球性；信息量上的海量性、爆炸性；信息内容上的虚拟性、自主性；等等。每一种特性的背后都隐藏着网络谣言频发、负面价值观诱导等种种问题风险，可谓是利弊并存，机遇与挑战并存。总体看来，当下我国网络舆论场中所存在的问题主要体现为两个方面。

其一，信息发布主体从一元走向多元化，舆论引导由作为拟态舆论主体的主流媒体引导为主转向多元舆论主体共存的舆论引导新格局。传统社会的信息发布主体主要是报纸、广播、电视中的主流媒体，它们稳居主体地位。移动网络媒介形态出现之后，信息发布从一元的“主体—客体”模式转变为主体与客体间的多元化模式，话语权不再单单存在于传统主流媒体手中，越来越多的公众通过社交媒介平台掌握了更多话语权，传统主流媒体的主体地位受到了严重影响。

其二，信息内容传播从单一走向多样化，主流媒体舆论引导的主流意识形态传播受到极大冲击。传统社会的舆论信息传播内容比较单一，基本以执政党所要传播的主流意识形态为主要内容。但在现代社会网络舆论的冲击下，自由主义思潮、民族主义思潮、无政府主义、拜金主义等偏离导向的思想滋生、发展。网络将各种各样的非主流意识形态淹没在海量信息内容中，模糊了公众的价值标准，与主流意识形态争夺着公众的思想价值观选择。而在传统主流媒体的主体地位日渐式微的背景下，主流意识形态的宣传引导工作显得尤为迫切。如何能在网络舆论新格局中把握主流媒体的舆论引导的主动权，发挥主流媒体传播主流意识形态的重要作用，成为新时期亟待解决的问题。

---

①　桑丽：《网络舆论研究》，博士学位论文，中共中央党校，2011年。

三　主流媒体官方微博舆论引导中存在的问题

融合媒介背景中逐步形成了“两个舆论场”共存的新舆论场域。“两个舆论场”的概念最早由新华社前总编辑南振中提出[①]，他认为，在现实生活中存在着两个不完全相互重叠的舆论场：一个是传统主流媒体构建出的官方舆论场，信息选择与发布更为专业；另一个是以公众为传播主体的民间舆论场，平民化、草根化色彩鲜明，观点和信息发布比较随意。微博这一自媒体的出现使民间舆论场迅速发酵，民间舆论场对政治事务、社会事件、民间活动等产生越来越大的影响，甚至成为诸多热点话题发源地，影响着社会热点事件的发展方向，微博用户也渐成为民间舆论场的最重要组成部分之一。民间舆论场的日渐强大在某种程度上要求官方舆论场的与时俱进。微博则弱化了主流媒体的议程设置功能，因此主流媒体加强其信息公信力、影响力，为网络舆论树立高尚的价值标准，引导网络舆论走向显得尤为紧迫。

人民网舆情监测室早在其 2012 年发布的《2012 年新浪媒体微博报告》[②] 中指出，媒体微博对官方舆论场与民间舆论场的互动起到了积极的互动作用。《报告》通过对新浪微博提供的 17221 个媒体机构微博与 92945 个媒体人微博数据进行计算分析，阐述了我国媒体微博的发展特征、趋势与运营规律，同时指出了媒体微博基于其“粉丝”数量大、信息来源较权威、传播力较强的特点，在推动舆论事件的政府回应、权威辟谣、促进事件解决等方面赢得了良好的口碑，并推动了主流媒体对社会热点事件的积极介入，促进了两个舆论场的良性互动。

从上述数据可以看出，当前，我国众多传统媒体已经实现了与新媒体平台的良好融合和对新媒体技术的准确运用，通过“微博”这一平台使国家重大决策、方针政策等信息能够迅速、全面详细、生动

---

① 段二平：《政务微博，架起两个“舆论场”沟通的桥梁》，《中国地市报人》2012 年第 4 期。

② 人民网舆情监测室：《2012 年新浪媒体微博报告》，人民网，2013，http://society.people.com.cn/n/2013/0122/c1008-20282035.html，2013 年 1 月 22 日。

贴切地传播给公众，并及时得到反馈，实时了解民间舆论场现状，逐步打通官方、民间两个舆论场，打造网络舆论合力。在此基础上，主流媒体微博积极传播社会主义核心价值观等主流意识形态，引导民间舆论场的积极回应、积极思考以及与官方舆论场的积极互动，都有着令人充满期待的发展空间。但是，在主流媒体官方微博对公民的舆论引导中出现了一些问题，我们也不得不加以重视。

其一，主流媒体微博中的舆论引导把关角色欠缺，亟待加强。陈昌凤认为，在公共事件中，媒体微博是其中的舆论引导者。这不仅因为媒体自身高度重视利用微博平台，而且因为媒体微博是公共事件中的核心参与者，由此，媒体微博也成为公共事件中的议程设置者，并在新的舆论生态环境下发挥着日益重要的引导作用。①然而，也有研究表明，当前我国媒体微博舆论引导中的两大问题是它的主观倾向性浓厚且极易成为网络谣言的发源地。因此，媒体微博在舆论引导过程中要提高编辑自身的媒介素养，并加强对突发公共事件的舆论引导。②

其二，主流媒体微博舆论引导中沟通角色的缺位。“缺位”不同于“缺失”，“缺失”意味着缺少，程度上基本等同于无、没有；“缺位”则意味着缺少，但并不等同于没有，只是某些位置上的、部分的缺少。相关研究认为，我国传统主流媒体在微博等新媒体技术的冲击下，与新媒体进行一定程度的融合是十分必要的，主流媒体微博就是传统主流媒体与微博相结合的产物，且在摸索中找到了合适的运营方法，无论是与公众互动还是对公众进行舆论引导，都取得了良好的效果。然而与此同时，一些主流媒体微博运营中出现的问题也不容忽视：信息发布不全面，是谣言的潜在发布者；视频、图片处理缺位，随意泄露他人隐私；娱乐化倾向严重、职业道德底线模糊等现象屡屡发生③。

---

① 陈昌凤：《媒体微博：公共事件中的舆论引导者》，《新闻与写作》2013年第11期。

② 吴卉：《微新闻的传播特点及其舆论引导策略分析》，《东南传播》2014年第6期。

③ 张晶晶：《主流媒体如何利用微博进行舆论引导》，硕士学位论文，华中科技大学，2013年。

针对上述问题，学术界展开了深入的讨论，对主流媒体微博的舆论引导提出相应建议。诸如，陈昌凤在其文章《业务拓展与舆论主导：对中国传统主流媒体微博的分析》[①] 中认为，在一系列的网络热点事件中，传统主流媒体微博均能够在第一时间发声，且快速地参与到传播与讨论中来，更重要的是为社会大众解读事件背后的社会意义。张明言认为“@人民日报”的媒体定位、传播观念与策略都比较清晰和有效[②]：主题丰富多样，层次清晰；媒体形象更新；信息包装传播效果良好，被关注度和被信任度较高。而在运营方面，“@人民日报”则需要长足的努力，建立微博矩阵，加强互动，充分发挥其主流媒体微博的作用，倾听民声，引导舆论，为其他主流媒体进军微博、立足微博平台以及做好舆论引导宣传工作树立一个“标杆”“模范”。高延秋在对主流媒体微博话语权的实现研究中，同样以“@人民日报”为例，分析主流媒体微博信息传播及其中的舆论引导特点[③]：常用疑问句、反问句吸引网友注意力，并强化网友思考性，与网友形成互动；运用案例、故事进行宣传和引导，而非传统话题式说教，有利于提高公众的接受程度；议程设置及时、连贯、完整，符合新闻实时性特点，更有利于防止重点设置的议程被湮没，同时强化了传播效果；网络语言运用得当，有利于拉近与公众之间的心理距离；微博内容体现了人文关怀，贴近民生，亲近群众，有利于引起共鸣，真正实现舆论引导。李江涛、赵琬微认为，以微博为代表的新媒体已经“成为主流媒体发布信息、引导舆论的重要阵地”[④]，在公众中拥有越来越广泛的影响力和持久的生命力，并提出，如果主流媒体微博在运营过程中，在保障信息及时、真实、准确的基础上，能够做到微博内容更具人文关怀，借助名人的强传播力，充分发挥舆论领袖的引

---

① 陈昌凤：《业务拓展与舆论主导：对中国传统主流媒体微博的分析》，《新闻与写作》2012 年第 11 期。

② 张明言：《框架视野下的主流媒体官方微博研究》，《今传媒》2013 年第 9 期。

③ 高延秋：《主流新闻媒体微博话语权的实现——以十八大期间人民日报微博分析为例》，《传播与版权》2014 年第 1 期。

④ 李江涛，赵琬微：《主流媒体微博如何激发传播效应》，《中国新闻出版》2012 年 11 月 13 日第 8 版。

领作用，就能够真正实现传播的多向性，实现有效的舆论引导，"占领舆论引导的新媒体阵地"。裴力、潘强认为，主流媒体微博"完全可以成为治国理政的重要资源和重要手段"①，主流媒体微博要争取公众认同，掌握话语权，必须走差异化发展之路，改进话语方式，减少同质化内容，实现与政务微博的联动，"传递主流声音，打出组合拳"。只有充分掌握这样的话语权，"才能在一个社会多层次化、媒体分众化的大环境下有效地引导舆论"。

上述研究阐释对主流媒体官方微博舆论引导提供了重要的策略与建议，需要得到进一步的深入实践。同时，也可以看到，针对主流媒体官方微博的积极舆论引导的实证研究是相对欠缺的，亟待展开有针对性的研究。尤其是将新型主流媒体视为舆论的拟态主体，其对舆论的引导机制有待深入的实证讨论与探究。

第二节　新型主流媒体的积极社会制度媒介框架与主体舒适度指标

主流媒体的舆论引导一般被视为一种对负面信息或者是消极影响的引导与应对，而将公众的积极价值观的引导尽管作为一种必要而提出，却往往将对积极价值的引导的效果视为应然的结论，甚至会忽视对积极效果的证实与考虑。而如果将对两个舆论场走向共识的理论研究视为必要，那么原有对消极价值的舆论引导与两个舆论场互斥的基本理论或许将难以对"共识"的研究给予理论支撑。

积极心理学为我们开启了一个全新的研究视角。积极心理学是一门研究人类蓬勃发展的科学，是一门研究如何使人拥有更多积极情感、生活更幸福的学科。积极心理学倡导人首先要正心，这是做任何事最重要的核心。积极心理学研究人的所有积极心态，比如积极情绪、优秀品格、道德美德、幸福组织、创新卓越等人类美好的心理活动。它教人如何愉快生活，如何做一个善良、有道德、理性的人。它所带来的，不仅

---

① 裴力、潘强：《主流媒体微博传导正能量作用独特》，《中国改革报》2013年12月18日第5版。

仅是个人、情绪上的益处，还有道德和社会上的益处。积极心理理念有助于让人更坚韧、更充实，让社会更和谐、更繁荣。

这与主流媒体传播的正能量、社会主义核心价值观等主流意识形态是具有高度内在一致性的。它们都是希望通过传播积极、向上的舆论、思想和意识，引导人们不仅做出更正向、更积极的回应与行动，而且能够更积极地学习、工作、生活，进而形成整个社会的积极的良性循环。

一　主流媒体促进积极社会制度的形成及其积极影响

积极社会制度作为积极心理学研究的重要领域之一，积极心理学致力于探索社会制度环境是否会对其中的人产生影响；积极社会制度能否对人相应地产生积极影响，如果能，这种影响又是如何产生的，这种积极的社会制度又是如何影响其中的人更加积极生活的。研究表明，积极社会制度会对其中的人产生积极的影响，通过使人们拥有更多积极情绪、积极心理品质等，让人们在生活中也能更积极而非消极地面对各种困境或难题，最终使人们积极地生活。

因此本节研究结合积极心理学中的积极社会制度相关理论和新闻学中的框架理论，试图描绘出当前我国主流媒体微博中的积极社会制度框架；并结合传播学中的舆论引导、议程设置等理论分析出框架的影响因素，为主流媒体利用微博这一平台做好社会主义核心价值观的思想宣传工作，坚守网络舆论阵地，运用网络传播规律弘扬主旋律，激发正能量，提供切实可靠的参考依据。

（一）积极社会制度的概念及其组成

关于积极社会制度这个概念，积极心理学的两位创始人，美国著名心理学家、宾夕法尼亚大学积极心理学中心主任马丁·塞利格曼（Martin E. P. Seligman）和密歇根大学克里斯托弗·彼得森（克里斯托弗·彼得森）在教学过程中将其表述为“授权机构”（或“积极机构”）[①]。彼得森认为，机构都是复杂的，很难将它们看作全部积极

① ［英］克里斯托弗·彼得森：《积极心理学》，徐红译，群言出版社2010年版，第198—215页。

或者全部消极，“积极”一词并不能用来全面形容一个机构；而授权是灵活的，因为它意味着有关需要做的事情的声明。

在专著《积极心理学》（*Positive Psychology*）一书中，彼得森还列出了一系列词语用来描述不同社会群体的不同特征。聚集：社会科学家使用“聚集”这个词来描述处于同一地理位置的人们，心理学对聚集感兴趣的地方则在于他人的在场，无论我们是否知道他们在场，他们都能够影响我们的自我觉知。集体：两个或更多的个体可以被看作一个整体。小组：互相之间发生影响的一群人的组合。小组治疗就是解释小组的最好实例。组织：一种稳定的结构化群体。它往往有一定的传统和风俗，成员的角色是独特的、不同的。机构：是类似组织的一种设置，对社会甚至整个世界具有长远、广泛的特殊影响。彼得森结合罗马语言中的美德，指出当今良好机构的特点主要有：公正、好运、正义、耐心、深谋远虑和安全。在彼得森看来，“授权机构”所包含的内容是极其广泛的：家庭、学校、民主机构甚至兴趣小组、陪审团……因此他只选择了最为主要的五个方面进行了分析研究：良好的家庭、良好的学校、良好的工作场所、良好的社会和良好的宗教。

我国从事积极心理学研究的任俊教授在其《积极心理学》[①] 一书中使用“积极的社会制度”一词作为积极心理学第三个重要内容的表述。他认为，积极的社会制度包括国家制度、工作制度、家庭制度、学校制度等多个方面。结合本节所讨论的新型主流媒体的积极社会制度框架，我们认为，其积极社会制度框架包括四个方面。其一，积极的国家制度框架，主流媒体在国家发展目标的解读方面、对政府职能的履行方面、对社会舆论的引导方面要体现出积极的作为和意义（对积极国家制度媒体框架水平的测量包含在下文量表中的“社会舒适”方面）。其二，积极的工作制度，主流媒体的积极工作制度框架体现为如何使员工在工作中保持愉快的心情，增强员工的工作满意度。在现代社会条件下的工作制度往往单单指向工作任务目标，而事

① 任俊：《积极心理学》，上海教育出版社2006年版，第264页。

实上，当员工都有了较高的工作满意度，工作任务目标也就会自然达到（在下文对积极工作制度媒体框架水平的测量即据此参考个体对其身处的宏观上的工作环境是否感到满意，将对积极工作制度的测量归于量表中“环境舒适”方面）。其三，积极的教育制度，主流媒体的积极教育制度框架要把培育学生的优点作为教育本身的根本目标，强调发展优势而非克服劣势（在下文对积极教育制度媒体框架水平的测量包含在“文化舒适”方面，并具体界定为主流媒体中所蕴含的对积极心理品质的培育和对追求积极生活的积极引导框架的尝试和努力）。其四，积极的家庭制度，主流媒体的积极家庭制度框架主要包括夫妻关系和亲子关系两种（由于家庭是个体日常生活的基本组成单位，给予个体最直接的积极体验，因而，下文对积极家庭媒介框架制度水平的测量归于“心理舒适”方面）。

综上所述，在第三节中，我们将主要采纳积极社会制度及其所包含的四个方面的主要观点，将相关概念及理论加以延展到媒介语境中，并结合下文中所提及的生活满意度的主观变量，形成主流媒体积极社会制度框架的基本测量指标。

（二）从制度到个人——积极社会制度媒介框架如何对个体产生影响

从本质上说，积极的社会制度是外在因素，那么这些外在因素是怎样对个体的生活质量产生影响的呢？积极心理学在这个问题的理解上主要有三种观点①。第一种是直接影响模型（direct effects model），这种观点认为外在因素中所包含的积极成分和消极成分分别会对个体的生活质量产生直接的影响，积极成分提高生活质量，而消极成分则降低生活质量。因此要研究个体生活质量，只要把其外在影响中的所有积极成分和消极成分分别相累加，然后看是积极成分总量大于消极成分总量还是消极成分总量大于积极成分总量。前者说明个体的生活质量是不断提高的，而后者则说明个体的生活质量是下降的。这种观点有一个预设：外在因素中同等强度的积极成分和消极成分对生活质量的影响是等值的。

① 任俊：《积极心理学》，上海教育出版社 2006 年版，第 260 页。

第二种是缓冲模型（buffering model），这种观点认为外在因素中的积极成分和消极成分并不会直接对生活质量本身产生影响，积极成分能够缓冲消极成分的影响，同样消极成分也能缓冲积极成分的作用，外在因素中的积极与消极成分相互缓冲后的结果才会对个体的生活质量产生影响。第三种是特定领域模型（the domain-specific model），这种观点认为不同领域的外在因素都是在特定领域里影响着个体的生活质量，并不会影响整个生活领域的生活质量。如个体在交往领域中的积极或消极成分只能影响个体生活质量中的交往部分，而不会影响个体生活质量中所包含的独立生活部分。目前积极心理学在这三种模型方面都在做进一步的研究，但不管哪种模型都基本认为，外在的环境制度能够对个体及个体的生活产生积极或消极的影响，积极的社会制度在一定程度上预示了积极的个体生活质量影响的产生。

总之，借鉴任俊对于积极社会制度概念的阐释与界定，我们认为主流媒体微博在信息传播过程中，会形成带有其自身特点的新闻框架。而公众在此新闻框架下接收信息，会对其生理、心理的变化及其对社会文化和环境的感受产生一定程度的影响，即对公众舒适度的影响。探讨主流媒体微博的信息传播和舆论引导的效果，从对公众的生理、心理、社会文化、环境等四方面，产生的是积极还是消极导向的影响，这种影响的程度的高低水平是不同的，其引导效果的测量将变得可能；而本节所提及的积极社会制度框架与引导效果就是对这种影响倾向、影响水平、影响内容的总绘与呈现。具体而言，将积极社会制度研究的关注点聚焦于生活于其中的人，分别关注积极社会制度对其中的人的四方面需求的满足：对人的生理需求的满足，对人的心理需求的满足，对社会文化需求的满足和对环境需求的满足，从这四个方面来实现对主流媒体的积极社会制度框架效果的测量。心理学中对人的舒适度研究的基本测量量表对此有重要借鉴价值。

二　主流媒体中的积极社会制度框架与积极舆论主体的舒适度指标

（一）舒适的定义

舒适，在牛津简明词典中被定义为“使生活轻松、健康和满足的各个方面"①。这一点与积极心理学中对人的需求的积极满足是一致的。"舒适"最初是作为一个医学护理概念出现的，并成为护理工作的重要目标②。Hall 把舒适纳入护理模式中③，认为舒适是通过身体护理获得的成果，是心理护理的基础保障，是护理的关键部分之一④。其后，在人文精神护理模式中，舒适已经成为护理工作的总体目标，心理护理得到尤其关注。1991 年，Kolcaba 等发展形成三类对舒适的专业含义：第一类，自在、安宁和满足的持久状态；第二类，缓解或解除某种不适；第三类，重生的感觉。⑤ 同年，这三类含义即被修改：第一，轻松自在（Ease），平静或满足的安逸状态；第二，安慰（Relief），特定的需求被满足或部分满足，相应的就有一些不适得到缓解或解除；第三，超越（Transcendence），接受教育、寻求动力和鼓励的需求，从各种问题或疼痛中振作、上升，个体能力增强的状态。⑥ 此外，1992 年，Morse 将舒适定义为："对患者治疗护理活动结束状态的标签和一个可发生在疾病—健康连续状态任何阶段的健康状态。"⑦ 他非常关注护理舒适中的人文关怀。1993 年，Cameron 提出，舒适是个人强化自我、个人自定健康和康复目标的一个过程。⑧ 1998 年，中国台湾学者提出"萧氏双 C 护理模式"（Hiao's Double-Nursing Model），认为全方位的最舒适应该包含生理、心理、社会及灵性等四

---

① Allen, R. E., *The Concise Oxford Dictionary*, Clarendon Press, Oxford, 1990, p. 226.

② Department of Health, Education And Welfare (1974), Publication on HRA76-25 US Government Printing Office, Washington, D. C., 1996, pp. 397-400.

③ Hall, L. E., Nursing: What is it?, *Canada Nurs*, 1964, 60 (2), pp. 150-155.

④ Hall, L. E. *The Loeb Center for Nursing And Rehabilitation*, *Montefiore Hospital And Medical Center*, Bronx, New York, Int J Nurs Stud, 1969, 6 (2), pp. 81-97.

⑤ Kolcaba, K. Y., Kolcaba, R., An Analysis of Comfort, *J. Adv. Nurs*, 1991, 16 (11), pp. 1301-1310.

⑥ [美] Kolcaba, K. Y., A Taxonomic Structure For The Concept Comfort, *Image J Nurs Sch*, 1991, 23 (4), pp. 237-240.

⑦ Morse, J. M., Comfort: The Refocusing of Nursing Care, *Clin Nurs Res*, 1992, 1 (1), pp. 91-106.

⑧ Cameron, B. L. The Nature of Comfort to Hospitalised Medical Surgical Patients, *J Adv Nurs*, 1993, 18 (3), pp. 424-436.

个方面，应缩短、降低其不愉快程度。还有学者认为，舒适是主动服务与积极参与二者互相促进的过程。[①] 时至今日，对舒适的定义仍未形成统一定论。本节倾向认同 Kolcaba 对“舒适”的定义，在下文的研究中也以 Kolcaba 的舒适理论为主要理论依据之一。

（二）Kolcaba 的舒适理论及发展

如前文所述，舒适，作为一个术语，与护理学有着重要意义的联系[②]。美国护理专家 Kolcaba 对舒适理论的探索始于 20 世纪 80 年代，其正值攻读护理硕士学位期间。她的舒适理论基础多是护理理论家的早期研究成果，包括南丁格尔（Nightingale）的环境舒适理论、奥兰多（Orlando）的互动程序理论、罗伊（Roy）的适应模式理论、默里（Murray）的心理需求理论等。[③] 1994 年，Kolcaba 正式提出“舒适”概念及“舒适理论”（Theory Of Comfort），认为护理也是一门艺术，而舒适应成为护理工作所孜孜追求的整体目标[④]。2000 年，舒适理论被分析而且被完全检验。[⑤] 2003 年，Kolcaba 出版《舒适理论与实践》一书，其舒适护理思想及其舒适理论在书中有着不俗的表现[⑥]。

Kolcaba 的舒适理论具有具体、容易理解的特点。同时由于其理论构成多源于理论家的实践经验，因此舒适理论反映出的知识与价值更易应用于实践，尤其在测量上，实践结果或实践目标的达成与否可以通过量表测量获得。她将舒适理论应用到各种人群，包括个人、家

---

① McCann, R. M., Hall, W. J., Groth-Juncker A. Comfort Care For Terminally Ill Patients. The Appropriate Use of Nutrition And Hydration, *JAMA*, 1994, 272 (16), pp. 1263-1266.

② 吕素红、胡学慧、刘荣琴：《Kolcaba K. 的舒适理论及实践应用》，《河北医药》2012 年第 34 期。

③ Katharine Kolcaba, Evolution of The Mid Range Theory of Comfort For Outcomes Research, *Nursings Outlook*, 2001, 49, pp. 86-92.

④ Kolcaba, K. Y., A Theory of Holistic Comfort For Nursing, *Journal of Advanced Nursing*, 1994, 19, pp. 1178-1184.

⑤ Kolcaba, K., Steiner, R., Empirical Evidence for The Nature of Holistic Comfort, *Journal Of Holistic Nursing*, 2000, 18, pp. 46-42.

⑥ Kolcaba, K., *Comfort Theory and Practice: A Vision For Holistic Health Care And Research*, New York: Springer Publishing, 2003.

庭及社区等。她还强调，一旦环境中的人的舒适感增强，人是更满足的，人就能够更有效地工作、积极作用于环境。

基于舒适理论，我们可以看到，人是舒适的核心；通过环境和体验的作用，人在生理、心理方面的需求得到满足，尽而达到情绪和精神上的满足或健康状态，更是舒适孜孜奋斗的目标。这与积极社会制度的概念是殊途同归的，积极社会制度的本质即是通过一个积极的社会环境使其中的人获得积极体验，产生积极情绪，进而形成积极人格，最后达到人与社会的良性循环。

（三）积极舆论主体的舒适框架

以 Kolcaba 于 1991 年对舒适的修改含义为例，提到的舒适的三方面内容，是舒适的三种类型，同时依次是舒适需求的三个等级。舒适含义的第一层中提到的“平静”“满足”“安逸”，在积极心理学中属于积极情绪①；第二层中，“某种不适”得到“缓解”或“解除”，属于积极心理学中消极体验的消解，与积极体验密切相关；第三层中的“超越”，则对应积极心理品质六大主要内容之一②，它能够“建立与广博宇宙的联系和提供意义”③，包括对美的欣赏、感恩、希望、幽默、信仰、热情、宽恕等方面的内容，与含义中的“动力”“鼓励”也不谋而合。

因此，我们可以确定，如果处于某一环境中的人感到舒适，即生理、心理、环境等方面的需求得到满足，那么可以认为，该环境给予他一定的积极体验与积极情绪，即环境对环境中的人产生了积极作用。这与积极社会制度对身处其中的人产生作用的过程基本一致。

舒适包含四个方面的内容：生理舒适、心理精神舒适、社会文化舒适和环境舒适。生理舒适主要指人在身体上的舒适感觉。心理精神舒适指内在的、自我意识的舒适，主要包括尊重、自尊、性、生命价

---

① ［爱尔兰］Alan Carr：《积极心理学——有关幸福和人类优势的科学》（第二版），丁丹 等译，中国轻工业出版社 2014 年版，第 4—5 页。

② 同上书，第 79—83 页。

③ ［美］C. R. 斯奈德 沙恩·洛佩斯：《积极心理学——探索人类优势的科学与实践》，王彦、席居哲、王艳梅译，人民邮电出版社 2013 年版，第 53—56 页。

值、追求等。社会文化舒适主要包括经济状况、信息沟通以及人际间的关系、家庭与社会关系等社会、文化生活方面的舒适。环境舒适主要包括个人所处环境的舒适。舒适四个方面的内容之间彼此影响，缺一不可。这与积极社会制度的内涵高度一致。个人积极品质的形成离不开良好的环境，良好的环境的形成也离不开其中的人的良好品质。积极社会制度即是为社会中的公民个人造就人类幸福的环境条件，使这种社会制度有利于人产生积极情感，并形成积极的人格。①

此外，正如在舒适定义中所看到的，全人整体观（Whole Person Holism）是舒适理论的核心。Kolcaba 认为“人”是一个具有生物、心理、社会文化属性的统一体，舒适是这一统一体整体反映的结果。即使舒适≠积极社会制度，但从评估人的生理、心理、社会文化、环境四个方面的舒适需求，到制定干预措施增强舒适方面，都体现了对人整体上的舒适，也都体现了人在整体上的积极情感的获得与满足程度，反映了该环境中或该社会制度中的积极社会制度框架水平。因此，本节研究认为，在一定程度上，积极舆论主体在媒介中的舒适程度是大体上等同于主流媒体中的积极社会制度框架架构水平的。

（四）媒介舒适度即积极社会制度框架的测量

本节研究将心理学中的“舒适”概念引入舆论引导研究，将媒介对公众舒适度的影响定义为媒介舒适度。这种舒适度包括公众的生理舒适度、心理舒适度、社会文化舒适度和环境舒适度四方面。这种影响包括影响倾向、影响水平程度和影响内容等方面。进而，本研究中对积极社会制度框架的测量过程，通过对公众的媒介舒适度的测量加以对应展现。

Kolcaba 于 1991 年将包含各个舒适方面的内容制成 3×4 格、共 12 个元素的二维分类结构图表。1992 年，Kolcaba 又根据舒适的分类结构编制了简化舒适状况量表（General Confort Questionnaire，GCQ）（附录 3-1），用以评估整体舒适。该量表的内部一致性较好，总量表

① 任俊：《积极心理学》，上海教育出版社 2011 年版，第 2—4 页。

的 Cronbach's α 值为 0. 96。[①]

该量表于 2004 年经我国学者朱丽霞和高凤莉翻译成中文版本。他们同时对舒适状况量表在中国文化背景下的适用性做了信度与效度的测量与研究。中文版简化舒适状况量表得到了专业双语教师的校对以及心理学专家组的审阅与修改，确定了量表的表面效度。而在内容效度上，专家组首先对中文版 GCQ 进行了细致的审阅与修改，根据实际情况，去掉了 1 个原条目，添加了 1 个新条目，最终采用内容效度指标（Content Validity Index，CVI）来评定量表的内容效度，内容效度为 0. 86。

随后，为了强化中文版 GCQ 的信度，专家组先后进行了 2 期问卷调查，过程中对社会文化维度添加了 2 个条目："医护人员不关心我的感受"和"希望家属多陪伴我"。添加后的中文版 GCQ 量表共 30 个条目，其中包括生理的（5 项）、心理精神的（10 项）、环境的（7 项）、社会文化的（8 项）4 个维度。量表采用李克特（Likert）四等量表，即 1—4 级评分法，即 1 表示"非常不同意"，2 表示"不同意"，3 表示"同意"，4 表示"非常同意"。所有 30 个条目得分之和即为该量表的总分，反映了被测者舒适程度的总体满足状况。本量表最低分数是 30 分，最高分为 120 分，分数越高说明越舒适。总分低于或等于 60 分为低度舒适，总分在 60—90 分为中度舒适，总分高于 90 分为高度舒适。

经检验，中文版简化舒适状况量表总的 α 值为 0. 92，生理维度 α 值为 0. 85，心理精神维度为 0. 82，环境维度为 0. 78，社会文化维度为 0. 53，显示其较高的内部一致性[②]，能较好反映被测者的舒适状况，证实 Kolcaba 的舒适测量方法是可以借鉴的。

本节研究将中文版简化舒适状况量表根据积极心理学理论中的相关概念界定进行了一定的修改（量表的修改内容、修改依据和修改后

① Kolcaba K.，*Holistic Comfort：Operationalizing The Construct As A Nurse-Sensitive Outcome*，Adv NursSci，1992，15（1），pp. 1-10.

② 朱丽霞、高凤莉、罗虹辉：《舒适状况量表的信效度测试研究》，《中国实用护理杂志》2006 年第 22 期。

完整量表在第三节中详细、具体阐述)。经测量和检验，修改后的量表“简化舒适—积极社会制度状况量表”具有较高的效度，Cronbach's α 值为0.84，水平较高，量表内部一致性较好。同时，为了确定量表的信度水平，本节研究前期随机选取了媒体微博“@澎湃新闻”10个样本进行前测，并根据前测结果和其中出现的问题多次修订量表。最终确定本节研究所使用的“简化积极社会制度框架状况量表”(详见附录3-2)。

第三节 主流媒体的积极社会制度框架的研究设计

每个主流媒体微博，包括媒体机构微博和媒体人微博，都在其不知不觉中逐步构建着带有其自身特点的积极社会制度框架，本节将采纳积极社会制度相关概念、内容融合传播学相关理论，试图对我国当下的主流媒体微博所构建出的积极社会制度框架加以实证分析，并结合新闻框架内各要素的分析，找出这种积极社会制度框架的影响因素或成因，为主流媒体微博构建更完整、更高水平的积极社会制度提供切实可靠的参考依据和前进方向，让我们的社会制度更积极、美好，让制度下的人拥有更多积极情感，更积极、快乐、幸福地生活。

一 研究目标与内容

本节研究选取“@澎湃新闻”进行以下两方面内容的测量。

其一，通过测量“@澎湃新闻”对于公众在生理、心理、社会文化和环境等四方面的满足程度，观察“@澎湃新闻”目前所建构出的积极社会制度框架，根据数据分析这种积极社会制度框架的成因或影响因素，分析“@澎湃新闻”作为媒体微博在构建积极社会制度过程中有哪些值得借鉴和推广的作为，以及存在哪些缺陷和问题，进而提出可行的努力方向，指出可以通过哪些方面的努力更好地构建积极的社会制度，从而更好地实现日常的积极舆论引导。

其二，测量“@澎湃新闻”微博新闻所呈现的积极情感与消极情感，旨在使呈现出的两种情感量化、数字化、可视化，以便更清晰地观察“@澎湃新闻”在情感方面，究竟是给公众带来的积极情感更多，还是消极情感更多，为其积极舆论引导策略提供参考依据。

二　研究样本的选择

本节研究正是基于“@澎湃新闻”的“新型主流媒体”属性及其主流媒体微博的特性，选择“@澎湃新闻”为研究样本。在“@澎湃新闻”的网页上，最早的一篇文章发布于2014年7月5日，即《韩媒称习近平赠朴槿惠DVD，其中收有彭丽媛歌曲》。“@澎湃新闻”作为澎湃新闻在微博这一新媒体平台上的产物，它既拥有母网站的新型主流媒体的特性，又同时具有主流媒体微博的特性。因此，本节研究选择“@澎湃新闻”为研究样本，着力通过数据观察和分析，描绘出我国当前主流媒体微博的积极社会制度框架状况。

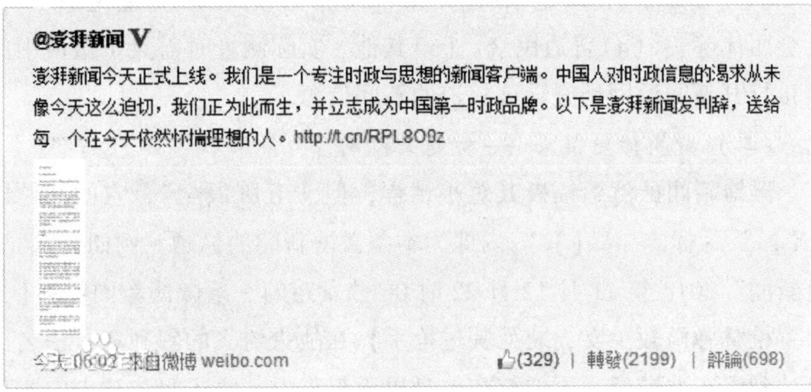

图3-1　“@澎湃新闻”第一条微博①

首先通过对“@澎湃新闻”所有样本的观察发现，“@澎湃新闻”在2014年10日至11月期间发布新闻数量逐渐趋于稳定。因此本节研究将10月15日至11月15日共31天的“@澎湃新闻”微博报道作为样本总体。其次采用简单随机抽样的方法选中了10月19日，考虑到确

① 注：“@澎湃新闻”已删除此条微博，因此，此图片数据来源于网络，http://baike.baidu.com/picture/14116444/14697332/0/810a19d8bc3eb135f35f6e77a41ea8d3fc1f4466.html?fr=lemma&ct=single#aid=0&pic=810a19d8bc3eb135f35f6e77a41ea8d3fc1f4466。

保样本能覆盖到一星期7天的每一天，减少星期几对研究的个案影响，因此以6为抽样距离对日期进行等距抽样：10月13日（不在样本选择范围内，所以忽略不计）、10月19日、10月25日、10月31日、11月6日、11月12日，共5天。最后根据日期确定“@澎湃新闻”具体研究的微博文本样本。经统计，微博文本样本总量为40。

三　“@澎湃新闻”新闻框架的编码与测量方法

（一）新闻信源框架

信源，即信息的来源。同样，新闻信源顾名思义，即新闻信息的来源，也就是新闻信息是从哪里发出来的。新闻信源是新闻信息的传播过程的开始。本节研究将“@澎湃新闻”新闻信源分成以下五类：(1)党政相关单位及其代表人物；(2)主流媒体/通讯社/记者；(3)意见领袖（专家学者/政论家/各界知名人士/政党组织/商业组织/其他社会团体等）；(4)普通民众；(5)其他。实际测量时需点击微博中的链接打开新闻源网址查看该报道的新闻信源。

（二）新闻标题框架——标题关键词

微博新闻虽然篇幅极其短小精悍，但“五脏俱全”，它的标题以“【】”为标志，“【】”内即为本条微博新闻的标题。例如，“@澎湃新闻”2014年11月12日22时06分发布的一条微博新闻：“【少年冒枪林弹雨救少女，装死骗过枪手】在战火纷飞的叙利亚，一名少年冲到汽车残骸旁。子弹打在他身边激起灰尘，他还假装被击中胸部倒地装死。1秒钟后，他又站起来冲到汽车后面，神速拉走受惊女孩。叙利亚危机爆发已4年，有超过20万人死于叙内战。”在这条微博新闻中，“【少年冒枪林弹雨救少女，装死骗过枪手】”就是其新闻标题。

受制于微博新闻篇幅，其标题在形式上全部为单一式标题，没有主标题、副标题之分的复合式标题，因此本节研究不考虑新闻标题形式因素。针对新闻标题，只对其中的关键词进行分析。本节研究将新闻标题关键词分为5种类别：政治人物类、社会各界名人类、动词类、形容词类、专有名词。政治人物类主要是指我国各级党政领导干部（无论报道倾向为正向还是负向），多出现在时政议题微博新闻中。社会各界名人主要指政治人物之外的社会各界名人，比如科学家、经济学家、社会学家、企业家、文体名人等。动词类，显而易见，即汉语言使用中表示动作的词。形容词类关键词主要旨在刻画人事物形象。专有名词主要指会议、文件类名称，科技术语，其他学术领域专业术语等。如表 3-1 所示。

表 3-1　　“@澎湃新闻”新闻标题关键词编码

1	政治人物类（例如习近平、李克强等）	凸显党和国家领导人的地位与形象
2	社会各界名人类（例如政治人物之外的社会名人，如科学家：丁肇中，经济类：马云，文体类：冯小刚等）	哪一领域更被关注
3	动词类（例如会见、指出、强调、出席、交往、期待、拒绝、讲话、致辞、肯定、关注、看望、倾听、祝贺等）	积极/消极倾向？凸显哪些议题与倾向？
4	形容词类（例如重要、平静、非常、完全、重大、无私、首次等）	刻画人物哪方面的形象？
5	专有名词（例如会议、文件名词，科技术语，如光纤、基因等）	

本节研究在实际测量过程中，标题关键词的选择以出现频次高低为主要标准。比如标题“【少年冒枪林弹雨救少女，装死骗过枪手】”中，“救”“装”“骗”等动词出现频次最高，则该标题的关键词则为“3 动词类”。当编码表中五类标题关键词各自出现频次相同时，则根据汉语言语法规则确定，主次顺序依次为主、谓、宾、定、状、补，语法位置越靠前越优先。这里要注意的特殊情况是动词类和形容词类的关键词测量。动词常常与人称名词相连，在测量中主要会出现四种情况：政治人物与动词、社会名人与动词、专有名词与动词、普通名词与动词。当出现前三种情况时，出于其中人物和事物重要性的考虑，关键词统一选择政治人物、社会名人、专有名词，而非动词；当出现第四种情况时，则根据上述测量方法进行。形容词测量方法参考动词类。例如标题“【习近平：对截留挪用扶贫款非常不满意甚至愤怒】”，虽然标题中多次出现动词、形容词，但相比较而言，标题更强调这是“习近平”的

态度和观点，因此标题关键词为"1 政治人物类"。

（三）微博新闻版块框架

"@澎湃新闻"与其他媒体微博不同的是，它每条微博新闻报道最后都附有其源网站"澎湃新闻-专注时政与思想-ThePaper. cn"（http：//www. thepaper. cn/）的链接网址。因此，我们可以通过此链接找到其网站原新闻报道，并根据该新闻报道在澎湃新闻网的版块划分，确定这条微博新闻报道在源网站中属于哪些版块，为研究拓宽了观察思考的新视角。图 3-2 为澎湃新闻网新闻版块分类，分为一级版块和一级版块所包含的二级版块。在对"@澎湃新闻"新闻报道版块进行测量分析时均以此表为标准参考依据。

表 3-2　"@澎湃新闻"新闻报道版块编码

1	时事	中国政库=1；中南海=2；舆论场=3；打虎记=4；人事风向=5；法治中国=6；一号专案=7；港台来信=8；长三角政商=9；直接现场=10；知食分子=11；绿政公署=12；澎湃国际=13；外交学人=14；澎湃防务=15；译中国=16；澎湃人物=17；浦江头条=18；教育家=19；全景现场=20；花边数据=21；快看=22；
2	经济	财经上下游=23；自贸区连线=24；地产界=25；10%公司=26；金改实验室=27；能见度=28；财富管理=29；澎湃商学院=30；
3	思想	社论=31；思想市场=32；私家历史=33；翻书党=34；艺术观=35；文化课=36；逝者=37；澎湃研究所=38；请讲=39；专栏=40；
4	生活	有戏=41；运动家=42；身体=43；私・奔=44；私家地理=45；生活方式=46；澎湃联播=47。

（四）微博报道议题框架

每篇新闻报道无论篇幅长短，其文本内部是存在其新闻议题的。本节研究将新闻议题首先分成六大类别：政治类议题、经济类议题、社会类议题、科技文化类议题、军事类议题、外交类议题。为了能够更好地理解此六类议题所包含的具体内容，本节研究制定了"@澎湃新闻"新闻报道议题编码表，同时针对各六类一级议题列出其中所包含的二级议题作为测量参考。此外，由于"@澎湃新闻"的每条微博新闻报道均附带源网页链接地址，可以点击进入澎湃新闻网页版，且澎湃新闻网页中的每条新闻都具有清晰的版块标注，所以表格结合源网页版块标注作为示例，覆盖澎湃新闻网的全部47个版块。观察后选取一些较为典型的版块列在题材分类后，列在表格外的版块均为交叉混合版块，测量分析时可以以此为参考依据，但同时仍以主要内容为主要依据确定其题材类别。如表3-3所示。

表3-3　“@澎湃新闻”新闻报道议题编码

编码	一级议题	二级议题	版块示例
1	政治类议题	党政方针	
		政治人物	中南海=2；打虎记=4；人事风向=5；
		意识形态（价值观引导）	
2	经济类议题	经济发展	财经上下游=23；
		转型、变革	10%公司=26；
		区域经济	自贸区连线=24；
		金融管理	金改实验室=27；财富管理=29；澎湃商学院=30；
		能源	能见度=28；
3	社会类议题	居民生活	直接现场=10；生活方式=46；
		人物	澎湃人物=17；逝者=37；
		生态环境	绿政公署=12；
		法治人权（公正/平等/民主等）	法治中国=6；一号专案=7；
		安全	
4	科技文化类议题	科技（互联网、医疗科技）	
		教育	教育家=19；
		科学	身体=43；私・奔=44；生活方式=46；
		文化	翻书党=34；文化课=36；
		历史地理	私家历史=33；私家地理=45；
		艺术体育（美术、影视、体育）	艺术观=35；有戏=41；运动家=42；
5	军事类议题	军事动态	
		军事活动	
		武器装备	
6	外交类议题	国际交往	外交学人=14；
		国家形象	

（五）新闻报道倾向框架

虽然客观、公正是新闻工作者一直信奉和坚持的新闻工作信条，但由于人具有主观能动性，所以由人写出的文字必然或多或少带有情感倾向。因此，本节研究分别对“@澎湃新闻”微博新闻报道文本以及每篇报道下的评论进行情感倾向的测量与分析，并借此联系心理学测量框架，探求二者之间的内在联系。此外，对于“@澎湃新闻”新闻报道的转评数（转发与评论数，转评数=转发数+评论数）和点赞数也做了数据上的统计与分析。如图3-4。

表3-4　“@澎湃新闻”新闻报道评论情感倾向编码

编码	情感倾向	情感倾向释义
1	积极倾向	当评论文本中出现褒义词/积极词语、语气或积极表情时，如支持、表扬、赞美、期待、呼吁等
2	消极倾向	当评论文本中出现贬义词/消极词语、语气或消极表情时，如质疑、反对、批评、抨击、谴责、讽刺等
3	中性报道	评论文本中并未出现褒贬鲜明的词语、语气或表情，单纯对微博内容进行转发、围观或@其他微博用户
4	平衡报道	同时带有积极和消极的观点与倾向性，综合了事件背景及多方事实或态度加以平衡

四　“@澎湃新闻”积极社会制度框架的编码与测量方法

如前文所述，本节研究在测量“@澎湃新闻”中所反映出的积极心理要素时主要参考上述的“中文版简化舒适状况量表”，在此量表基础上进行一些测量对象指向性修改，同时根据原量表文字表述增加对积极与消极情感的测量，最终形成适用于本节研究的“简化积极社会制度量表”（详见附录3-2），这里不再赘述。

在此基础上，本节研究也参照“情绪的唤醒模型”对新闻中的情绪情感加以测量，在积极心理量表的制定与修改上，按情感与认知成分分为4个部分：积极情绪（Positive Affective，PA）、消极情绪（Negative Affective，NA）和积极体验（Positive Experience，PE）、消极体验（Negative Experience，NE）。其中，积极情感中的积极情绪和积极体验属于正向因子，消极情感中的消极情绪和消极体验属于负向因子。在量表修改过程中，对量表中的条目文本进行积极情绪、积极体验、消极情绪、消极体验的定位。

经过修改，最终确定的40个条目中，有正向因子10条，其中积极情绪（PA）5条，包括4、5、6、18、23五个条目，总和最高20分；积极体验（PE）5条，包括1、20、24、28、29五个条目，总和最高20分。积极情绪与积极体验得分之和为积极情感总分，即积极情感=积极情绪（PA）+积极体验（PE）。最低分数为0分，最高分数为40分。总分≤13分为低度的积极情感，总分在14—27分为中度的积极情感，总分≥28分为高度的积极情感。

负向因子20条，其中消极情绪（NA）10条，包括2、10、11、12、13、15、16、22、26、30十个条目，总和最高40分；消极体验（NE）10条，包括3、7、8、9、14、17、19、21、25、27十个条目，总和最高40分。消极情绪与消极体验得分之和为消极情感总分，即消极情感=消极情绪（NA）+消极体验（NE）满分。最低分数为0分，最高分数为80分。总分≤26分为低度的消极情感，总分在27—53分为中度的消极情感，总分≥54分为高度的消极情感。

测量"@澎湃新闻"微博新闻所呈现的积极情感与消极情感，旨在使呈现出的两种情感量化、数字化、可视化，以便更清晰地观察"@澎湃新闻"微博新闻在情感方面究竟是给公众带来的积极情感更多，还是消极情感更多，以便进一步理解积极社会制度媒介框架对舆论主体的作用机制。

第四节　"@澎湃新闻"的积极社会制度框架的数据结果分析

一　主流媒体"@澎湃新闻"的新闻框架分析

（一）时政之重——"@澎湃新闻"新闻文本词频分析

本节研究首先针对40个"@澎湃新闻"微博新闻样本的所有文本进行了词频分析，得出如图3-2、表3-5的词频分布图和分布表。分布图中字体越大说明出现频次越高，分布表则由于表格过长，所以此处选取出现频次排行前四的21个词语（频次相同的较多）。

表 3-5　　　　“@澎湃新闻”微博新闻文本词频统计

序号	关键词	词频	权重
1	澎湃	8	1
2	干部	6	0.9292
3	北京	6	0.9161
4	落马	5	0.9328
5	官员	5	0.9113
6	邢台	5	0.8931
7	副书记	5	0.881
8	合作	5	0.878
9	皮凯蒂	4	0.9291
10	高铁	4	0.9229
11	彗星	4	0.9195
12	贝克汉姆	4	0.8973
13	南阳	4	0.8903
14	涉嫌	4	0.8888
15	高校领导	4	0.8845
16	腐败	4	0.8791
17	省部级	4	0.8787
18	山西	4	0.8702
19	习近平	4	0.8607
20	书记	4	0.8531
21	主任	4	0.8052

图 3-2　“@澎湃新闻”微博新闻文本词频分布①

① 注：技术支持：图悦—在线词频分析工具—词云图制作软件，http://www.picdata.cn，数据获取时间：2015 年 3 月 2 日 15 时 23 分。

从图 3-2 和表 3-5 中可以看出，“@澎湃新闻”微博新闻文本出现频次最高的为“澎湃”本身，这体现了“@澎湃新闻”在运营上的标签意识和推广意识，这也是十分必要和重要的。“干部”和“北京”则是出现频次第二的词语，这两个词的出现会不禁让人联想到“政治”和“中央”，体现了“@澎湃新闻”微博新闻对时政新闻是十分关注的。这一点从接下来的高词频词语中也能体现出来：“落马”“官员”“副书记”“涉嫌”“高校领导”“腐败”“省部级”“习近平”“书记”“主任”。21 个高频词语中有 13 个词语与党、政时事相关，足见“@澎湃新闻”微博新闻对时事政治新闻的重视，可以说远远超过其他媒体微博。此外，其他 8 个高词频词语，如“邢台”“合作”“皮凯蒂”“高铁”“彗星”“贝克汉姆”等，涉及社会经济、文化生活，分布比较均衡。

（二）主流媒体新闻之源——“@澎湃新闻”新闻信源分析

由图 3-3 可知，“@澎湃新闻”微博新闻报道的信息来源绝大部

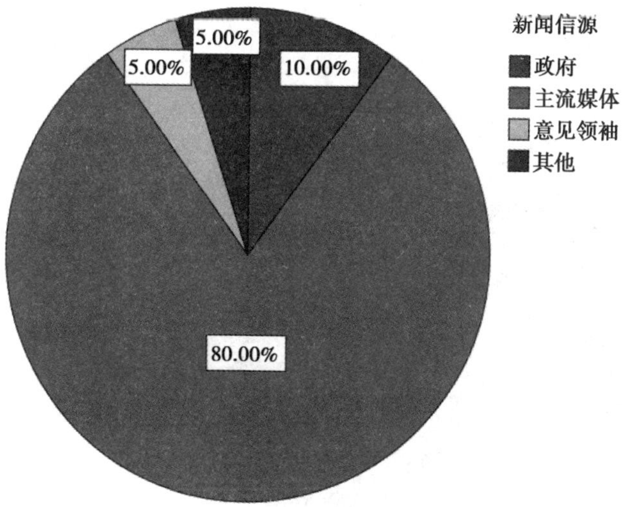

图 3-3　“@澎湃新闻”微博新闻信源分布饼状

分来自“主流媒体”（占 80%），这些主流媒体包括新华网、《中国日报》、人民网等传统主流媒体，但其中大部分仍由澎湃新闻网内部采

编人员完成。其他三类信源“政府”“意见领袖”“其他”占比分别为10%、5%、5%，水平相当。“政府”信源主要是指从中央、地方的党政领导干部或新闻发言人等直接获得的信息。这里需要注意的是，所有样本均没有来自“民众”的信息，“民众”这一信源在“@澎湃新闻”微博新闻中明显缺失。这种现象与中国人阅读信息的习惯息息相关。中国人传统观念中是非常相信“权威”和“专家”的，这种观念可谓是根深蒂固，虽然民众经常表达对“权威”和“专家”的不满和意见，但在信息选择上仍会参考“权威”和“专家”，因而这也在一定程度上影响了媒体对信息的选择，重视“民声”的意识淡薄。

（三）“政治”动作——“@澎湃新闻”标题关键词分析

“@澎湃新闻”微博新闻标题中，“政治人物”占比最大，达35%，由此可以看出“@澎湃新闻”对政治人物的关注程度。这与澎湃新闻“专注时政与思想”的基本理念是一致的。并且澎湃新闻网对时事政治中的人物是非常关注的，其二级版块“打虎记”就是为此专门开设的，相比其他版块而言其更新速度较快。如图3-4。

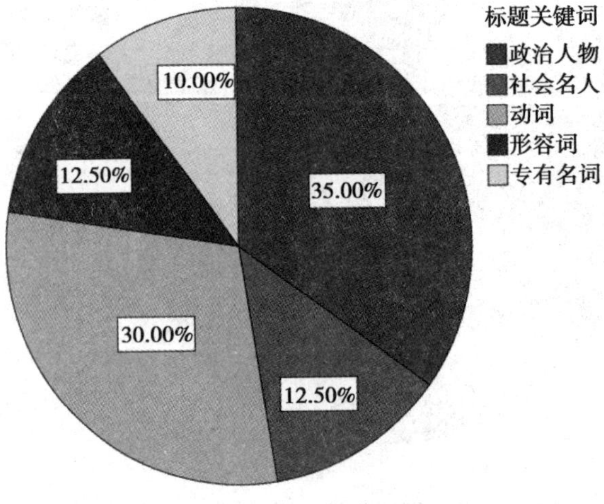

图3-4　“@澎湃新闻”微博标题关键词分布饼状

标题的关键词中，与“政治人物”使用水平相当的是“动词”，说明“@澎湃新闻”微博新闻在标题的拟定上，完全不同于感悟类、

“心灵鸡汤”类微博新闻（“@央视网”和“@人民网”偶尔也会发此类微博），它比较重视新闻信息中的行动与作为，对现实生活更有实际影响和意义。

“社会名人”类、“形容词”类、“专有名词”类占比比较平衡，三者总量与“政治人物”和“动词”类关键词水平相当。

（四）“时事”+“政治”——“@澎湃新闻”一级版块分布与报道议题分布

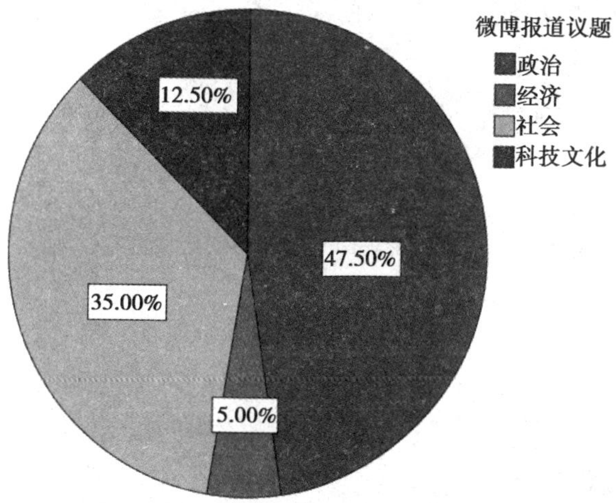

图 3-5　“@澎湃新闻”微博报道议题分布饼状

“时事”版块占报道的绝对多数，占比高达 82.5%。从中可以看出“@澎湃新闻”对时事新闻的重视程度，甚至将它当作“@澎湃新闻”的主打内容，这与澎湃新闻网的新闻理念是一致的。澎湃新闻网在成立之初的定位即是专注时政与思想的媒体开放平台，主打时政新闻与思想分析，生产并聚合中文互联网世界中优质的时政思想类内容。结合图 3-5、图 3-6 两个分布图可以看出，目前，“@澎湃新闻”已形成时事政治类为主、社会文化生活为辅的局面。

（五）“打虎记”记打虎——“@澎湃新闻”二级版块分布

整体上分布与一级版块分布一致。而从图 3-7 中可以看出，在“时事”版块中，“@澎湃新闻”最重视的版块是“打虎记”。“打虎

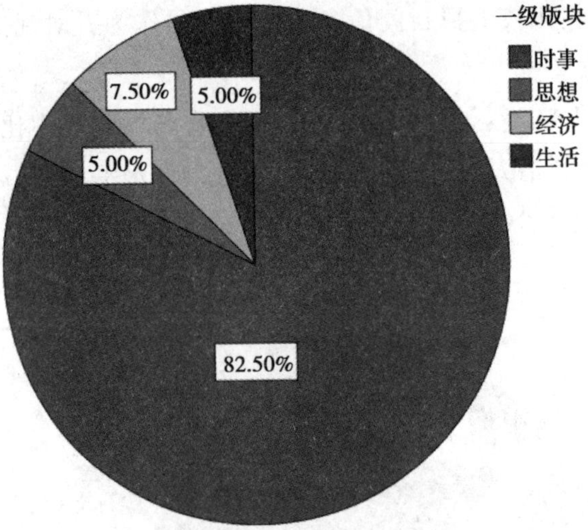

图 3-6　“@澎湃新闻”微博一级版块分布饼状

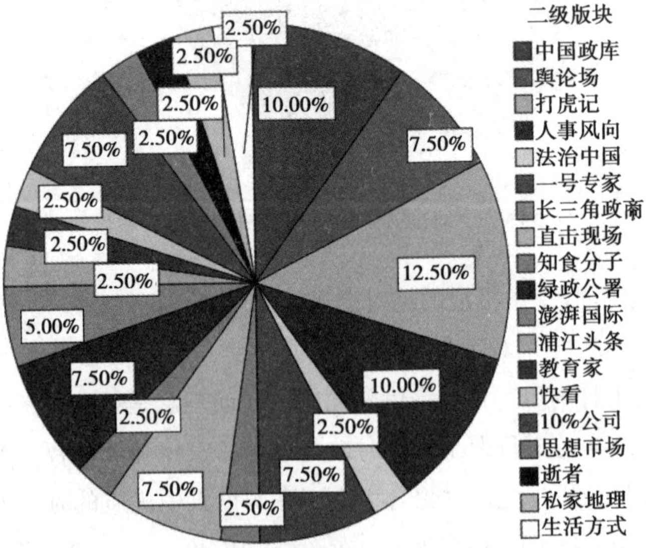

图 3-7　“@澎湃新闻”微博二级版块分布饼状

记”版块的宗旨是：“第一时间披露腐败主角犯何事，涉何人，仕途起底，言之凿凿。拼贴窝案人脉链条，梳理贪腐弊案共性，反思廉政制度漏洞，明辨‘治本’之策与‘打虎’路线图。”也就是说，“@

澎湃新闻”在新闻信息选择上紧跟党中央反腐步伐，大力报道、深入思考腐败问题。占比第二的是“中国政库”和“人事风向”，内容上同样紧跟时政跳动脉搏和人事任免风向，更加凸显其主流媒体特征。

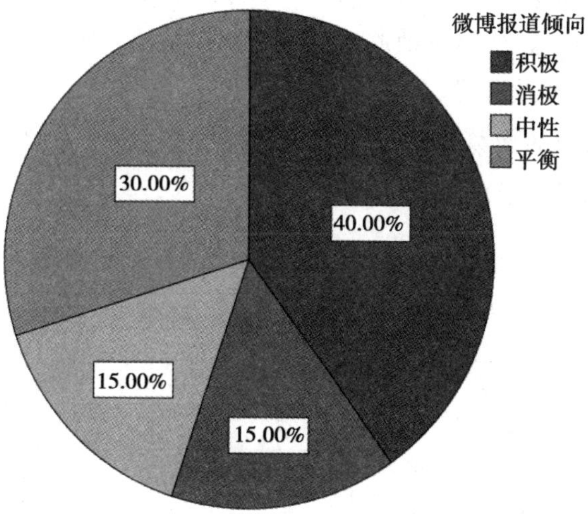

图 3-8　“@澎湃新闻”微博报道倾向分布饼状

值得注意的是，在众多时政新闻独占鳌头的同时，“教育家”版块占比位列第三。教育家是教育的把关人，而教育则牵动着国家未来发展的人才命脉。教育思想的不断碰撞终会得出更禁得住实践验证的真知灼见。“@澎湃新闻”对该版块的重视正是其思想开放的体现。

（六）积极为主，平衡为辅——“@澎湃新闻”微博报道倾向

“@澎湃新闻”的微博新闻报道情感倾向可谓是积极为主，平衡为辅，消极、中性平分秋色。“@澎湃新闻”微博新闻更侧重于积极倾向，积极地表述或表达积极的态度，做积极的引导。与此同时，平衡倾向也是“@澎湃新闻”微博新闻报道的主要倾向之一，占比30%。这不仅体现了“@澎湃新闻”在传播信息过程中所坚持的相对客观，更体现出“@澎湃新闻”注重全面表达多方立场，不仅引导公众积极思考，同时引导公众客观、深入、全面看待问题的。

二 “@澎湃新闻”积极社会制度框架中的积极、消极情感

由于积极情感与消极情感内部因素相关性非常显著，且正负相关关系也十分明显，所以本节此处就不对积极情感与消极情感内部各因素的相关关系多做赘述。

（一）集中的积极情感与离散的消极情感——“@澎湃新闻”积极社会制度框架中的情感水平

表 3-6 “@澎湃新闻”新闻的积极、消极情感各要素分数统计（单位：分）

	积极情绪（PA）	积极体验（PE）	积极情感	消极情绪（NA）	消极体验（NE）	消极情感
平均分数	14.725	15.025	29.75	18.225	16.775	35
最高分数	19	18	37	28	28	55
最低分数	10	10	20	12	11	23
众数	15、16	15	30	15、16	16	34

积极情绪（PA）和积极体验（PE）满分均是 20 分。积极情绪（PA）的平均分数是 14.725 分约 15 分，积极体验（PE）的平均分数是 14.025 约 15 分，均处在比较高的分值水平。此外，二者最低分数相同，都是 10 分，最高分数仅差一分，众数也都为 15 分，说明积极社会制度框架（“舒适”）中的积极情绪（PA）和积极体验（PE）水平相近，即“@澎湃新闻”新闻给公众带来的积极情绪和积极体验程度相似。观察数据发现，二者的分数分布区间较小，仅为 8 分或 9 分，而对于 40 个样本总数来说，这种区间显示出数据的离散程度较小，集中程度较高，说明有比较大数量的“@澎湃新闻”新闻可以持续反复使公众产生积极情绪和积极体验。

积极情感的平均分为 29.75 分，约为 30 分，尤其分数的众数同样是 30 分。就数据离散度而言，虽然它的最高分 37 分和最低分 20 分有着相差 17 分的较大差距，但数据的集中程度还是比较高的。数据显示，积极情感分数中，20—30 分之间的分数只有 10 个，而剩下的 30 个全部集中在 30—40 分之间。这说明“@澎湃新闻”新闻对公

众产生了较大的积极影响，使他们产生了较多的积极情感。同时结合其平均分数来看，积极社会制度框架（“舒适”）中的积极情感水平较高，“@澎湃新闻”的微博新闻能够使阅读的公众产生高度的积极情感。这也是建构积极社会制度的目标之一。

消极情绪（NA）和消极体验（NE）的水平同样非常相近，平均分数、最高分、最低分、众数全部基本一致（不一致的最多相差一分）。二者的平均分在16—18分之间，相对于满分40分来说，这是比较低水平的，也就是说由“@澎湃新闻”微博新闻让公众产生的消极情绪和消极体验比较少，但这种情况仍存在着。与积极情感因素高集中度不同的是，消极情绪和消极体验数据的离散度较高，不同“@澎湃新闻”新闻数据得到的分数各不相同。即便是众数16分，也只是出现过四五次而已。这说明“@澎湃新闻”的新闻为公众带来的消极情绪和消极体验的随机性较强，受制于不同“@澎湃新闻”新闻个体的不同内容，并不具有规律性。

消极情感的平均分为35分，属于中度的消极情感，而非低度的消极情感。这说明目前的“@澎湃新闻”的新闻仍能给公众带来一定程度的消极情感，这是不利于积极社会制度的建构的。此外，基于消极情绪和消极体验数据的高离散度，消极情感数据的离散程度更大，最高分55分和最低分23分，相差22分。这说明“@澎湃新闻”新闻既有能够给公众带来高度消极情感，又有给公众带来低度消极情感，在日后构建积极社会制度过程中，要努力避免高度消极情感的传播。

事无绝对，想要完全消除消极情感的产生和传播是不可能的，“@澎湃新闻”的新闻只能通过积极的努力，降低消极情感水平，减少消极情感的传播；积极营造充满积极情感的媒体微博舆论氛围，让消极情感得到抑制或抵消，建构一种积极的社会制度，从而向公众传播更多的积极情感，让人更积极地生活。

（二）新闻倾向、点赞数、转发数——积极、消极情感与新闻框架中的弱相关

面对上文阐述的分析结果，本节主要着重观察分析“@澎湃新

闻”积极社会制度框架（“舒适”）中的积极、消极情感，是由“@澎湃新闻”的新闻框架中的哪些要素影响或产生的，为媒体微博建构积极社会制度提供切实可靠的参考依据。

观察相关系数分布表发现，积极情感与新闻框架中的3项因素相关性非常之弱：新闻倾向、点赞数、转发数。此外，积极情感与标题关键词、一级版块和评论数的相关性虽然相对前述3项因素更强，但并不显著。消极情感，则与新闻框架中的新闻信源、标题关键词、一级版块和转发数等4项因素的相关性极弱，与新闻倾向、二级版块、点赞数、评论数等4项因素有着虽相关却不显著的相关关系。

表3-7 “@澎湃新闻”新闻框架各要素与积极、消极情感各要素相关系数分布

新闻框架因素		积极情绪（PA）	积极体验（PE）	积极情感	消极情绪（NA）	消极体验（NE）	消极情感
新闻倾向	Pearson 相关性	0.017	−0.039	−0.008	0.178	0.174	0.186
	显著性（双侧）	0.918	0.811	0.960	0.272	0.282	0.250
新闻信源	Pearson 相关性	−0.267	−0.350*	−0.327*	0.033	0.011	0.024
	显著性（双侧）	0.096	0.027	0.039	0.838	0.946	0.882
标题关键词	Pearson 相关性	−0.236	−0.116	−0.199	−0.010	0.158	0.072
	显著性（双侧）	0.142	0.474	0.219	0.949	0.330	0.658
报道议题	Pearson 相关性	−0.490**	−0.405**	−0.489**	0.364*	0.349*	0.377*
	显著性（双侧）	0.001	0.010	0.001	0.021	0.027	0.017
一级版块	Pearson 相关性	−0.254	−0.295	−0.294	−0.035	−0.037	−0.038
	显著性（双侧）	0.113	0.064	0.065	0.831	0.819	0.816
二级版块	Pearson 相关性	−0.312	−0.411**	−0.383*	0.118	0.093	0.113
	显著性（双侧）	0.050	0.009	0.015	0.467	0.566	0.489
点赞数	Pearson 相关性	0.041	0.052	0.050	−0.118	−0.094	−0.112
	显著性（双侧）	0.800	0.751	0.761	0.470	0.565	0.490
转发数	Pearson 相关性	0.083	−0.148	−0.019	0.095	0.045	0.075
	显著性（双侧）	0.610	0.362	0.906	0.561	0.784	0.645
评论数	Pearson 相关性	−0.022	−0.210	−0.112	0.296	0.191	0.260
	显著性（双侧）	0.893	0.194	0.491	0.064	0.238	0.105

注：*. 在0.05水平（双侧）上显著相关。

**. 在0.01水平（双侧）上显著相关。

（三）“时事”+“政治”+“主流媒体”——积极、消极情感与新闻框架中的显著相关

“@澎湃新闻”新闻框架中的“报道议题”它与积极、消极情感有着十分显著的相关关系，对积极社会制度的建构有着十分重要的作用。首先，消极情感与“报道议题”的相关系数为0.038，在0.05水平（双侧）上显著正相关。同样地，消极情感中的消极情绪（NA）和消极体验（NE）与“报道议题”也存在显著的相关关系，相关系数分别为0.364、0.349，这种相关关系与消极情感相似，这说明消极情感与其内部要素存在着高度的一致性。数据表明，“@澎湃新闻”的新闻越多报道“1政治类”“2经济类”“3社会类”议题，积极社会制度框架中的消极情感（包括消极情绪和消极体验）越少，反之“4科技文化类”“5军事类”“6外交类”议题报道越多，公众产生的消极情感（包括消极情绪和消极体验）越多。

其次，积极情感与“报道议题”的相关性，比消极情感的更显著，即两者相互影响作用更明显。积极情感与“报道议题”的相关系数为-0.489，并在0.01水平（双侧）上显著负相关。积极情绪（PA）和积极体验（PE）与“报道议题”的相关性同样显著，相关系数分别为-0.490、-0.405，数值上也非常相近。因此可以看出，“@澎湃新闻”新闻中的“1政治类”“2经济类”“3社会类”议题越多，公众产生的积极情感（包括积极情绪和积极体验）越多，更多积极情感能够被传播。这为“@澎湃新闻”新闻如何建构积极社会制度指明了努力的方向。

此外，积极情感和积极体验（PE）与“报道信源”也有着显著的相关关系，均存在比较显著的正相关关系。也就是说，“@澎湃新闻”的新闻中来自“1党政相关单位及其代表人物”和“2主流媒体/通讯社/记者”“3意见领袖”的微博报道越多，为公众带来的积极体验和积极情感越多。“二级版块”与积极情感和积极体验（PE）的相关性也比较显著，相关系数分别为-0.383、-0.411。二级版块在编码时，编码数值的前半部分（1—22号）均属于“时事”版块，即“时事”版块的内容相对于其他版块内容而

言，能更多地使公众产生积极体验和积极情感。综上，这几项分析结果的内在是一致的：时事、政治、主流媒体能为公众带来低度的消极情感和高度的积极情感。这不仅从积极情感引导的角度证明媒体微博建构积极社会制度的可行性，更为媒体微博未来努力构建积极的社会制度指明了前进的方向。

三　“@澎湃新闻”积极社会制度框架分析

（一）心理满足最优——“@澎湃新闻”积极社会制度框架与内部各要素相关性分析

积极社会制度框架中，积极社会制度框架（舒适度）与生理舒适、心理舒适、社会文化舒适和环境舒适的相关系数（r）依次为0.567、0.851、0.741、0.723，说明舒适与组内各要素之间的相关性很接近，且直线相关的强度也较强，且全部在0.01水平（双侧）上显著正相关（p=0.000）。如表3-8，从相关系数上可以看出，相比较而言，积极社会制度框架（舒适度）与心理舒适的关系更密切，受生理舒适影响相对最小。社会文化舒适和环境舒适也会给人带来更多舒适，即社会文化和环境对积极社会制度的建构存在一定影响，但对其影响更大的是其中的心理需求被满足程度。

表3-8　　积极社会制度框架（舒适）内部各要素相关系数

		生理	心理	社会文化	环境
舒适	Pearson 相关性	0.576**	0.851**	0.741**	0.723**
	显著性（双侧）	0.000	0.000	0.000	0.000

注：*. 在0.05水平（双侧）上显著相关。

**. 在.01水平（双侧）上显著相关。

（二）较高水平的积极社会制度框架——“@澎湃新闻”积极社会制度框架水平分析

“舒适”的水平和舒适需求被满足的程度反映着“@澎湃新闻”当下建构出的积极社会制度框架的形态与内容。

“生理”的平均分为16.75分，相对于总分20分来讲，它的平均分分值很高，甚至很接近满分。此外，生理分数中的众数是16和满分20分，同样处在数值上的极高水平。这说明“@澎湃新闻”对来自感官的生理需求的满足程度较高。

“心理”的平均分为31.4分（满分40分），也是比较高的分值。而“心理”分数中的众数高达34分，并在样本数据中出现了40分满分的情况，反映出“@澎湃新闻”的新闻对公众心理需求的满足程度同样较高，但与“生理”相比略低。

“社会文化”满分32分，数据平均分数为23.35分，虽然数值较高，但与满分仍有9分的差距，且最高分数仅为29分，并未出现像“生理”与“心理”中满分的情况，可以看出“社会文化”整体水平有待提高，公众对于“@澎湃新闻”的新闻在社会文化方面的需求有待满足。

“环境”最高分28分、众数25分非常接近满分，说明数据中存在高分，即“@澎湃新闻”新闻对公众环境需求方面有所满足。但它的平均分数是22.85分，虽然比较接近满分28分，但仍有很大进步空间。

从表3-9中可以看到，“@澎湃新闻”新闻呈现出的积极社会制度框架平均值为93.95分。从数值上看，平均值处在“高度舒适”的水平，尤其其众数为97分，比平均分更高，即“@澎湃新闻”的新闻在整体上满足了公众对生理、心理、社会文化和环境的需求，使其感到高度舒适。也就是说，“@澎湃新闻”的新闻构建了较高水平的积极社会制度。而在积极社会制度框架内部，分值最高为113分，最低为72分，差距较大，因此需要进一步分析积极社会制度框架内部分值分布以确认分析结论。

表3-9 “@澎湃新闻”积极社会制度框架各项分数统计 （单位：分）

	生理	心理	社会文化	环境	舒适
平均分数	16.75	31.40	23.35	22.85	93.95
最高分数	20.00	40.00	29.00	27.00	113.00
最低分数	12.00	22.00	17.00	17.00	72.00
众数	16.00、20.00	34.00	23.00	25.00	97.00

根据表 3-10 可知，“@澎湃新闻”积极社会制度框架分数均在 70 分以上，分布比较集中，以 90—100 分的分数段为核心向两侧递减，且通过方差检验，进一步说明“舒适”分数分布并不离散，其平均数可信度和可靠性较高，可以使用平均数数值进行分析。上述结论比较可靠。

表 3-10　“@澎湃新闻”积极社会制度框架分数分布

	60—90			>90		
	60—70	70—80	80—90	90—100	100—110	110—120
条数	0	4	9	17	7	3
总数	13			27		

同时可以看出，虽然“@澎湃新闻”新闻目前建构了较高水平的积极社会制度，但是数据分值最多集中在 90—100 分，属于此分数段的较低水平；而 100—110 分的仅有 7 条，110—120 分的更少，只有 3 条。因此，对“@澎湃新闻”的新闻来说，通过它的媒体微博平台及其力量建构积极的社会制度任重而道远。虽然目前现状比较乐观，积极社会制度框架下的生理、心理需求比较好地被满足，但积极社会制度框架下的社会文化需求和环境需求并没有被很好地满足，因此只有坚持不懈地努力才能在日积月累的潜移默化中建构积极的社会制度，让社会生活充满正能量，让社会中的人们变得积极向上。

（三）“@澎湃新闻”积极社会制度框架与其新闻框架各要素的相关性分析

针对上述数据分析结果，这里要解决的问题主要是，“@澎湃新闻”新闻框架中的哪些要素对舒适，即积极社会制度——是否能够产生影响；影响的程度如何（相关性大小，显著与否）；影响的方向是什么（正相关还是负相关）。我们试图找出影响建构积极社会制度水平的因素，并对其中成因进行思考与分析。

观察发现，“舒适”与“@澎湃新闻”新闻框架各要素均成负相关，而且数据中有新闻框架下的 5 组因素（新闻信源、标题关键词、一级版块、点赞数、转发数）与舒适的相关性极弱，它们对建构积极社会制度的作用微弱，所以该数据不具有深入分析的价值。因此下文主要针对新闻版块中与舒适相关性相对较强的数据进行分析。

1. 相关性相对较强的新闻倾向、二级版块、评论数

“舒适”与新闻框架内的“新闻倾向”相关系数为-0.112，说明二者存在负相关关系，即新闻倾向越趋向将积极观点与消极观点结合的“平衡”，“舒适”程度越低，也说明该新闻表现出的积极社会制度框架越弱。但这种相关关系并不十分显著。

与“新闻倾向”相似，相关系数为-0.179的“二级版块”和“舒适”具有低度负相关性。也就是说，“@澎湃新闻”新闻内容上，二级版块中编码越小的时事类报道越多，舒适程度越高，积极社会制度框架水平越高。但是，由于相关系数绝对值偏小，所以它们之间的相互影响并不绝对一致。在“二级版块”中值得注意的是，“社会文化”与“二级版块”在0.05水平（双侧）上显著负相关，即编码较小的时事、经济类报道越多，公众在社会文化方面的需求就越多地被满足。

“评论数”与“舒适”的相关系数为-0.232，虽然相关性比前两者略大，但并不意味着它能完全影响“舒适”的水平，对积极社会制度建构亦无关键影响。但是，“评论数”对“环境”有一定影响——二者在0.05水平（双侧）上显著负相关，即“@澎湃新闻”新闻的评论数越少，公众对“环境”的被满足度越高。这个现象值得我们思考其背后的成因。

这3组数据显示出的相关性并不显著，而且相关关系不强，只是相比较上述6组相关性极弱的数据而言，这3组数据的相关性相对较强。它们可以作为“@澎湃新闻”新闻未来建构积极社会制度的参考发展方向。

表3-11 “@澎湃新闻”的新闻框架各要素与积极社会制度框架各要素相关系数分布

新闻框架因素		生理	心理	社会文化	环境	舒适
新闻倾向	Pearson 相关性	-0.241	-0.068	-0.048	0.012	-0.112
	显著性（双侧）	0.134	0.678	0.769	0.944	0.491

续表

新闻框架因素		生理	心理	社会文化	环境	舒适
新闻信源	Pearson 相关性	0.029	-0.057	-0.205	0.062	-0.060
	显著性（双侧）	0.859	0.726	0.205	0.702	0.715
标题关键词	Pearson 相关性	-0.062	-0.006	-0.185	-0.091	-0.099
	显著性（双侧）	0.703	0.972	0.254	0.578	0.545
报道议题	Pearson 相关性	-0.041	-0.485**	-0.555**	-0.150	-0.450**
	显著性（双侧）	0.801	0.002	0.000	0.356	0.004
一级版块	Pearson 相关性	0.287	-0.173	-0.246	0.081	-0.049
	显著性（双侧）	0.072	0.286	0.126	0.618	0.762
二级版块	Pearson 相关性	0.183	-0.282	-0.343*	0.016	-0.179
	显著性（双侧）	0.259	0.078	0.030	0.922	0.269
点赞数	Pearson 相关性	0.133	-0.006	-0.059	0.077	0.041
	显著性（双侧）	0.413	0.972	0.719	0.637	0.803
转发数	Pearson 相关性	-0.073	0.028	0.068	-0.221	-0.052
	显著性（双侧）	0.653	0.866	0.676	0.171	0.752
评论数	Pearson 相关性	-0.235	-0.142	-0.014	-0.318*	-0.232
	显著性（双侧）	0.145	0.383	0.933	0.046	0.150

*. 在 0.05 水平（双侧）上显著相关。**. 在 0.01 水平（双侧）上显著相关。

2. 积极社会制度框架的核心——报道议题

在整组数据中，积极社会制度框架（“舒适”）只与“报道议题”显著相关，且二者是在0.01 水平（双侧）上显著负相关，相关性非常显著。“@澎湃新闻”新闻框架中的“报道议题”主要有6类：“1 政治类”“2 经济类”“3 社会类”“4 科技文化类”“5 军事类”“6 外交类”。它们与积极社会制度框架（“舒适”）呈显著负相关，就是说，“@澎湃新闻”的新闻报道中越多政治、经济类议题，公众越能感到舒适，积极社会制度框架水平越高，而这种影响是非常显著的。

此外，与之情况相同的是“心理”与“社会文化”，均与“报道议题”成十分显著的负相关关系。由此可见，“@澎湃新闻”新闻报道的议题对积极社会制度框架的整体水平都有着很重要的影响，它应该成为“@澎湃新闻”新闻日后建构积极社会制度的主要途径之一。

四　小　结

（一）积极的时、政呈现——“@澎湃新闻”新闻框架小结

从数据中可以看出，“@澎湃新闻”的新闻框架体现出非常鲜明的时事政治色彩且报道多倾向积极。从微博新闻标题关键词的呈现，到新闻文本词频的频率分布，再到新闻议题的选择，“@澎湃新闻”都体现了浓浓的时事政治选择。其中，既有对社会时事热点事件的报道，如“【邢台欲挣脱‘中国最脏城市’：曾为甩掉唐山居倒数第二喝彩】以钢铁、化工产业为主的邢台经济上处于河北末尾”；也有对政治事件、政治人物的大量报道，如“【科级干部家中搜出1.2亿现金，74斤黄金，还有68套房产手续】河北省纪检机关透露，被搜出1.2亿元现金的干部为秦皇岛市北戴河区供水总公司总经理马超群。@中国日报”，“【中纪委四中全会：王岐山炮轰‘仍有干部不收手’】‘有的人不讲廉耻，反腐要保持高压态势，不断加大治本力度’”。同时可以看到，“@澎湃新闻”对国家大力度反复背景下相继落马或上任的各级各地官员即政治人物的报道频率极高，这一方面体现了“@澎湃新闻”对政治人事风向的新闻敏感度较高，另一方面也反映出“@澎湃新闻”对国家政治报道，尤其是政治人物报道的重视程度。究其原因，上述特点是澎湃新闻的新闻报道口号与理念的体现。专注时事，专注思想，“@澎湃新闻”不同于传统主流媒体开通的媒体微博，它不仅仅是新闻发布、传播者，更是思想的挖掘者、引领者——这也是新型主流媒体的主要内涵之一。

此外，“@澎湃新闻”的新闻框架中不容忽视的两点是其以主流媒体为主的新闻信源，以及其积极且平衡的报道倾向，主流媒体所报道的新闻常是权威可靠的。“@澎湃新闻”的微博新闻报道，主要来自澎湃新闻的记者采访得到的第一手资料与内容，部分报道摘转自新华网、《中国日报》等传统主流媒体的各种平台，基本上做到了保障其新闻报道内容的真实性、可靠性。

在报道倾向上，“@澎湃新闻”有着明显的积极倾向，也体现了它对公众的积极引导倾向。与此同时，积极因素与消极因素并存的平

衡性报道也不占少数，体现了“@澎湃新闻”对公众的引导不只局限在单一的积极引导，而是同时结合对消极因素的阐述，将积极与消极因素同时呈现在公众面前，让公众自己做出价值判断与选择。这不仅有利于消除公众对价值选择单一的疲劳，更有利于丰富、深化报道内容，既为公众呈现相对客观的新闻，又赢得了公众的关注，引导了公众的价值倾向与多维思考方式。

（二）积极的心理与情感满足——“@澎湃新闻”积极社会制度框架

积极社会制度框架中，对框架水平影响最大的是对公众心理需求的满足程度，即该社会制度环境是否满足了公众对精神层面的追求。其次是对社会文化和社会环境的满足。改革开放以来，我国固有的价值体系不断受到越来越强大的价值文化冲击，多元且混乱的价值观充斥着网络舆论场，甚至已蔓延到整个社会。目前，我国公众尚未形成一个较为积极有共性的价值体系。“@澎湃新闻”作为新型主流媒体号召下的代表性“产物”之一，在满足公众心理需求、积极引导价值舆论方面做出了积极的努力，其积极社会制度框架中的心理水平比较高。然而，积极社会制度框架中的社会文化和环境水平仍有待提升。此外，数据显示，“@澎湃新闻”比较集中地显示出积极的情感呈现，也就是说，它给阅读其新闻报道的公众比较集中、稳定地带来了积极的情感，公众能够通过阅读“@澎湃新闻”产生有意义的积极情感。

积极情感与心理需求的满足是相互联系的。本节研究认为，积极情感的产生是建立在公众心理需求被满足的基础上的。积极情感的产生也意味着，公众的心理需求已被满足。因此，“@澎湃新闻”的积极社会制度框架显示出，框架中的公众的最基本、最主要的需求——心理需求已得到满足，并通过积极社会制度对人的影响，已进一步产生了集中稳定的积极情感。框架内需要加强的是对公众社会文化和环境需求的满足。

（三）报道议题的倾向与选择——“@澎湃新闻”的积极新闻框架

综合“@澎湃新闻”的新闻框架与积极社会制度框架发现，报道议题是两框架的重要链接因素，新闻框架内的报道议题对积极社会制度框架的水平有着非常重要而显著的影响。政治、经济类议题越多，积极社会制度框架水平越高。个中原因本节研究尚未涉及，但此现象也可以为其他主流媒体微博提供参考、借鉴之意义。因此，在今后信息传播与舆论引导的过程中，“@澎湃新闻”应坚持其自身的新闻报道议题选择与时事政治的内容选择，在新闻重要性原则与合理安排的前提下，适当增加对时事政治、经济类新闻的报道，能够在一定程度上提高其积极社会制度框架水平。微博舆论场中的其他主流媒体微博可以借鉴、尝试。

当然，对报道议题的选择是一方面，对选择好的新闻如何进行报道是另外一方面。“@澎湃新闻”这样的微博新闻虽然字数、篇幅受限，但仍有其独特的传播规律。例如：微博新闻文本的词频分布、标题关键词的选择、信源的选择，这些都能够影响公众是否选择阅读该新闻；微博新闻中表情符号、图片、视频的安排与运用，对公众阅读、理解新闻所要表达的信息、思想和取向都有着导向性影响；发布时间的选择，第一时间发布信息，不仅能够掌握新闻主导权、话语权，更能够引导更多公众以积极的层面去关注和思考，也避免了谣言的产生与传播；报道倾向的选择，积极引导公众，影响公众产生更多积极情感；等等。这些都是其他主流媒体在尝试、探索过程中需要注意的。

第五节 基于积极社会制度框架的主流媒体微博的舆论引导策略

一 主流媒体微博的舆论引导策略

舆论，是社会心理的集中反映。虽然新闻、信息、意见诉诸舆论可以影响舆论、实现舆论引导，但是通过观察社会心理学的一些方法或心理效应，并合理运用于舆论引导中，会取得事半功倍的效果。对舆论的根本性引导有两种：一种是调节社会矛盾；另一种是调适社会心态。社会矛盾的调节是媒体可参与却不可控的，而调节社会心态则是媒体可参与并可影响与引导的。更是在本节研究中也发现，社会公众心理、精神需求被满足的程度对积极社会制度的建构水平有着十分重要的影响，而积极社会制度的水平又深深影响着制度中的人。人的心理中同时存在着积极与消极两种情绪情感，两种力量此消彼长，积极情绪的产生对消极情绪有着撤销的作用①，同时积极情绪本身又存在着螺旋式上升模式。而人作为高等生物，心理问题错综复杂，对社会中的人进行适当的心理调节与积极引导是十分重要的。因此，接下来的研究讨论结合前文研究数据与分析结果，针对主流媒体微博如何从心理和精神层面对当前社会制度中的人进行舆论引导而展开。

（一）充分发挥舆论领袖的积极社会制度建构作用

网络中的公民来自不同地域、不同种族、不同身份、不同职业，他们对新闻报道的心理需求与关注点不同，对同一事件的看法也不尽相同。在网络舆论的运行过程中，网络舆论领袖（Opinion Leader）也逐步形成。他们常常在网络人际传播中提供信息并对他人施加影响。除了主流媒体之外，网络舆论领袖也是影响网络舆论形成、发展的重要因素，尤其微博为其提供了广阔的平台。很多网友的利益或价值诉求可以通过舆论领袖的影响力实现。网络舆论领袖也是主流媒体微博之外，强化议程设置、促进公共问题解决、沟通政府与公众的有力保障。

如前所述，"@澎湃新闻"与新闻框架中的意见领袖的联系并不十分紧密，其新闻信源大多数为主流媒体。这虽然在某种程度上保证了新闻信息的真实性、可靠性、权威性，但长期如此则容易使一部分固定公众形成审美疲劳，且对"权威"的信任度有所下降。而积极社会制度框架中的意见领袖既属于心理方面，又属于社会文化方面。也就是说，意见领袖的积极作用可以发生于心理和社会文化两大方面。因此，加强主流媒体微博与网络意见领袖二者间的联系与引导显得裨益良多。

① ［美］芭芭拉·弗雷德里克森：《积极情绪的力量》，王珺译，中国人民大学出版社2013年版，第10页。

网络舆论领袖的意见、言论、价值导向在民间舆论场具有一定的权威性。我国人口基数大，网民众多，通过培养和引导网络舆论领袖引导民间舆论场的舆论价值方向有其自身的可行性。社会心理学中的态度改变理论认为，态度改变即在一定的社会影响下，某个已经形成的态度在接受某一信息或意见的影响后所引起的相应的变化①。其中，改变态度的方法“劝说宣传法”（又称说服法），是联系网络舆论领袖实现舆论引导的有效方法之一，它借助传播媒介来传播信息尽而影响人们看法态度的改变。

在具体实践中，主流媒体微博要针对微博平台上不同类型的意见领袖特点加以联系和引导。戴丽娜在其《微博舆论领袖的识别方法与管理策略研究》② 中建立了“（新浪）微博舆论领袖评判指标体系”（图 3-9），并指出当前我国微博意见领袖可分为以下 5 类：第一类，学者和自由撰稿人；第二类，企业家；第三类，媒体人；第四类，文体界明星；第五类，维权律师。主流媒体微博要加强与他们的联系，就要实时关注这些微博意见领袖，实时了解他们的思想动态、舆论走向，对其舆论所可能产生的积极与消极影响做出预测或评估，对他们提出的疑问主动回应，并通过转发、点赞等方式鼓励他们的积极导向的舆论，通过转评具有消极导向或影响的舆论以正视听，防止消极舆论的情绪感染与歪曲蔓延。

具体看来，学者和自由撰稿人兼具思想性和批判性，公众对其认同度较高。因此在涉及社会时事时，尤其在涉及社会文化新闻信息时，主流媒体微博可以联系此类微博意见领袖进行微博新闻报道。例如，在发布新闻信息时“@”某位学者，公开询问他（她）对此事件的关注程度、看法、意见和建议，以此种方式促使微博舆论意见领袖主动发声。这既收集了他们的舆论观点，又为公众呈现了多元观察、思考的视角与维度，也在潜移默化中使公众逐渐形成积极的思考方式，并由此不断产生越来越多的积极体验和情感。

---

① 刘毅：《从社会心理学视角分析网络舆论引导》，《当代传播》2008 年第 3 期。

② 戴丽娜：《微博舆论领袖的识别方法与管理策略研究》，《新闻记者》2012 年第 9 期。

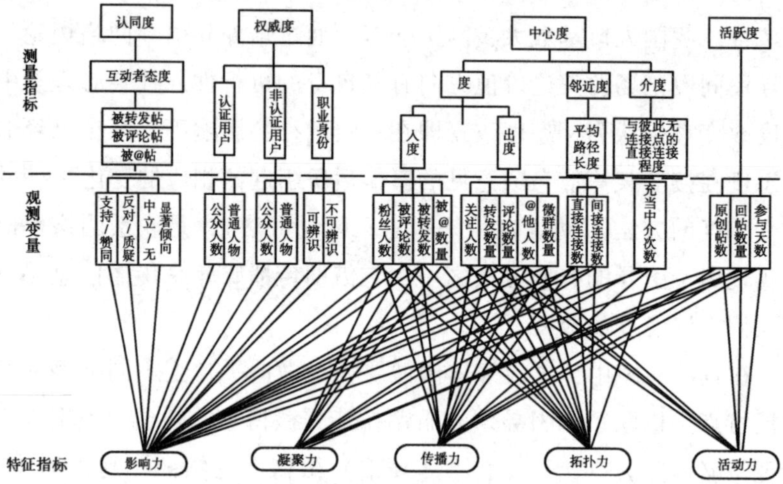

图 3-9　（新浪）微博舆论领袖评判指标体系

企业家这类舆论领袖活跃度较高，但他们的话题通常集中于经济领域，很少涉及政治等敏感领域。因此，主流媒体微博与企业家类意见领袖的联系度相比而言，可适当放低。与之相反的媒体类舆论领袖，鉴于其职业性质，他们对社会公共议题具有强烈的关注度以及持续的参与意愿。他们见识面广，思维活跃，想法独特，观点众多，善于表达。主流媒体微博对此类微博舆论领袖应予以高度的重视，并建立密切的联系，不要局限于上述的线上的关注、艾特等互动方式，也要注意融入线下联系、沟通的方式。例如，定期组织召开媒体类微博舆论领袖与主流媒体领导共同参与的研讨会、座谈会等，既让领袖们自由地表达意见，又让主流意识形态对民间舆论场的引导作用得到发挥，使一些有失偏颇的非主流意识形态得到修正，避免它们大量流传于民间舆论场，冲击着社会主义核心价值观等主流意识形态。

文体界明星虽然人数众多且具有大量的粉丝，但相对而言，他们对公共议题的介入度较低，但主流媒体微博也应实时关注并监督此类微博舆论领袖，尽量避免他们的不恰当言论对民间舆论场产生恶劣影响。维权律师多是正义、友爱的化身，此类微博舆论领袖部分会与公共事件当事人一起在其专业水准的基础上准确、得当地表达言论，通过微博平台将维权等公众诉求加以传播，他们的存在极大地增强了维权等行动的生命力。

（二）充分发挥不同形态主流媒体舆论合力引导主流意识

除了对网络舆论领袖进行联系与引导，纵向上，主流媒体的不同媒介形态之间应建立系统完善的信息发布与传播体系，形成主流媒体新闻的从上到下全媒体高覆盖率；横向上，微博平台的主流媒体微博之间也应该建立双向互动的信息沟通平台。最终横向与纵向形成舆论合力，充分发挥新型主流媒体传播主流意识的功能，向公众传递有效的信息与积极的价值观，多层次、全方位建构积极的社会制度，让社会中的每个人都能够拥有积极的心态并积极快乐地生活。

从广播、电视、报纸等传统主流媒体，到新媒体时代的主流媒体网站，再到自媒体时代的主流媒体微博，我国主流媒体的成长与蜕变，在很大程度上也反映了我国公众所使用的媒介的变化。然而，我国人口数量多、分布广，媒介使用的形式和水平差异极大，尤其在微博用户分布上，网民结构不平衡，知识水平不协调（详见第一章第一节）。因此，要想使新闻信息的传播能够最大程度地覆盖更多的人，主流媒体必须充分调动和使用各种新闻信息传播载体，让不论是长期生活在深山里的媒介"原始人"，还是玩转现代各种媒介形式的媒体达人，都能接收到主流意识形态的积极号召，都能感受到积极社会制度所带来的积极情感。

除此之外，主流媒体微博之间也彼此沟通、联合构成微博矩阵，形成良好的舆论环境。只有各主流媒体微博共同努力，积极引导舆论的核心价值观导向，才能形成积极舆论引导合力，建立一个全面的、融合的积极社会制度，占领舆论与主流意识形态的高地，让每一个人都能够积极、蓬勃地生活。

二　研究结论与不足

根据本节研究开篇提到的积极社会制度影响个体生活的缓冲模型（Buffering Model），外在因素中的积极成分能够缓冲消极成分的影响，同样，消极成分也能缓冲积极成分的作用，积极成分与消极成分对彼此能够起到相互缓冲的作用。因此，在以“@澎湃新闻”为例的众多主流媒体微博的舆论引导中，可以从积极心理学的视角切入，通过构建高水平的积极社会制度框架，不断向公众，以及更多网络公众，输送更多外在的积极成分，进而抵消消极成分，并使他们自身产生更多积极情绪与体验，拥有更多积极情感。通过更多主流媒体微博及更多新型主流媒体的积极努力，积极引导公众的积极性思维，不仅能够在价值观层面上认同当前社会制度下的主流意识形态，更能够将社会主义核心价值观等主流意识内化于心、外化于行；不仅让“群魔共舞”、甚嚣尘上的微博舆论场、民间舆论场变得清朗有序，更让整个社会的舆论环境变得越来越安宁和谐、积极向上。

本节研究只选取了“@澎湃新闻”作为样本。一方面，只立足“@澎湃新闻”一个主流媒体微博样本来研究我国主流媒体微博整体的积极社会制度框架，容易走向以偏概全的误区。另一方面，对于“@澎湃新闻”内部的样本选择，其样本数量和样本时新性也具有一定局限性。虽然本节研究在设计之初已考虑到此问题，但受到物力、人力的限制。只有通过对样本大量的、长期的跟踪测量与分析，才能得到更加精准的数据。

在研究方法上，本节研究主要使用的是内容分析法，并以量表为工具对样本的积极社会制度框架进行具体的测量。这种方法有利于观察样本积极社会制度框架的模式及框架各方面的水平程度，却很难体现现象背后的成因。这种数据的缺失无疑增加了后续的现象成因探讨、策略探究的难度。此外，框架的编码与量表的测评均由人工完成，主观性、误差都是在所难免的。因此，在今后的研究中，研究方法仍需丰富和完善。

针对上述局限性，本节研究在未来的一段时间内仍有诸多需要改进和跟进之处。虽然研究过程和结果都存在着很多不足，但这项研究的探索是有益的。它不仅将积极心理学理论引入传播学，同时结合了心理学、积极心理学与传播学研究方法展开研究，更描绘出了主流媒体微博“@澎湃新闻”的积极社会制度框架，描述了公众当前的媒介舒适度，为“媒体人”积极构筑美丽的“中国梦”提供了有效的数据。此项研究在未来仍有深入研究的现实意义。

综上，研究中我们看到，我国主流媒体微博当前所呈现出的积极社会制度框架的水平较高，公众具有较高的媒介舒适度。研究证明，积极社会制度能够对个体产生影响，虽然本节研究还无法确凿地证明这种影响的模式是直接影响型、缓冲模型还是特定领域模型，但数据表明，这种影响是确实存在的——该框架能够为公众带来更多的积极情绪、体验和积极情感。而这一过程也证明了积极情绪的螺旋式上升过程，这更为公众积极情绪的建构夯实了基础。研究还发现，公众的媒介舒适度在很大程度上与心理需求是否被满足有关，而对媒介内容的选择，如时事、政治、信源等，对积极与消极情感也有着重要的影响。因此，我国主流媒体微博在今后的舆论引导过程中，要注重对舆论领袖的引导，更要相互之间形成舆论合力引导主流意识，使高公众媒介舒适度与积极社会制度框架水平，使积极情绪在整个社会范围内不断上升并得以建构，让每个人都成为构筑“中国梦”的主力军。

第四章　核心价值传播对积极舆论主体的美德重构

基于国家与市民社会良性互动的理论视角，前文尝试建构了积极舆论主体的基础理论，并对积极舆论主体的实现论媒介动机给予了初步的分析，形成了积极舆论主体的理论创想，即作为积极舆论主体的积极传播者为了获得幸福感，将会在实现论媒介动机的作用下产生对有意义媒介内容的媒介实践行为。作为积极舆论主体的另一方面，在第三章中也证实作为拟态舆论主体的新型主流媒体建构了积极的社会制度框架，这意味着新型主流媒体成为有意义的媒介内容的平台与载体，那么，主流媒体在与公众的传播互动过程中，通过何种机制将核心价值观作为有意义的媒介内容与积极舆论主体之间形成了一定的传播联结，进而产生价值上的互动、内化与共识呢？本章选取积极舆论主体的宽容、感恩两种积极心理美德与作为积极情绪的敬畏情绪，基于社会记忆的基本理论，深入探讨在主流媒体与积极舆论主体之间的价值互动机制。

第一节　网络舆论共识中的宽容美德与怨恨情绪的唤醒、重构与博弈

处于转型进程中的中国社会，多元多级的价值冲突唤起个体与群体的负面情绪，微博、微信等社交媒介为公众提供了情绪表达与宣泄机会的同时，社交媒介舆论效应对国家稳定、社会和谐以及党和政府形象也造成一定的负面影响①。在对社交媒介舆论的传播路径、机制

① 徐家林：《网络政治舆论的极端情绪化与民众的政治认同》，《马克思主义与现实》2011年第3期。

给予深入讨论的基础上，学界开始对舆论产生的社会心理动因加以讨论，尤其是对“社会情绪积蓄到一定程度上所引发的大规模的情绪共鸣和爆发”这一现象展开考察。①

舆论学视角下的网络情绪研究多集中于发现公共事件传播中情绪与传播力之间关系的规律②，以及个人情绪如何在群体传播的助推下成为社会舆论的机制③；政治传播研究中多聚焦于非理性情绪的传播规律④、极端情绪的类型⑤以及政治情绪宣泄的类型⑥，也有研究着重关注了具有显著负面效应的愤怒情绪⑦，等等。上述研究进一步强调了将个人与社会情绪作为理解网络舆论的重要窗口及其对网络舆论预警与治理的价值，较为少见地从舆论主体角度关注公众负面情绪撤销机制。情绪管理的主人是舆论主体，情绪的回落与撤销是舆论主体心理要素统合内化的表征，需要对舆论主体的情绪唤醒与消落的心理动因以及促进并达到消弭负面情绪的积极心理变量加以研究。同时，与将负面情绪、极端情绪视为网络舆论“对峙”的心理动因的舆论实践现状有所不同的是，我国网络舆论场共识度报告显示，“两个舆论场”已经在一定程度上达成共识⑧，亟待“共识”起点下对舆论主体积极心理变量及其对负面情绪撤销与促进共识的规律的挖掘。

本节研究结合政治学、积极心理学与舆论学理论，回溯到中西方

---

① 毛湛文：《新媒体事件研究的理论想象与路径方法——“微博微信公共事件与社会情绪共振机制研究”开题研讨会综述》，《新闻记者》2014 年第 11 期。

② 刘丛、谢耘耕、万旋傲：《微博情绪与微博传播力的关系研究——基于 24 起公共事件相关微博的实证分析》，《新闻与传播研究》2015 年第 9 期。

③ 隋岩：《论群体传播时代个人情绪的社会化传播》，《现代传播》2012 年第 12 期。

④ 匡文波：《网络非理性情绪的产生、蔓延与应对策略——关于城管执法问题的网络舆情分析》，《学术前沿》2013 年第 9 期（上）。

⑤ 桂勇、李秀玫、郑雯、黄荣贵：《网络极端情绪人群的类型及其政治社会意涵 基于中国网络社会心态调查数据（2014）的实证研究》，《社会》2015 年第 5 期。

⑥ 杨嵘均：《网络空间公民政治情绪宣泄的刺激因素与政治功能》，《学术月刊》2015 年第 3 期。

⑦ 周云倩、胡丽娟：《微博舆论场愤怒情绪的传播与疏导——以“福喜事件”为例》，《江西社会科学》2015 年第 11 期。

⑧ 潘宇峰、朱燕等：《人民网发布 10 月网络舆论共识度报告》，“人民网舆情监测室”微信公众账号，2015 年 11 月 16 日。

思想体系与社会记忆的纵向脉络中，发现同属于舆论主体的宽容美德与怨恨情绪就像一枚硬币的两面，怨恨情绪是具有显著负面效应的网络情绪之一，个体的宽容美德与宽容的社会风尚的形成是消除怨恨情绪，从冲突到共识得以达成的基础。

宽容美德在中国传统文化中是深入人心的：孔子的“宽则得众”的君德思想；孟子的“爱人者，人恒爱之；敬人者，人恒敬之”；老子的“上德若谷”以及庄子的《齐物论》所体现的宽容精神等，传统文化对宽容美德的推崇为后世在人际交往中通过宽容来打动人、达成沟通目的起到重要作用，并在历史的变迁中默化为中国人潜在的个体生存性智慧与社会价值记忆，成为中国人思想史上珍贵的精神遗产。

转型社会所带来的巨大变迁中，多元价值冲突与矛盾下难免带来怨恨情绪的滋生，使得宽容美德生根与发展的公共生活土壤受到侵占。但是，宽容美德的社会记忆作为“一个大我群体的全体成员的社会经验的总和”①，在一定的社会与媒介情境下将被唤醒与重构，从而对因价值差异比较所带来的怨恨加以解构、撤销怨恨“阴影”，实现不同价值个体与群体之间的共识与互动。

本节研究撷取舆论主体的宽容美德与怨恨情绪这一组对应的心理因素加以考察，分析其在网络舆论共识传播中的相互作用机制。具体而言，对宽容唤醒的情境条件：源于价值差异与比较而产生的怨恨的表征与其难以自解构性进行深入讨论的基础上，提出宽容美德重构的必要性，并进而从新型主流媒体所建构的克己宽容美德框架与舆论主体对美德的实现论媒介动机两个方面加以实证、分析宽容美德社会记忆的唤醒、重构及其对怨恨情绪的博弈、撤销的机制。

一　宽容美德唤醒的情境条件：价值差异比较中激活难以自解的怨恨情绪

“宽容”一词是指允许别人自由行动或判断，对与自我的观点或

---

① ［德］哈拉尔德·韦尔策：《社会记忆：历史、回忆、传承》，季斌等译，北京大学出版社 2007 年版，第 6 页。

公认的观点不一致的意见给予容忍，换句话说，就是不计较、不追究。宽容既是个体在日常生活中逐步发展而成的一种美德特质，也是在历史与现实的激荡中人们逐渐领悟的智慧结晶。[①]

回溯至前现代，柏拉图和亚里士多德尽管没有提出宽容的概念，但其思想都包含有对差异的容忍，诸如亚里士多德提出的审慎的概念，与宽容同属于人类的克己美德，审慎让人不会因追求一时快乐而造成长久痛苦，宽容让人远离怨恨[②]。在时间维度上先于中国从传统社会步入后现代社会的西方国家，也深刻意识到社会的（不仅仅是经济的）真正调节者不是（政治的）契约，而是（经济的）市场，不断变换的新型生活样态中充斥着差异性的多元价值，而宽容作为一种社会公共领域中的精神品质，成为维系、统摄不同利益取向的人们的价值纽带。[③]

不论中国传统文化中的宽容记忆，还是西方社会变迁中的经验，都为观察中国社会网络舆论中的多元价值由互斥走向共识的现象提供了一定的理论参照。宽容美德被唤醒并发生作用需要一定的情境，宽容是指行动者认为有力量去干涉而不去干涉敌对的他者及其行为的有意识、有原则的克制[④]，从这一界定中可以看出，宽容的对立面是报复，是基于那些带给自己伤害、挫折和痛苦的人或事而唤起的怨恨情绪所产生的报复心理，可以说，如果没有出现怨恨情绪，也就缺少了宽容美德作用的前提条件，因而，宽容美德被唤醒的前提是社会中出现了引发个体与群体怨恨的社会情境。

（一）怨恨情绪来自价值差异的比较

怨恨是一种特殊的情绪情感体验，是转型社会中典型的个体与社会负性情绪之一。怨恨情绪产生时情绪主体心里会充满对情绪客体的强烈的不满或仇恨。怨恨发生的主要原因是价值层面上的冲突，如表

---

① 刘曙辉：《宽容：历史、理论与实践》，《哲学动态》2007 年第 7 期。

② ［爱尔兰］Alan Carr：《积极心理学》，丁丹等译，中国轻工业出版社 2013 年版，第 70 页。

③ 杨楹：《宽容：现代政治的伦理内蕴》，《哲学动态》2005 年第 11 期。

④ 刘曙辉：《宽容：历史、理论与实践》，《哲学动态》2007 年第 7 期。

4-1 所示，前现代社会多为一元的价值体系，社会阶层处于相对静止的状态，民众的怨恨更多体现为情感层的嫉妒或艳羡，难以对主导价值体系产生影响[①]；而处于转型进程中的当下中国社会出现多元化价值倾向，怨恨将从比较单纯的情感体验转化为价值层的不满、仇恨乃至偏激判断，进而在此促发下与主流价值形成一定的互斥甚至对立。

（二）怨恨情绪的个体与社会表征

在价值差异的比较中怨恨主体产生了怨恨情绪，为了实现主体负向情绪到正向情绪的平衡，怨恨主体多将为寻求对自身价值的确定与承认而呈现出具体的表征。社交媒介的普及应用为怨恨的表达提供了平台与载体，纵观社交媒介中的怨恨表达现象，可将怨恨的个体与社会表征类型加以分类（如表 4-2 所示）。

表 4-1　　前现代社会与现代社会的怨恨情绪来源与表现形式对照

前现代社会	现代社会	
社会价值体系	一元价值	多元价值
社会阶层	相对静止的社会阶层	多级多元的社会阶层
价值比较来源	情感层比较	价值层比较
怨恨情绪的表现形式	嫉妒、艳羡	不满、仇恨、偏激评判

表 4-2　　网络怨恨情绪产生的心理动因与对应的怨恨表征类型

怨恨情绪产生的心理动因	网络舆论中怨恨情绪的表征
个体潜意识：我是正义的	个体怨恨宣泄
怨恨情绪产生的心理动因	网络舆论中怨恨情绪的表征
个体潜意识：他和我一样、他需要同情	群体怨恨效应
集体无意识：有怨必报的正义性和必要性	怨恨的阴影

1. 怨恨的个体宣泄。怨恨主体在本来可能获得的机会或财富因某种外力的作用无力挽回时而产生了怨恨的心理体验，于是，怨恨主体沉浸在一种自命纯洁、正义、强势的道德自我想象中，甚至形成以

---

① 王海洲：《想象的报复：西方政治学视野中的怨恨》，《南京大学学报》（哲学社会科学版）2007 年第 6 期。

怨恨为中心的“认同政治”[①]。怨恨主体在社交媒介上仿佛披挂上“正义”的外衣，几乎毫无节制地宣泄其对与之价值相异的主体的愤怒，进而表达其要改变地位的强烈欲望[②]。

2. 怨恨的群体效应。怨恨主体的个体宣泄在唤起与之相近价值判断主体或有同理心主体的同情的同时，也随即创造出一个敌人形象，以便能够强化一切憎恨和蔑视的感情[③]，这进一步启动并促发了群体怨恨的形成，网络舆论中呈现出具有递增性与重新繁殖能力的多重怨恨表征。

3. 怨恨的隐忍与阴影。尽管社交媒介为怨恨表达提供了一定的可能，但涉及引发怨恨的具体事件与情境等因素，并不是所有怨恨主体都能够在现实社会或利用社交媒介得以表达，怨恨因而以一种非宣泄性的表达形式存留于怨恨个体与群体的心理层面。而转型社会中利益冲突所带来的价值分歧现象会在一定时期内难以消逝，新的怨恨时有出现时，处于隐忍在心理层面的怨恨阴影也可能作为社会记忆而被唤醒，并进而演化为更为激烈的怨恨宣泄。

诸如，2015 年“南航急救门”事件[④]中，当事人因自我病痛而在社交媒介上针对制度欠缺给予讨论，其意见表达是以“自我是正义的，需要社会关注的”为基点而发泄其对制度不健全的怨恨情绪。对他者而言，因在航班上突发病痛的可能是难以预测与避免的，这种每个旅行者的切身利益可能受到侵害的恐惧唤起他者的同理心，因而社交媒介讨论中立刻创造出“航空公司、急救中心制度不健全”这

---

① 赵刚：《知识之锚：当代社会理论的重建》，广西师范大学出版社 2005 年版，第 136—137 页。

② ［法］托克维尔：《旧制度与大革命》，冯棠译，商务印书馆 1992 年版，第 220 页。

③ ［德］卡尔·施米特：《政治的浪漫派》，冯克利、刘锋译，上海人民出版社 2004 年版，第 218 页。

④ 注：“南航急救门事件”是指 2015 年 11 月 9 日，新浪微博名为“一个有点理想的记者”的网友在乘坐南航 CZ6101 次航班时突发急腹症，各相关部门强调自身无责，使得救护过程一而再地受阻。11 月 12 日，患者发布第一条长微博成为此次舆情的燃点。11 月 22 日，患者发布第二条长微博，舆情由此迅速发酵。随后，全国各大媒体网站介入舆情跟踪与评论。

样的“敌人”来，而引发了群体怨恨情绪的迅速扩散。随着航空公司、急救中心的回应，“急救门”事件舆情得以消落，但尽管如此，“急救门”事件当事人的个体怨恨、旅行者个体在同理心作用下所凝聚的群体怨恨，并不可能因事件传播的回落而彻底消失，进而转化为怨恨阴影，当再次遇到类似事件时，其集体无意识在负面事件的促发下将会衍化为负面舆论。

（三）怨恨情绪的难以自我解构性与宽容对其的平复之道

怨恨情绪一旦产生，就难于消解。产生于价值差异比较的怨恨情绪，容易引发价值冲突，并且怨恨主体在一定程度上拒斥价值认同，往往在社交媒介上得以宣泄却也无法得到对自我价值认同下的机会或者财富的补偿，这又使怨恨主体陷入不同价值阶层对其讨论的舆论压力漩涡之中，即便是具有同理心的他者的同情对怨恨主体而言也难以抚慰其所受到的伤害，因而，怨恨主体又进一步体验到无能感，只能在“苦恼中抱怨”①，怨恨情绪并不能通过宣泄而平复。

怨恨主体也可能无法进行即时网络宣泄，或者无力承担网络宣泄成本，唯有隐忍，这很可能进一步促使怨恨主体陷入怨恨阴影，形成带有价值判断偏差的价值伦理来看待客观世界。个体无法平复的怨恨与群体的社会怨恨交织在一起，汇聚为多重层次的集体怨恨无意识，给社会带来不安定的因素。如“急救门”事件所述及，近年来的网络群体性事件传播中，有的是基于怨恨主体的宣泄与群体效应的结合作用而引发的，也有的是由于集体无意识中的怨恨情绪的启动与促发造成的，尽管舆论引导在一定程度上起到了把握舆情走向的作用，但对怨恨的集体无意识的彻底平复效果尚待有效评价。

那么，如何平复怨恨，怨恨的阴影如何驱散？心理学家荣格（Carl G. Jung）曾提出阴影理论，他认为阴影将一切个人不愿承认的东西都加以人格化，也往往将它直接或间接地强加在个人身上。怨恨情绪难以驱散，其对怨恨主体人格的“阴影”效果将显露出来。在

---

① ［法］亚历山大·科耶夫：《黑格尔导读》，姜之辉译，译林出版社2005年版，第80页。

借鉴中国文化中老子智慧的基础上，荣格认为，对待阴影要以宽容的态度来进行整合，老子“包容各极的意识”是对待阴影的明智方法。荣格也对西方文化的二歧式思维之弊病进行反思，认为中国人之所以发现了宽容这条道路，“是因为他们从来就没有迫使人性中的对立因素分离得太远，以至于丧失了各因素间所自觉的联系”①。

不仅如此，在对道家思想的认同和吸收基础上，荣格学派学者对阴影的心理治疗提出，“创造积极影像，乃是将我们自己和道家的训诲调和为一体，于是我们身边的坏事将全部为好事所代替”②。这预示着当怨恨情绪成为个体与社会之难以自解构的情绪之时，宽容将作为走出阴影、重塑自我、包容社会多极价值的美德起到平复怨恨的作用。由此延展至网络舆论共识中，怨恨情绪的产生与难自解构性为宽容美德发生作用提供了实践情境。在中国语境下，宽容与怨恨是共同具有传统文化社会记忆的，在一定的情境下可能经过博弈并自觉联系来“照亮”怨恨本身所带来的阴影。

二　宽容美德社会记忆的唤醒机制：新型主流媒体的克己美德框架

中西方的思想体系与政治学视域认识到宽容美德在多元价值走向共识中的作用，但政治学和伦理学视角下的宽容美德仅作为应然的概念与理论认知，尚缺乏对宽容美德的应用层面的实证探究。而西方积极心理学将宽容美德作为相对稳定的积极人格特质，并提供了宽容美德的可操作化的实证维度，诸如塞利格曼（Martin E.P.Seligman）和彼得森（克里斯托弗·彼得森）将宽容列入人类的六大美德中的克己美德下的性格优势之一③。积极心理学中宽容美德的定义是原谅对不起自己的人，认为宽容的人，心肠软，不记仇，愿意给对不起自己的

---

① 吕锡琛：《从荣格心理学看老子宽容思想的救世价值》，《哲学动态》2010年第9期。

② ［美］路格、阿伯罕：《人生黑暗面》，廖瑞雯译，伊犁人民出版社1998年版，第175页。

③ 注：西方积极心理学所界定的六个美德包括智慧、勇气、仁慈、正义、克己以及超然，其中克己美德包括宽容、稳重、谨慎以及自我调节四种性格优势。

人第二次机会。与宽容这种美德特质相对应的状态是原谅，原谅是在承认别人犯有过错负有明确责任的情况下对别人的过错不予追究的行为，怨恨过久就会给心理造成负担，而选择原谅别人，就会有一种负担解除感①。

宽容作为一种美德优势，是普遍存在的，也许是由进化决定，或是被自然选择出来维持人类的不断演进，因而宽容也是一种社会记忆的内在价值的重构。保罗·康纳顿（Paul Connerton）的社会记忆理论认为社会记忆再现了某种操演的能力，常常被认为是“约定俗成”了的东西②，宽容美德蕴含在中国传统文化的社会记忆中，是一种具有社会性与习惯性特质的美德特质。积极心理学也认为，美德在给定情境下能够得以重新生成，这一给定的情境可能是学校、家庭环境，也可能是媒介环境，支持性的、一贯的、安全的媒介环境，以及媒介中的榜样等都可能是宽容社会记忆得以唤醒和促成的条件③。

新型主流媒体为公众的宽容美德的社会记忆的唤醒提供了给定情境。媒体作为启动、制约、更新、改写公众记忆的最重要的社会框架之一，宽容美德的社会记忆也将受到媒介所提供的材料和新闻框架的深刻影响④。新型主流媒体中是否建构了宽容的框架，成为宽容美德的社会记忆能否在媒介情境中得以唤醒与重构的关键所在。积极心理学将宽容视为克己美德下的一种积极人格特质，克己美德包含的积极人格特质是宽容、稳重、谨慎和自我调节。克己也即节制，国内学者王辰瑶⑤在对新世纪新闻报道代表作的研究中提出“节制”报道成为

---

① ［爱尔兰］Alan Carr：《积极心理学》，丁丹等译，中国轻工业出版社 2013 年版，第 307 页。

② 高萍：《社会记忆理论研究综述》，《西北民族大学学报》2011 年第 3 期。

③ ［爱尔兰］Alan Carr：《积极心理学》，丁丹等译，中国轻工业出版社 2013 年版，第 74 页。

④ Olick，J. K.，“*Reflections on the underdeveloped relations between journalism and memory studies*，” In B. Zelizer，& K. Tenenboim-Weinblatt（Eds.），*Journalism and Memory*. Palgrave MacMillan，2014，pp. 17-31.

⑤ 王辰瑶：《新中国新闻报道史暨代表作研究》，北京大学出版社 2015 年版，第 297 页。

一种新新闻叙述观，这在一定的经验水平上呈现出我国主流媒体新闻报道正在建构节制的叙述框架。为了进一步对主流媒体报道中的克己美德框架及其水平加以证实，笔者以澎湃新闻客户端为例，对其所建构的包含宽容的克己美德框架进行了分析。

（一）实证研究的设计与实施

1. 研究方法

基于框架分析的理论视角，本节研究采用内容分析法收集新型主流媒体新闻文本中的克己美德框架信息，同时采用描述性统计的分析方法对于克己美德框架信息进行详细分析，精确量化地描述新型主流媒体新闻文本对克己美德的包含、展现情况，并分析这样的包含、展现对受众的宽容美德所可能产生的影响效果。

2. 研究样本的获取

澎湃新闻客户端于 2014 年 7 月 22 日正式上线。其手机客户端在“关于澎湃”中介绍：“澎湃新闻是互联网技术创新与新闻价值传承的结合体，致力于新闻追问功能与新闻跟踪功能的实践”，它不仅诞生于新型主流媒体发展的时代背景下，其自身更兼具新型主流媒体的“形态多样、手段先进、具有竞争力”等特点，是新型主流媒体的典型代表。因而，将澎湃新闻的新闻文本作为实证研究的具体对象。

在具体编码样本的选择上，以澎湃新闻客户端正式上线日为起点，总体观察发现，澎湃新闻客户端在 2014 年 10 月至 2015 年 4 月 15 日期间的新闻发布数量渐趋稳定，由此，选择从 2014 年 10 月 15 日至 2015 年 4 月 15 日内发布的新闻报道为抽样框。同时，为确保所抽取的样本能覆盖到一星期 7 天的每一天，以 10 月 19 日为起点、以 6 天为抽样距离，对 2014 年 10 月 15 日至 2015 年 4 月 15 日期间的 31 天进行等距抽样，抽取样本日期内澎湃新闻客户端所发布的所有新闻报道为研究样本。最终确定的样本总量为 240 个。

3. 研究工具

为了测量主体的美德与积极人格特质优势，积极心理学家彼得森等人编制的美德优势调查问卷（VIA Strength Survey），前述 6 种美德及其对应着的24种积极人格特质中的每个特质在美德调查问卷中有10道对应的题目，其中也包括对涵盖宽容、稳重、谨慎和自我调节特质的克己美德水平的测量题目，共40道小题。本节研究将新闻报道视为美德的传播主体，并呈现为报道的美德框架；在以个人为主体的克己美德的测量维度及题目基础上，改编为对新闻报道中的克己美德水平评测的量表，并设计制作了克己美德框架的内容分析编码表。表4-3为以主体宽容特质为例，改编为新闻报道的宽容特质框架；克己美德的稳重、谨慎与自我调节三个特质框架的转换方法与宽容特质是相同的，这里不赘述。经过试测，编码员间信度达到了9.0以上。

表4-3　　宽容特质与新闻报道中的宽容框架

宽容特质	新闻报道中的宽容框架	不符合	符合
我很少怀有怨恨	新闻报道提倡人们少怀有怨恨	0	1
我从不试图报复	新闻报道不提倡人们试图报复	0	1
我一向容许别人把错误留在过去，重新开始	新闻报道提倡允许幡然悔悟自己过错的人重新开始	0	1
我希望人们能学会原谅和遗忘	新闻报道希望人们能学会原谅和遗忘	0	1
总是愿意给他人改正错误的机会	新闻报道提倡给别人改正错误的机会	0	1
我很少试图报复别人	新闻报道提倡少试图报复别人	0	1
对我来说，过去的事情就让它过去了	新闻报道中倡导人们对过去的事情就让它过去了	0	1
通常情况下，我愿意给别人第二次机会	新闻报道提倡给别人第二次机会	0	1
我不想看到任何人受苦，哪怕是我最大的敌人	新闻报道中倡导不要让任何人受苦，哪怕是事件主体最大的敌人	0	1
当人家待我不好时，我尝试以谅解来回应	新闻报道提倡以谅解来回应别人不友善的对待	0	1

（二）研究结论

1. 新型主流媒体建构了克己美德框架

参照前述测量标准，对240个样本进行打分测评，总体情况如表4-4显示，澎湃新闻中建构了克己美德框架，其均值在7.7分（总分40

分)，克己美德框架的水平虽不太高，但也呈现出报道中克己美德框架水平达到一定程度，对公众宽容美德的唤醒将起到潜移默化的作用。

2. 评论体裁报道中的高水平克己美德框架有利于唤醒公众宽容美德

按新闻体裁分类，将澎湃新闻客户端发布的新闻分为四大类：消息类、评论类、特稿类、混合类。如表4-5“克己美德在澎湃新闻各具体新闻体裁中的差异”，以新闻体裁为分组变量的单因素方差分析结果，不同澎湃新闻体裁呈现的克己美德框架水平存在显著差别(P<0.001)。

表4-4 克己美德框架在澎湃新闻中的总体体现情况

tatistics		
克己美德框架		
N	Valid	240
	Missing	0
Mean		7.70
Mcdian		6.00
Std. Deviation		5.011
Variance		25.115
Range		19
Minimum		1
Maximum		20

表4-5 克己美德在澎湃新闻各具体新闻体裁中的差异

Tests of Between-Subjects Effects					
Dependent Variable：克己美德框架					
Source	Type Ⅲ Sum of Squares	df	Mean Square	F	Sig.
Corrected Model	720.270[a]	3	240.090	10.727	0.000
Intercept	10980.208	1	10980.208	490.584	0.000
新闻体裁	720.270	3	240.090	10.727	0.000
Error	5282.130	236	22.382		
Total	20232.000	240			
Corrected Total	6002.400	239			

注：a. R Squared =0.120 (Adjusted R Squared=0.109)

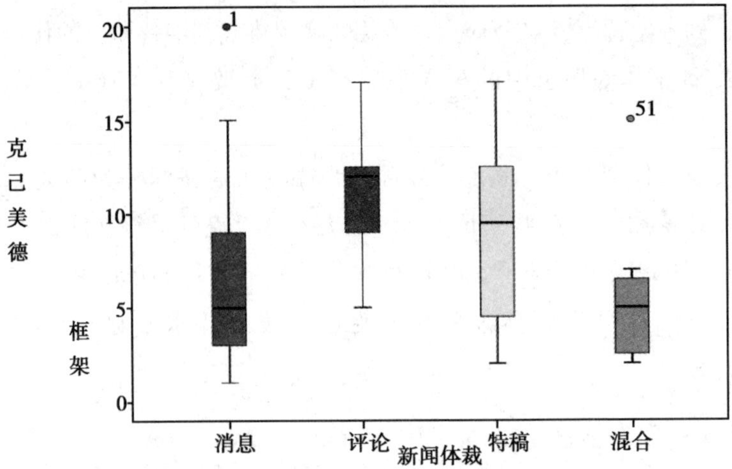

图 4-1　克己美德在澎湃新闻各具体新闻体裁中的体现（单位：分）

如图 4-1 所示，评论类新闻报道呈现了相对其他新闻体裁最高的克己美德框架水平（数据聚集区间 9—12.5 分以及中位数 12 分均接近或高于 10 分），且较为集中，这说明澎湃新闻客户端在评论类新闻中建构了相对较高水平的克己美德框架，进而通过深度的新闻文本隐喻与相应的舆论引导策略有利于唤醒公众的克己与宽容美德。

3. 政治类、科技文化题材报道中高水平的克己美德框架有利于唤醒公众宽容美德

表 4-6　　　　克己美德在澎湃新闻总体新闻题材中的差异

Tests of Between-Subjects Effects					
Dependent Variable：克己美德框架					
Source	Type Ⅲ Sum of Squares	df	Mean Square	F	Sig.
Corrected Model	1659. 503[a]	5	331. 901	17. 883	0. 000
Intercept	3285. 446	1	3285. 446	177. 023	0. 000
新闻题材	1659. 503	5	331. 901	17. 883	0. 000
Error	4342. 897	234	18. 559		
Total	20232. 000	240			
Corrected Total	6002. 400	239			

注：a. R Squared = 0. 276（Adjusted R Squared = 0. 261）

按新闻题材分类，根据样本内容共分为六大类：政治类、经济类、社会类、科技文化类、军事类、外交类。如表 4-6“克己美德在澎湃新闻总体新闻题材中的差异”，以新闻题材为分组变量的单因素方差分析结果，不同澎湃新闻题材呈现的克己美德框架水平存在显著差别（P<0.001）。

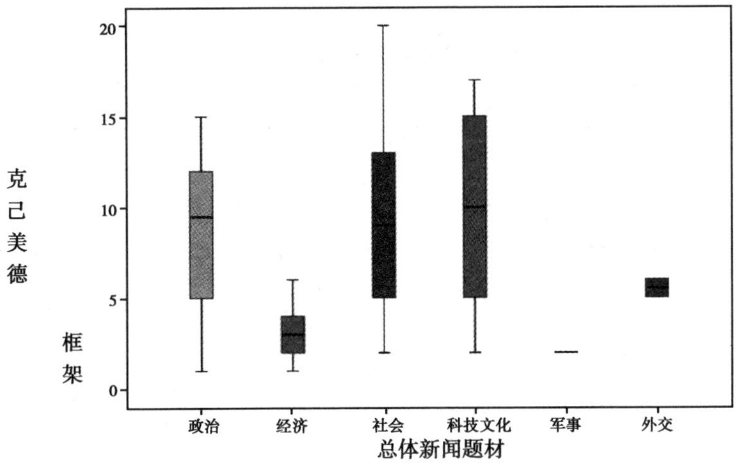

图 4-2　克己美德在各新闻题材的澎湃新闻中的体现（单位：分）

如图 4-2 所示，与澎湃新闻客户端“立志成为中国第一时政品牌”的媒体定位相对应，其最主要集中呈现克己美德的报道题材是政治类新闻报道，科技文化类题材报道也相应地、分散地（其克己美德框架水平相对较高，但数据离散欠集中）建构了克己美德框架，为公众营造了一个传播克己与宽容美德的媒介环境。

4. 消极倾向报道中的高水平克己美德框架有利于唤醒公众宽容美德

按报道倾向分类，综合样本文本将其分为四大类：积极倾向类、消极倾向类、中性报道类、平衡报道类。如表 4-7“克己美德在澎湃新闻报道倾向中的差异”，以新闻体裁为分组变量的单因素方差分析结果，不同澎湃新闻体裁呈现的克己美德框架水平存在显著差别（P<0.001）。

如图 4-3 所示，比较数据发现消极报道倾向类新闻所呈现的克己美德框架水平相对最高，其中位数是 12 分，高于其他三类，积极、中性、平衡类分别为 4.5 分、5 分、11 分。这与报道倾向本身密切相关，消极倾向的报道中多指向社会问题并极易与突发事件相联系，容易引发怨恨情绪，而其所建构的克己与宽容美德的媒介框架，将唤醒公众的宽容美德，从而撤销了怨恨情绪，公众舆论场与主流舆论场达成认同，这也进一步解释了网络舆论呈现共识态势的内在机制。

表 4-7　　克己美德在澎湃新闻报道倾向中的差异

Tests of Between-Subjects Effects					
Dependent Variable：克己美德框架					
Source	Type Ⅲ Sum of Squares	df	Mean Square	F	Sig.
Corrected Model	1277.210[a]	3	425.737	21.263	0.000
Intercept	10551.713	1	10551.713	527.006	0.000
报道倾向	1277.210	3	425.737	21.263	0.000
Error	4725.190	236	20.022		
Total	20232.000	240			
Corrected Total	6002.400	239			

注：a. R Squared =0.213（Adjusted R Squared=0.203）

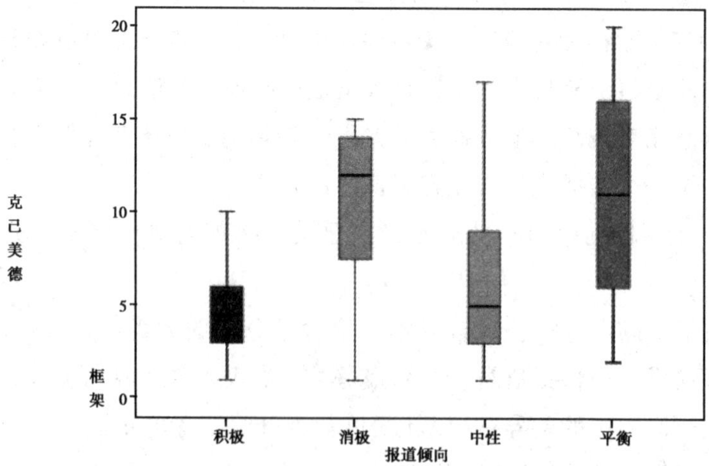

图 4-3　克己美德在各报道倾向的澎湃新闻中的体现

5. 来自意见领袖信源报道的高水平克己美德框架唤醒公众宽容美德

按新闻信源分类，综合考量样本的新闻信源，将其分为三大类：媒体、意见领袖、其他。如表4-8“克己美德在澎湃新闻信源中的差异”，以新闻体裁为分组变量的单因素方差分析结果，不同澎湃新闻体裁呈现的克己美德框架水平存在显著差别（P<0.001）。

表4-8 克己美德在澎湃新闻信源中的差异

Tests of Between-Subjects Effects

Dependent Variable：克己美德框架

Source	Type Ⅲ Sum of Squares	df	Mean Square	F	Sig.
Corrected Model	459.579[a]	2	229.790	9.825	0.000
Intercept	4600.389	1	4600.389	196.703	0.000
新闻信源	459.579	2	229.790	9.825	0.000
Error	5542.821	237	23.387		
Total	20232.000	240			
Corrected Total	6002.400	239			

a. R Squared =0.077（Adjusted R Squared=0.069）

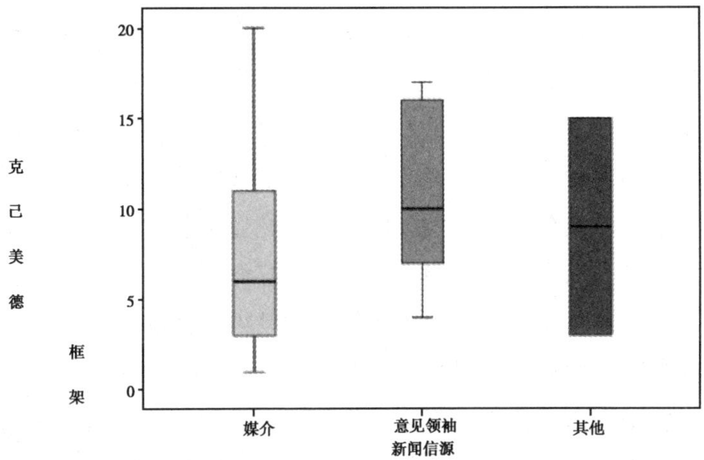

图4-4 克己美德在不同新闻信源的澎湃新闻中的体现（单位：分）

如图 4-4 所示，按新闻信源分类，综合考量样本的新闻信源，将其分为三大类：媒体、意见领袖、其他。其中，来自意见领袖的新闻报道呈现出了相对最高水平的克己美德框架，澎湃新闻客户端重视意见领袖所传递的克己美德，并建构了克己美德框架，发挥意见领袖在舆论引导中的作用，在意见领袖的克己美德框架下，公众的宽容美德得以唤醒。

总之，作为新型主流媒体的澎湃新闻客户端，已悄然建构了克己与宽容美德框架，并在此媒介情境中，通过对评论类新闻中尚未消解的怨恨情绪进行正向的宽容引导，集中在政治类题材新闻中唤醒克己与宽容美德，对消极倾向新闻报道中的怨恨情绪的解构，对来源于意见领袖的新闻报道建构较高水平的克己美德框架，从而发挥意见领袖的作用，不断唤醒和重构公众的克己与宽容美德。

三　实现论媒介动机下舆论主体宽容美德的自觉重构及其与怨恨情绪的博弈

舆论是舆论主体心理机制统合下的外在表征，在心理学词典中将舆论界定为“公众对社会事件公开、一致的意见。从中可以看出公众的价值取向、知识水平、道德水平、需要和期望”①。从这一角度看，舆论主体的怨恨情绪启动了网络公众舆论，在群体怨恨效应下极易引发群体极化现象，公众的宽容美德对怨恨情绪的平复将起到积极作用，同属于舆论主体的宽容美德与怨恨情绪在博弈中偏向哪一面，亦是舆论主体的美德与消极情绪的较量。如前文结论所显示，新型主流媒体建构了克己美德框架，为舆论主体的宽容美德社会记忆的唤醒提供了给定情境，而宽容美德能否在对克己媒介框架的选择与接受中得以唤醒与重构，需要回到舆论主体的心理动因层面加以进一步讨论。

如本书第二章中所论及，经济的发展为公众带来幸福感的提升，而经济学家麦耶斯提出幸福拐点理论，个人财富与其幸福感之间存在一个拐点，当一个国家的人均收入超过一定水准时，财富与国民幸福

---

① 林崇德：《心理学大辞典》，上海教育出版社 2003 年版，第 1597 页。

感的相关性就消失了。清华大学数据行为研究团队的研究发现：中国人的幸福拐点大约为三万元人民币①，据国家统计局公布的2014年全年城镇居民人均总收入为29547元②，中国城镇化率2014年已达到54.77%③，这意味着中国有过半的公众已超越幸福拐点指数，更多公众不再只是追求基于与经济指标相关的享乐论的主观幸福感，而是倾向于追求基于意义与目的的实现幸福感。

实现论的哲学来源于古希腊的哲学理论，实现论倡导人们认识自身的最佳潜能，并努力去实现它。亚里士多德曾指出："幸福就是人的灵魂的有逻辑的部分的合德性的实现活动，而人的可实现的最高善，就是幸福。"④ 心理学家沃特曼基于实现论认为，实现幸福感包含自我发现、潜能感知、生活目的、才智追求、活动投入以及人格展现六个方面的心理维度，其中人格展现是指具有高实现幸福感水平的个体在从事某项活动时会产生人格展现体验，并在一定范围内比低实现幸福感的人更经常地产生这种体验⑤。正如奥利弗和雷尼⑥的研究所显示，公众选择媒介不仅仅是为了基于享乐主义动机的乐趣，也是为了基于实现论动机的沉思和意义，超过幸福拐点指数的公众倾向于追求实现幸福感，在具体的媒介实践活动中也将展现基于实现幸福感的心理维度动因下的媒介心理与行为，诸如媒介实践中的人格展现体验，宽容美德作为一种积极的人格特质在公众主体获取幸福感的媒介实践行为中也就将得以展现与重构。

---

① 彭凯平：《积极心理学在中国》，CPPA幸福中国微信公众平台，2014-02-13。

② 《国家统计局：全年城镇居民人均总收入29547元》，中国新闻网，2014年1月20日10：08。

③ 《国家统计局：2014年中国城镇化率达到54.77%》，中国经济网，2015年1月20日14：49。

④ ［古希腊］亚里士多德：《尼各马可伦理学》，廖申白译，商务印书馆2003年版，第18—19页。

⑤ 苗元江、胡亚琳、周堃：《从快乐到实现：实现幸福感概观》，《广东社会科学》2011年第5期。

⑥ Oliver，M. B.，& Raney，A. A.，"Entertainment as pleasurable and meaningful：Identifying hedonic and eudaimonic motivations for entertainment consumption."，*Journal of Communication*，doi：10.1111/j.1460-2466.2011，01585.x，p. 61，pp. 984-1004.

（一）基于实现幸福感的舆论主体实现论媒介动机

在本书第二章，基于实现论幸福感理论，以大学生群体为例，对基于实现论幸福感的媒介使用动机各维度进行测量，如图 2-2 所示，基于实现论幸福感的媒介使用动机各维度平均分范围是 12.51—25.38 分，其中人格展现的媒介使用动机的平均分是 25.38 分，可见，为了获得实现幸福感，大学生在媒介实践中更多地进行人格展现，通过媒介实践让大学生能更好地实现人格发展与展现体验。

舆论主体在人格展现的媒介使用动机下进行媒介实践活动，这种来自于主体内部的心理动因，对舆论主体的积极人格的发展将起到重要作用。宽容美德作为一种积极人格特质，在舆论主体寻求实现幸福感动机下的媒介活动中，将得到进一步的展现与重构的可能。与对宽容的人格展现的媒介动机相对应的是新型主流媒体中所建构的克己媒介框架，舆论主体内在的心理动因与媒介框架的选择、互动与促进中，宽容的人格特质得以进一步的唤醒与认同。

根据中山大学大数据传播实验室发布的《重大事件中的意见领袖分析报告》显示，意见领袖属性特征表现为，80%以上实名认证，八成男性，六成在北京，自我描述为作者、创始人、编剧、媒体人、学者、演员等①，从这些基本人口变量所呈现的经济特征看，意见领袖基本属于超过幸福拐点指数、追寻实现幸福感的主体，基于对大学生群体的实现论媒介动机研究的结论，推测意见领袖在重大事件的媒介实践中将更多地进行积极人格的展现，进而在网络舆论的形成中，建构美德的框架，并通过其作为舆论“榜样”的社会学习机制的综合作用唤醒并重构公众的宽容社会记忆。

（二）宽容美德的重构及其对怨恨情绪的博弈、撤销

对怨恨情绪的平复需要在宽容美德作用下对不同价值主体的原谅得以实现，尽管宽容美德的思想精髓能够在社会记忆中得以唤醒，但面对多元的价值判断，更重要的是宽容能否得到当下社会的重构。

1. 从积极心理学的角度看，新型主流媒体所建构的克己美德框

① 《谁在影响中国？2015 百大事件意见领袖分析报告》，网络传播杂志微信公共号 2015 年 12 月 7 日。

架也可视为一种积极的媒介组织系统，其与学校、家庭和社会等组织系统一起构成公众舆论主体所生存的系统环境，这些系统的建立要以人的幸福感为出发点和归宿，从而有利于发展人的积极力量与美德①。新型主流媒体在社会舆论的营造方面体现出积极的意义，以培植舆论主体的美德与积极品质为出发点和归宿点来建构其核心的舆论引导框架，也是为舆论主体宽容美德的重构提供了良好的媒介社会环境。从这个意义上说，中国一直所坚持的"以正面宣传为主"的宣传方针②，以及利用新型主流媒体传播社会主义核心价值观的国家媒体战略为主流媒体建构美德框架提供了政策保障，这是网络舆论出现共识的深层原因，而其内在的机制就在于由"新媒新政"指导下的，主流媒体在传播社会主义核心价值观的过程中所建构的积极价值框架对公众舆论主体美德的唤醒与当下重构，社会主义核心价值为宽容美德的重构提供了重要的价值依据。

2. 网络舆情事件可以看作网络空间的群体仪式，舆论主体在网络互动中进行着自觉的"操演"，正如保罗·康纳顿所认为，我们通过现在的举止重演了过去，舆论主体在网络事件的传播实践中唤醒了舆论主体的意义感和价值感，并深植于主体的内心深处③。借鉴西方媒介心理学的实证研究结论，能够更好地理解宽容美德从唤醒到深植内心过程的这种重构机制，Oliver M. B. 等④通过实证检验了有意义的媒介对人的作用机制，证实有意义媒介不仅可以引起升华之感，也能产生积极情绪，进而唤醒并重构积极的人格。丰富的新型主流媒介内容与舆论主体自制的文本、视频内容，都可能引起公众舆论主体的升华之情，而公众基于前述的实现论媒介动机是希望并主动分享有意义

---

① 任俊：《积极心理学》，上海教育出版社 2011 年版，第 37 页。

② 童兵：《表扬性报道、批评性报道和以正面宣传为主》，《新闻与写作》1990 年第 6 期。

③ 毛新青：《虚拟世界的仪式狂欢——网络突发事件中的个体自由与社会控制》，《山东社会科学》2011 年第 8 期。

④ Oliver, M. B., Hartmann, T., & Woolley, J. K., Elevation in response to entertainment portrayals of moral virtue, *Human Communication Research*, doi: 10.1111/j.1468-2958.2012.01427.x. pp..38, 2012, pp.360-378.

的媒介内容的，由此，在网络舆论场的积极互动的过程中，宽容美德得以当下重构。

3. 网络舆论传播中，一旦公众舆论主体的宽容美德发挥了作用，其怨恨情绪将被宽容所覆盖，对怨恨客体的负面情绪将得到撤销。这不难理解，在宽容美德的重构过程中，在对媒介文本的识读中所产生的积极情绪是关键性的影响变量。积极情绪的拓展—建构理论认为积极情绪具有“还原效应”，可以平息或“还原”消极情绪，当怨恨情绪产生时，带着积极情绪，则可以“约束”怨恨反应，很快恢复平静，从而达到撤销怨恨情绪的效果。如前述，怨恨情绪很可能成为社会的集体无意识，处于阴影中的怨恨随时有被启动的可能，而积极情绪会让主体在情绪的“恶性循环”中“刹住车”，回到良性循环上来。

四　结　语

舆论主体基于实现论媒介动机积极利用媒介发展自我的美德优势，并在美德的作用下撤销负面情绪，积极传播具有建构意义的媒介内容，使网络舆论逐步走向共识。实现论视角下，舆论主体不仅积极发展宽容克己美德，正义、博爱、感恩与勇气等美德优势也将成为舆论主体在其媒介接触、分享、评论与传播的过程中积极自觉唤醒、重构并内化的美德优势，上述美德优势统合内化为舆论主体与负面情绪博弈的积极力量，不同美德作用的内在机制有待进一步实证讨论，从而建构美德优势视角下的网络舆论共识理论。同时，从主流媒体舆论场来看，新型主流媒体所建构的美德框架将对舆论主体美德的唤醒与重构起到潜移默化的作用，本节仅对克己美德框架给予初步的验证，对不同美德媒介框架水平的测量将成为观察舆论共识程度的新指标与新途径，并对新型主流媒体实践界也提供了一种操作指向：逐步提升其各种美德框架的水平。进而，从国家意识层面来看，社会主义核心价值是新型主流媒体美德框架的重要理论支撑，主流价值与舆论主体美德内在价值的共识才是两个舆论场达成共识的心理动因，其内在的作用机制则有待学界进一步加以讨论。

第二节　突发公共事件传播中敬畏情绪的社会记忆重构

社交媒体时代，我们对突发事故灾难事件的基本认知，来自主流媒体的报道与公众社交媒体传播所共同建构的媒介真实，进而让我们体验到了极为复杂的情绪，有伟大、崇高、感动，也有愤怒、焦虑、悲伤，如此丰富的情绪体验不仅是个人情绪，也是社会情绪的再现。

对于突发公共事件的社会情绪的研究，沿袭近年来学界既有的研究视角，我们多将观察的焦点放置于负向社会情绪对舆情的启动与引爆机制方面。但自2011年社交媒介网络舆情爆发现象骤起，对网络负面舆情规律的理论研究就层出不穷，在政府和社会各界的共同努力下，我国逐步形成了对负面舆情的多元治理的良性机制，主流媒体的舆论引导影响力逐步增强，尤其是对公民价值层面的引导效果明显。据国家网信办发布的“2014年度网上舆情形式分析”报告显示，我国主流媒体与社交媒体两个舆论场出现交集，共识度已增强。[①]

我们需要在对两个舆论场趋于认同的机制有所把握的基础上，进一步挖掘突发公共事件的舆论场“共识”的内在价值传播规律。笔者认为，在对突发公共事件中的负向社会情绪进行探究的同时，忽略了突发公共事件对唤醒与重构人类积极情绪的作用和意义，如同每个人是一个感情丰富的个体一般，突发公共事件传播过程中所呈现的多元、多样、多变的社会情绪，以及在其启动下出现的各种社会舆论，都是一个突发公共事件出现时的正常社会心理与行为现象，也是积极的社会现象。诸如，与突发事故中受难对象以事发地民众为主不同的是，“8·12”天津爆炸事件死亡人数中有近三分之二的人是前去抢救的消防战士，他们不顾个人的生死安危而奉献出自己最宝贵的生命，社交媒介中因此充满了对消防战士的赞美、惋惜、感动，这是人们对

① 祝华新：《2014：“两个舆论场”共识度增强》，新华网，2014年12月25日20：48：35。

消防战士的行为产生了敬畏之情的自然流露。本节即试图从积极的视角出发，对突发公共事件中敬畏情绪的社会记忆的唤起与重构机制加以分析，期待对以敬畏情绪为切入点的积极情绪的探索性讨论出发，建构积极情绪视角下的网络舆论共识论。

一 敬畏情绪的社会记忆传统及其在中国的重构价值

人类的敬畏之心源发于对远古时代因生存与发展而产生的对自然的敬畏。从西方视角看，敬畏出现在各类宗教教义中，体现为人对神的敬畏。18 世纪，康德在其《实践理性批判》一书中写道："有两样东西，人们越是经常持久地对之凝神思索，它们就越是使内心充满常新而日增的惊奇和敬畏：我头上的星空和我心中的道德律。"[①] 对道德的敬畏之情是康德伦理思想中的重要内容，康德强调道德实践主体内心对道德律的敬畏："无论我们愿意不愿意，对于功德我们都无法拒绝给予的一种赞许，我们顶多可以在表面上不流露出这一点，但我们却不能防止在心里面感觉到它。"[②] 在康德这里，敬畏之情是难以抑制并起到道德规约效用的。19 世纪，达尔文对人类和动物的"崇敬之心"做出研究，他发现在观察到其他同伴做出了令人崇敬、欣赏、敬佩、热爱的事情时，我们会出现震撼、爱慕、敬仰等一些特殊的身心反应。[③] 20 世纪，哲学思想家对敬畏的具体内涵加以阐释，俄罗斯思想家别尔嘉耶夫把敬畏看作"是对达到了最紧张的状态，达到极限的忧郁的体验"，不是面对危险而产生的恐惧和战栗，而是面对着存在的秘密，人与这秘密隔绝了，敬畏是对忧郁的最高体验，其中并不包含恐惧成分。[④] 德国哲学家认为敬畏就是要用一种特殊的畏惧感为某物划出界线，用神圣的范畴去评价它。我们不能将其中的畏惧感错误地理解为普通畏惧，而是即使最威胁性和威势的受造物也无法

① ［德］康德：《实践理性批判》，邓晓芒译，人民出版社 2003 年版，第 220 页。

② 同上书，第 106 页。

③ 彭凯平：《总有些感动超越政治 总有些邪恶人神共愤》，微信公号彭凯平 2015-08-21。

④ ［俄］别尔嘉耶夫：《论人的使命》，张百春译，学林出版社 2000 年版，第 233—235 页。

制造的让人内心充满战栗惊骇的“具有某种魔幻的力量”。[①]

西方关于敬畏的讨论一直出现在神学、哲学与社会学的研究中，直到21世纪积极心理学受到越来越多的学者的关注，有关敬畏的研究才引起心理学者的重视，被作为一种积极情绪进行了较为深入的研究。2003年，心理学家肯特纳和海德特通过原型方法对敬畏的概念进行了科学的界定，认为敬畏最初是一种原始情绪，随着人类社会的发展，敬畏情绪泛化到与力量有关的其他刺激。敬畏具有两个核心特征：一个是知觉到浩大，如庞大的建筑、龙卷风等；另一个是顺应，这是敬畏体验的重要部分，当个体遇到的情境是他们不熟悉或具有挑战的，并且需要他们进行有意义的心理图示调整时，顺应就会发生。[②]

也有积极心理学家认为敬畏是可以同时激起惊奇和恐惧、钦佩和恐怖的事物的反应，并将恐惧视为敬畏的必然成分。[③] 博纳尔和弗里德曼采用施耐德对敬畏的访谈进行了编码和再分析，认为敬畏体验包涵10个元素：情绪的（深刻感、联结感、神圣感和恐惧）；认知的（浩大、存在意识、开放性和接受性、妙不可言的惊奇）；感觉类的（当下的和高度的感知）等[④]。上述来自积极心理学者对敬畏情绪的相对确定性的界定，为我们讨论突发公共事件中的敬畏提供了操作化的定义，同时，积极心理学者也做出较为一致的关于敬畏的积极作用的判断，认为敬畏可以延长个体的时间知觉，增加亲社会行为、促进精神追求、减少自我意识以及对信息进行深入加工等。[⑤]

敬畏是一种积极情绪，也是人类解决自己生存焦虑的文化方式。西方研究对理解中国人的敬畏情绪起到一定的启示作用，但是中国人

---

① 胡景钟等：《西方宗教哲学文选》，上海人民出版社2002年版，第325页。

② Keltner, D., & Haidt, J., Approaching awe, a moral, spiritual, and aesthetic emotion. *Journal of Cognition and Emotion*, 2003, 17 (2), pp. 297-314.

③ Halstead, J. M., & Halstead, A. O., Awe, tragedy and the human condition. International, *Journal of Children's Spirituality*, 2004, 9(2), pp.163-175.

④ Bonner, E. T., & Friedman, H., A conceptual clarification of the experience of awe: An interpretative phenomenological analysis. *Journal of The Humanistic Psychologist*, 2011, 39, pp. 222-235.

⑤ 董蕊、彭凯平、喻丰：《积极情绪之敬畏》，《心理科学进展》2013年第21卷。

的敬畏情绪是在长期的中华文化的影响下生成并发展起来的，较之西方是有一定差异的。敬畏感为中国儒家传统文化的使命感提供动力，是中国文化传统凸显超越性的终极关怀。孔子曰："君子有三畏，畏天命，畏大人，畏圣人之言"，强调对天地万物的敬畏，对宇宙规律的敬畏，对人伦秩序的敬畏，对崇高人格的敬畏，对人道真理的敬畏。[①] 中国道家文化也强调敬畏的重要性，"域中有四大，而人居其一焉，人法地，地法天，天法道，道法自然"。在老子看来，"道"的本性是自然而然，人类应该保持谦卑和敬畏之心，不能有任何的自我膨胀、自我放大。[②] 在王明阳哲学中，敬畏也作为显露心性本体的基本存在方式之一。在王明阳看来，心、性、理三范畴本是同一的，人生的意义就在于通过"致良知"把作为本体的心性显露出来，因而"从心所欲"时要有敬畏，即"不逾矩"。[③] 由此可见，中国传统文化中，与西方有所差异的是，西方是人对上帝的敬畏，中国人敬畏的是天命，但最终的敬畏实践主体都是人自己，人性中的敬畏之心是敬畏之情的源头，因此自我的敬畏之心、敬畏之情是人对自我的一种看护与持守，具有了道德规约的效应。

敬畏情绪在中国传统文化的熏陶与影响下，对中国人而言，形成了与中国文化相适应的敬畏情绪的社会记忆。正如法国社会学家莫里斯·哈布瓦斯所认为的，集体记忆是社会交往及群体意识需要提取该记忆的延续性，[④] 不同的历史发展阶段中，中国人的敬畏情绪社会记忆作为一种内在的价值记忆不断地在形成、发展、演进，丰富着人们对敬畏情绪的记忆的内涵。但是，在近代、当代中国社会变迁的进程中，在外来文化的影响下，中国传统文化的思想精髓受到了冲击，传统文化社会记忆中敬畏的作用空间骤然缩小，尤其是市场经济作用下，人们遗忘了敬畏之心，恣意妄行，失去了敬畏的自我规约，将自

---

① 于民雄：《孔子的敬畏意识》，《贵州社会科学》2006 年第 11 期。

② 郭淑新：《敬畏与智慧：〈道德经〉的启示》，《哲学研究》2010 年第 4 期。

③ 宁新昌、赵岚：《敬畏与洒落：王明阳的人生境界说》，《长白学刊》1998 年第 6 期。

④ ［法］莫里斯·哈布瓦赫：《论集体记忆》，郭金华译，上海人民出版社 2002 年版，第 335 页。

我推向了竞逐利益的嚣张社会。而媒介对社会记忆的唤醒与延续起到了重要的作用，尤其是在突发公共事件出现的时候，诸如美国的“9·11”事件再次唤醒了人们对生命价值的敬畏之情。中国传统文化中的敬畏理念需要在当下中国社会给予唤醒并延续，这对城镇化进程中出现的种种社会问题的化解将起到积极的作用。

回到本节所观察的“8·12”天津爆炸事件，通过各级各类主流媒体与公众社交媒体的传播所建构的价值认同中，唤醒敬畏情绪的社会记忆，并进行当下建构，使其成为促进社会进步的重要的主体内在价值，以及对突发公共事件中敬畏情绪的传播机制进行分析，对我们从积极情绪的视角来考察突发事件中的舆论共识规律具有重要的价值。

二　突发事件传播中敬畏情绪社会记忆的唤醒与重构

积极心理学家肯特纳和海德特不仅对敬畏的概念及特征给予了界定，也提出敬畏包含一些边缘特征，包括威胁、美好、卓越的能力、美德和超自然因果关系等①，这些边缘特征阐释了不同种类敬畏的特点。我们以对美德的敬畏为例，在媒介真实的建构下，对“8·12”天津爆炸事故中所唤起的敬畏情绪及其唤醒的状况加以分析。

在“8·12”事故的传播中，在主流媒体、微博、微信等公众社交媒体的共同建构下，我们很快将关注的对象聚焦于冲向爆炸前线的消防战士。在爆炸救援中失去生命、失联的消防官兵的报道中，有的官兵新婚燕尔，有的官兵不足18岁，尤其是8月13日一张微信聊天截图记录了一位消防官兵奔赴前线之前给另一名同事的留言：“刚子死了，牺牲了。我在车上，去塘沽。我回不来，我爸就是你爸，记得给我妈上坟。”对方回应：“好，你爸就是我爸，你小心！”我们的微信朋友圈中被无数对消防官兵的赞美刷屏，消防官兵为了所肩负的战斗使命与大火相搏，没有煽情，消防官兵成为为了别人的生死安危而奉献自己最宝贵生命的英雄，我们对英雄的赞美与歌颂是油然而生

---

① Keltner, D., & Haidt, J., Approaching awe, a moral, spiritual, and aesthetic emotion. *Journal of Cognition and Emotion*, 2003, 17 (2), pp. 297-314.

的，我们的嗓子发紧，流出眼泪，甚至说不出话。在英雄的美德面前，我们对消防官兵的敬畏情绪被唤醒。

敬畏情绪是在中国传统文化下形成的社会记忆，岳飞、文天祥等中国历史上的英雄美德记忆源远流传，但是，由于部队贪腐、军人素质下降等中国当代社会问题的出现，加之和平年代的“前线”英雄的缺位，人们对包括消防官兵在内的军人的形象产生了认知误区，遗忘了对军人的敬畏记忆。而此次突发事件使社交媒介舆论场出现了较为一致的对消防官兵的敬畏情绪的唤醒，而并非对消防官兵抢险救助不力的负面情绪的启动。这种敬畏情绪的作用下，人们在社交媒介的舆论倾向与国家、政府处理该事故过程中的价值导向就出现了一致性，因而，两个舆论场在该事件传播中的各种问责中的价值倾向是相对统一的。

这一事件的传播也呈现了人们对敬畏情绪社会记忆的某些重构。其一，中国传统文化中对英雄美德的敬畏情绪的社会记忆的对象多是身处战争情境中，或为国家领土或为族群纷争而战的英雄；而“8·12”事件传播中唤醒受众敬畏情绪的对象，尽管身为消防官兵，但是他们身在和平年代，虽然其工作性质与“抢险”结缘，却因现代化技术手段与防护措施的高科技而形成了与其他工作的本质性差异在缩小的社会印象，人们对消防官兵的既有“无险”认知与如此众多的消防官兵在救险中不顾个人安危的为使命而战甚至失去生命之间形成了巨大的背景反差，也为人们敬畏情绪的社会记忆唤醒提供了强烈的生成情境。换句话说，人们对消防官兵的美德的敬畏程度较之中国传统文化记忆中对英雄美德的记忆要更为震撼。其二，中国传统文化中对英雄美德的敬畏情绪并非个体所亲历，而是经世人传颂或书籍等渠道传播而形成的，这也与“8·12”事件中人们对消防官兵的敬畏情绪的唤醒有所不同，主流媒体与社交媒体共同从多角度、多方位、多细节地建构了消防官兵的英雄形象，不仅是使用图片、视频等各种媒介符号对消防官兵的再现，也包含了消防官兵家属、国家政府、不同网友间等多社会角色对消防官兵英雄形象的二次传播，唤醒人们敬畏情绪的事件细节如此之丰富是中国传统英雄的敬畏记忆中所无法达到的，这些细节增强了人们的敬畏情绪的稳定程度。此外，传统记忆中对英雄的敬畏仅是少数能接触英雄或是在文本范畴与英雄“结识”的个体，而今，这种敬畏情绪几乎延展至每个社交媒介的传播个体，进而，敬畏情绪就更凸显出其不仅是个体的积极情绪，也是社会的积极情绪的重要价值。

三　突发事件传播误区与敬畏情绪社会记忆的重构

“8·12”爆炸事件诱发了我们对和平年代因事故灾难所带来的恐惧与焦虑情绪的同时，也再次敲响了对生命价值的敬畏之情的警钟。但遗憾之处在于，在此次事件的传播中，舆论的焦点除前述对消防官兵英雄美德的强烈而稳定的敬畏情绪的呈现之外，因事故灾难威胁所唤醒的对生命价值受到威胁的敬畏情绪并未集中地得以萌发、表达与再现。我们在社交媒介公众舆论中所问责的焦点对象指向“8·12”天津政府及其媒体，这尽管与主流媒体的问责对象趋同，在一定程度上体现出与主流媒体舆论场的“共识”，但是这种本应唤醒的、出自内心的对安全之危的敬畏情绪的缺失与偏重，对政府和媒体的问责过多的反差现象，既有我国当下在事故突发事件防范、处理中的社会负面问题在媒体上集中再现的原因，也透视出两个舆论场对敬畏的终极价值的“共识”存在不足，还需要引起重视。

“8·12”事件是一场危险品仓库特别重大的火灾爆炸事故，这场事故与相关责任单位管理者的置人民生命安全于不顾，官员贪赃枉法、违法批准建设危险品仓库的腐败不无关系，而在事故发生之后到调查结果出来之前的过程中，公众被由天津方面的多次新闻发布会所建构起的模糊的事故查处线索与闪烁其词的调查信息发布所激怒，这种愤怒是由媒介真实中所呈现的违反与他人的生命相关联的道德的细节而引发的，这些细节经过新闻发布会的媒体放大作用，令我们知觉到的不是对生命价值的威胁的“浩大信息”，而是对罔顾生命的腐败及官员推诿的负面信息冲击所引发的愤怒，因唤醒敬畏情绪的“认知诱发源”① 的偏离，使得我们不但没有因生命受到威胁而唤醒社会记

① 董蕊、彭凯平、喻丰：《积极情绪之敬畏》，《心理科学进展》2013年第21卷。

忆中的敬畏情绪，却因愤怒而陷入了对“真相”的追查之中，蒙蔽了对生命价值受到威胁的敬畏之心。

处于转型社会的国家在发展进程中，难免出现各种不良社会现象，在政府的强有力的监察与管理下将逐步走向正规，这是不争的事实。而本次事故中，回顾天津方面引发公众舆论的前六次新闻发布会的传播对上述问题的出现起到了负面的推动效果。主流媒体将首次新闻发布会的记者提问环节切回主持人画面而暂停直播，而社交媒介却又将记者提问环节的“全貌”拼凑起来，公众对生命价值受到威胁的触发敏感在媒体互动传播的争议下变得脆弱不堪，进而转向了质疑天津政府、传播次生灾害的流言，以至于该事件中因生命威胁而源出于心的敬畏情绪在刚刚可能被唤醒后即被愤怒情绪取而代之。

在天津方面的六次新闻发布会上，由社交媒体所传播的官员回应关键词“不清楚”“不知道”“不掌握”等信息再次出现“病毒式”传播，这些与我们对该事件的认知所需的确认信息之间存在的距离，进一步阻碍了我们对生命威胁的敬畏情绪的发展与重构，而受愤怒的情绪所主导。尤其是对消防官兵的敬畏情绪已形成的情况下，公众尤为关注消防官兵的过多牺牲与抢险指挥不力是否有关，亟待新闻发布会的确定信息来给予回应，却遭遇上述不确定的、含混的回复，使得愤怒的情绪更加占据了情感的主导地位，而对生命威胁的敬畏情绪更加难以被唤醒。

此外，主流媒体关于“8・12”的报道中，侧重对事故本身的事实性报道，对救援过程中的情绪渲染也占比不多，与社交媒介舆情之间形成了良好的互动。如前所述，两个舆论场价值方面的共识是较为明显的：都在对消防官兵的英雄行为表示敬畏，都在质疑天津地方政府信息发布的问题，都对中央政府处理事件充满信心等诸多方面有趋同的认知。但是，我们不难发现，主流媒体对消防官兵的报道的情感再现是相对有节制的，而社交媒介中公众对消防官兵的敬畏之情却得到了尽情表达，显然，主流媒体为了达成与社交媒体的互动，却又不陷入“只有感动、缺少行动”的媒介框架质疑中，才对消防官兵的报道情感加以节制的。这一做法在实现舆论场认同的同时，却缺少了对英雄的敬畏情绪背后具有超越性的爱国精神的认知，以及结合突发公共事件的契机，利用敬畏情绪的积极作用，实现对现象背后的终极价值的挖掘与媒介再现。

我们也可以发现，尽管主流媒体对天津方面的问责与我们在社交媒介中的问责是有共识的，却出现了“越问责越愤怒”的舆情趋势，公众的社会情绪已然由对主流媒体（该事故事件中事源地天津本地的主流媒体在事发初期的报道除外）的不报道、报道内容与舆情不符等舆论焦点，转向了对事故事件问题本源的问责，这里并非是对这种问责议程本身的质疑，而是主流媒体在对“两个舆论场共识”的舆论引导目标的实现过程中，对负面情绪加强的可能性因素的认知缺失。主流媒体在一定意义上代表了官方意识，主流媒体的问责给公众以愤怒的原因确信之感，因而使公众更愤怒，而不是简单地有了认同即终止愤怒，这也体现出主流媒体在对负面情绪引导中仅从认知层面关注而缺少对情绪发展规律把握的误区。而在笔者看来，主流媒体在突发公共事件中的误区还在于对积极情绪传播规律的认识不足，主流媒体中对事故本身的事实性报道是主体，而缺少因惨烈事故而生发的对生命价值威胁的敬畏情绪价值的挖掘与引导，仅 8 月 17 日人民时评发表“应对突发事件，‘信任共同体’很重要”文中提及“天灾人祸我们需要一起面对”，但仍将主旨放置于官民舆论场的认同建构方面，忽视了对生命价值威胁的敬畏之情的唤醒与重构的良好契机。

综上所述，敬畏是人类安身立命必须遵循的伦理原则，从而促使人类对自己的言行举止进行道德自律，正如康德所言，敬畏是“自己为自己立法”①。在城镇化进程中，敬畏情绪对社会的意义与价值尤为重要。在突发公共事件的传播中，如何能有效唤起、重构那些中国传统文化记忆中的积极情绪，结合“8·12”事故事件，本节仅从敬畏情绪入手给予了初步的讨论。积极心理学所关注的积极情绪、积极人格特质理论对舆论引导，尤其是突发公共事件舆情引导的指导价值，需要在未来研究中逐步去加以证实与探究。

---

① 郭淑新：《敬畏伦理初探》，《哲学动态》2007 年第 9 期。

第三节 唤醒与认同：虚构媒介中感恩特质的社会记忆重构

由唐德影视出品，丁黑导演，辛芷蕾、唐曾、代旭等主演的青春励志大剧《拥抱星星的月亮》（以下简称“拥抱”）于 2015 年 7 月 26 日在深圳卫视播出后，一直保持收视率排行榜前列。这部剧在 8 月 14 日收官，在豆瓣上获得 8.2 分的剧评高分，在新浪微博电视剧话题中阅读量为 2903.1 万次、讨论量为 8.2 万条，观众对剧情和制作给予了肯定。著名导演丁黑认为，这部剧女主角一路上特别波折，希望传达的是面对挫折时依旧保持奋斗的正能量。相关剧评也认为，这部关乎爱情、亲情、成长、励志的剧集在内容、品质方面制胜，开创了青春题材电视剧的新时代，让观众看完之后能够体会到一种不可言喻的温暖和充实，也会被女主角夏明月永不服输的倔强劲儿深深打动。电视剧不仅仅只是供观众一乐，更重要的是能感染和鼓舞观众，这才是剧作之本。①

回味《拥抱》一剧的剧情，笔者认为，其所传达并建构的正能量并不单单是传统励志剧的“奋斗”与“坚韧”品质，仅从女主角夏明月的剧情看，身世之谜、初恋挫折、底层创业苦难、血缘与养育之恩的困境抉择、误中闺蜜设下的圈套、爱情的屡屡坎坷等情节断续链接起的跨越时空的、颇带传奇色彩的人生故事所建构与传播的一脉相承的正能量恰是“感恩”特质。不只夏明月，剧中每一位角色都在不同的情节中被赋予了施惠者与受惠者的角色，并使“感恩”这一具有中国传统文化社会记忆的正能量特质通过不同角色、在不同的时空场景下的演绎得到了当下的理念建构，进而在不同角色之间形成了对感恩特质的唤醒与认同，赋予了这一积极人格特质以新时代的个体与社会意义，这或许才是该剧的开创价值所在。

---

① 《〈拥抱星星的月亮〉今收官，开创青春题材新时代》，新华网，http://ent.ifeng.com/a/20150814/42473897_0.shtml?_t=t，2015 年 8 月 14 日 9：43。

一 “感恩”特质及其在中国传统文化中的社会记忆传承

“感恩”一词的中文释义是“对别人所给的帮助表示感激”，在中国古代的“感恩”意涵中，其更确切的意思是“报恩”，如《三国志·吴志·骆统传》中所描述的：“飨赐之日，可人人别进，问其燥湿，加以密意，诱谕使言，察其志趣，令皆感恩戴义，怀欲报之心。”感恩（GRATITUDE）在西文中源于拉丁词根GRATIA，意为高尚的、充满感激的，牛津字典中对“感恩”的定义是“乐于把得到好处的感激呈现出来且回馈他人”。感恩因其具有对个体行为、社会行为的道德调节作用，而成为中国传统儒家文化的重要组成部分，并为西方宗教所重视。

亚当·斯密在其伦理学著作《道德情操论》中首次将感恩这一人类朴素情感作为保有市场经济运行的美德进行了学术阐释，强调了感恩对维护社会稳定的重要性。① 但“感恩”的相关研究在21世纪之后才得以逐步展开并深入，受到心理学家的关切。② 早期心理学研究者延续了斯密的理论，将感恩作为一种道德情感③，其后Wood等人提出了感恩的社会认知模型，认为个体在接受帮助后会对施惠者帮助的本质（帮助的价值、施惠者提供帮助所需的耗费以及施惠人真正想帮助的程度）做一些归因，这些归因组合在一起，形成利益评价。④

晚近心理学家才开始将感恩视为一种人格特质加以讨论，在人格心理学和积极心理学视野下得到了相关进展。人格心理学认为如果感

---

① ［英］亚当·斯密：《道德情操论》，谢宗林译，中国编译出版社2008年版，第1—7页。

② Wood，A. M.，Maltby，J.，Stewart，N.，Joseph S.，Conceptualizing gratitude and appreciation as a unitary personality trait. *Personality and Individual Differences*，2008，44，pp. 621-632.

③ Mccullough，M. E.，Kilpatrick，S. D.，Emmons，R. A.，Larson，D. B.，Is gratitude am oral affect? *Psychological Bulletin*，2001，127，pp. 249-266.

④ Wood，A. M.，Maltby，J.，Stewart，N.，Linley，P. A.，Joseph S. *A social cognitive model of trait and state levels of gratitude*. Emotion，2008，8，pp. 281-290.

恩是一种情绪情感，就存在状态和特质两种表现，可以分为状态感恩和特质感恩，前者和特定的情境相联系，后者则具有跨情境的一致性，具有一定的稳定性，将其作为一种人格特质是能够将人与人区别开来的。[①] 与人格心理学家对感恩的认识轨迹同步的是西方积极心理学的成熟，其改变了以往对人类负性心理的关注，转向关注人类的积极心理及其对人类的意义，在积极心理学的理论视域中，感恩作为一种积极的人格特质而存在，是指意识到生活当中发生的好事，并心怀感恩[②]，感恩与欣赏、希望、幽默、虔诚等人格优势特质一起成为让个体的心灵与宇宙相连的“超然”的美德，这些美德有助于增强个体幸福感和人际关系满意度，有益于促进社会团结、和谐。[③] 研究者将感恩视为一种积极的人格特质，也意识到感恩不只是当下社会、个体发展的产物，而是嵌入文化框架的。尽管感恩在各种文化中广泛存在着，是人类共有的积极人格特质，具有跨历史性和文化普遍性，但是由于不同文化会对个体心理的发生和发展产生深远的影响[④]，感恩也具有文化历史传承性和文化特异性。西方的感恩，多是宗教信仰中对上帝的回报，而在中国传统文化中，儒、释、道三大家的思想渊源中均蕴含丰富的感恩理念，以儒家为例，其所强调的忠、孝、节、义四大伦常观点的内在核心都是感恩，感恩意识是儒家文化的重要特色，忠是为报君恩，孝为报亲恩，节为报夫恩，义为报友恩。[⑤] 对中国人来说，施惠者与受惠者相对而言，都会比较具象地以个人或具有象征意义的主体为感恩与感恩延续的对象。如此看来，中国人在中华文化的语境中的感恩是将受到以儒家文化为主的传统文化的社会记忆

---

① 胡瑜、孙灯勇：《感恩：人格研究的新专题》，《华东师范大学学报》（教育科学版）2010 年第 12 期。

② ［爱尔兰］Alan Carr：《积极心理学》，丁丹等译，中国轻工业出版社 2013 年版，第 65 页。

③ 黎玉兰、宋凤宁等：《感恩：积极心理研究的新领域》，《社会心理科学》2008 年第 2 期。

④ 胡瑜、孙灯勇：《感恩：人格研究的新专题》，《华东师范大学学报》（教育科学版）2010 年第 12 期。

⑤ 任现品：《略论儒家文化的感恩意识》，《孔子研究》2005 年第 1 期。

中的感恩记忆影响的。

在中国传统文化的传承中，中国人对感恩形成了特定的集体记忆内涵，这来自于中国人所共享的往事的过程和结果的作用，正如法国社会学家莫里斯·哈布瓦斯所认为的，集体记忆是社会交往及群体意识需要提取该记忆的延续性。[①] 对于什么是感恩，如前所述，中国儒家为代表的传统文化作用下的感恩社会记忆具有传递性与连续性[②]，既是个体的，又具有社会性特质，而且不只是当下的即时概念。中国传统文化中的感恩，作为一种个体的人格特质、情感品质与社会记忆是有密切联系的，是传统文化社会记忆形成与延续的重要底蕴。

然而，中国传统文化的感恩社会记忆在社会转型中受到了强烈的批判，尤其来自对父母的孝道与对皇权的忠诚的传统感恩理念发生了信奉的危机。城镇化进程中出现的巨大的社会变迁，使得财富、机会的公平有违人们的预期，人与人之间形成疏离感，即便是接受社会或者个人的援助，也会产生理所当然、受之无恩的心理，中国传统文化中的“受人滴水之恩，当涌泉相报”沦为“本来就该得到的”，感恩之情更是无从谈起。中国传统文化中的感恩特质的社会记忆的遗忘与媒介的选择、传播与建构是不无关系的，其中以电视剧为代表的虚构媒介在一段时期内建构了诸多的恩将仇报、人情冷漠的角色形象，令观众在观看之后难免进一步感叹世态炎凉、世道沧桑。而当下，虚构媒介在社会记忆的保存、延续传播中仍居于中心地位，电视剧使社会记忆的传播手段、途径和影响力发生了深刻的变化，电视剧中的感恩特质是如何在传统文化中作为社会记忆的一种内在价值被即时唤起，并得到了当下语境的认同且重构为新的感恩记忆，尽而成为塑造社会认同的重要力量[③]的，是需要我们深入讨论的重要议题。《拥抱》一剧的热播，给了我们从沿袭社会记忆角度加以分析感恩这一中国传统文化的重要底蕴的当下重构机制的讨论空间。

---

① ［法］莫里斯·哈布瓦赫：《论集体记忆》，郭金华译，上海人民出版社 2002 年版，第 335 页。

② 高萍：《社会记忆理论研究综述》，《西北民族大学学报》2011 年第 3 期。

③ 周海燕：《媒介与集体记忆研究》，《新闻与传播研究》2014 年第 9 期。

《拥抱》剧中的诸多配角都从各自的角度成为女主角夏明月的受惠者，而夏明月在剧中分别扮演了女儿（养女）、女友（前女友）、姐姐、闺蜜、公民、董事长、商业对手等个体与社会角色，但不管哪一个角色大都以施惠者身份呈现。将夏明月的剧中角色加以归类，与中国儒家文化将人放在一定的人际关系中来定位是相吻合的，父女（母女、养父女）、夫妇（恋人、前女友）、姐妹兄弟（有血缘、无血缘手足）、朋友（闺蜜）、君臣（国家与公民、商业对手、董事长），传统文化尤为注重这五种关系相互间的责任、义务，即父慈子孝、夫教妇从、兄友弟恭、朋亲友信、君仁臣忠，透过忠、孝、节、义表面的差异，我们可以发现其内在的核心都是感恩，都是以双方的恩情为基础的。①

二　虚构媒介中的亲恩记忆框架的唤醒与认同

在虚构媒介为“眼球文化”所充斥的一段时期内，感恩特质作为一种社会记忆的内在价值被遗忘，观众陷入“被媒介框架低俗”的窠臼之中。而《拥抱》一剧却唤起了观众对感恩特质的记忆，正如该剧的粉丝在社交媒介上高呼“夏明月是国民好姐姐”时，实际上是对夏明月感恩特质的认同，是剧中女主角夏明月的感恩特质的建构唤起了观众“沉睡”的感恩记忆，虚拟媒介空间给予观众对感恩特质的重新记忆的可能。哈布瓦赫曾提出：“存在一个所谓的集体记忆和记忆的社会框架；从而，我们的个体思想将自身置于这些框架内，并汇入到能够进行回忆的记忆中去。”②《拥抱》一剧即建构了有关感恩特质的框架，这个框架是建立在中国传统儒家文化对感恩的社会记忆的基础之上的，承载了剧中人物角色个体不同的感恩社会记忆方式与内容，又因其作为大众媒介的传播功效的达成而唤起了观众的社会记忆，而观众以何种方式被唤起，则取决于剧中所建构的这个框架。《拥抱》剧中所建构的感恩框架，处于感恩链条初端的是夏父和夏明

① 任现品：《略论儒家文化的感恩意识》，《孔子研究》2005 年第 1 期。

② ［法］莫里斯·哈布瓦赫：《论集体记忆》，郭金华译，上海人民出版社 2002 年版，第 68—69 页。

月的亲恩框架。

《拥抱》剧中父女亲恩的唤醒是角色间感恩特质传播流动的源头所在。在亲恩关系中，夏明月在剧情展开期实际上是受惠者角色，实为养父的夏立生的亲生女儿夏明月（剧中的赵玲）幼年寄养在乡下的刘家时被人贩子拐走，刘父将自己的女儿刘瑞雪送给夏家以作补偿，刘瑞雪成为了夏明月，夏立生对其视同己出，在三姐弟中尤为疼爱，在日常生活中更充当夏明月与母亲沟通的调和者，在因意外事故临终前将夏家托付给夏明月。夏立生在剧中仅出现三集，但其生活细节所建构起的中国传统儒家文化中慈父的角色模型却是相对完整的，夏父对夏明月的养育之恩既承载了传统儒家文化中的父女亲恩，又超越了有血缘关系的父女亲恩。

父慈子方孝，孝以报亲恩，这种父慈子孝式的天然情感中传承了儒家文化中父女亲恩的社会记忆一旦被唤醒，必将成为夏明月回报养父亲恩的动力源泉。夏明月在后续剧集作为一个施惠者角色的建构过程中，在面对各种困境时，她的勇敢、坚定、隐忍等的正能量皆源此而根深蒂固，并焕发出人性的朴素魅力。我们可以在诸多个情节中看到夏明月对养父亲恩的回报：一个在高考的关键时期遭逢养父意外辞世、母亲突发重病的残忍现实的女孩，能在一夜间长大，决定退学并担负起家庭重担的勇气来自养父临终嘱托中父恩记忆的唤醒；夏明月在养父辞世不久即知道了自己的身世之谜，却坚定地留在夏家，等把夏家弟、妹都抚养成人后再回去孝敬亲生父母，并请自己的生身父母雪藏秘密，这是源于对养父亲恩的记忆的唤醒；夏明月为了供妹妹和弟弟上学、母亲就医，不惜练地摊、当蜘蛛人，并在开饭店的过程中遭对手陷害，不仅生活屡遭磨难，更有母亲、三个妹妹、弟弟、弟媳、男友等几乎全部亲人在不同时期对其的误解，能够支撑夏明月一路前行的，几乎唯有那句“咱夏家不能散”，而夏明月成为剧中的一个施惠者的符号，妹妹、弟弟们、甚至弟媳都认为只要遇到麻烦，找姐姐就一切都会解决。

那份对父亲亲恩的记忆一经被唤醒之后，对夏明月而言，养父的临终嘱托俨然成为生活里的确信目标，对父恩的回报则衍化成为生活中的具体行动，进而感恩（剧中主要体现为施恩）成为夏明月的一种人格特质。夏明月的感恩特质对于一段时期被“眼球文化”所吸引并已感觉到审美倦怠的观众而言，犹如一缕灿烂的媒介“阳光”，观众在虚构媒介建构的框架的想象中唤起了对中国传统儒家文化中感恩的社会记忆，夏明月秉承父命的家庭担当与观众在以往媒介中所识读到的个人前途至上(《拥抱》剧中也提供了刘小雨为上大学要的小伎俩）之间的强烈反衬，令观众对感恩情感的唤醒的同时，萌发了对前者的心理认同。事实上，这既是对感恩特质的社会记忆的唤起、认同，也不失为一种感恩特质在当下时代的重构。城镇化进程中的中国社会，各种社会压力令人与人之间的交往淡漠，而中国传统儒家文化所强调的即是现世的人伦关系，尤其是人伦关系中的感恩特质，即使曾经有所迷失，但一旦经过虚构大众媒介的潜移默化的启蒙与认同，传统的社会记忆即呈现出其不可泯灭的当下价值。

社会记忆是由符号记忆、情节记忆和价值记忆构成的①，在《拥抱》一剧中，夏明月对父亲的感恩既是一种直观的感恩符号记忆，也携带着中国传统儒家文化中亲恩的意义象征，而剧中生动的情节记忆丰富了感恩特质这一符号意义，观众在对剧中情节的选择和价值的研判中唤起、强化并记忆了情节，推动了对感恩特质的价值机制的确认。在符号—研判—重构的演进路线中，完成了对感恩特质由表象记忆的唤起到本质记忆的重构的飞跃。

三　夫妇、姐妹之恩的社会记忆唤起与当下认同

《拥抱》剧中的夫妇之恩主要是以恋人间的施惠与受惠关系加以呈现。夏明月和许冲的一波三折的爱情中，夹杂着丁云、蒋佳楠的感恩价值的离题与回归，而与上文对亲恩特质的重构机制有所一致的是，中国传统儒家文化中的夫妇之恩的社会记忆经夏明月和许冲的爱情范本的建构而被唤醒，并得到较为一致的认同。

---

① 詹小美、康立芳：《集体记忆到政治认同的演进机制》，《哲学研究》2015年第1期。

中国儒家文化中的夫妇之情强调的是恩情，“一日夫妻百日恩”，并由此延伸出因恩而结合的中国爱情模式，将报恩规范渗透到爱情中来，而不仅是建立在个体间的两性吸引、平等互爱的美好情感。[①] 在互有好感的基础上，《拥抱》剧中的夏明月对许冲的爱，发起于对许冲的感恩，列举几处剧中刻画的许冲对夏明月的施惠细节：夏家突发家庭变故时，许冲组织全班同学为她捐款，解一时的燃眉之急；夏明月打算开小饭店时，许冲送来精致的菜谱和自己攒的小零钱，小饭店开业，替夏明月挡酒；帮夏明月经营小饭店，许冲帮她操持得井井有条，做营业分析，给出调整菜单的建议；借三轮车帮夏明月抢购特价米油，在许冲的主动表白下，这一系列的帮助打动了夏明月的芳心。爱情的建立与发展的过程中，跨越家庭、经济、学历等各种障碍的动力源泉，是来自于恋人之间的互相施惠、知恩，并发展为对“两情若是久长时，又岂在朝朝暮暮”的信奉。中国传统儒家文化的夫妻之间的感恩记忆在夏明月与许冲的爱情实践中得以唤醒，并让他们的恋情根深蒂固。而许冲迫于丁云设计、许母压力不得不成婚，暗合了中国儒家文化中对方对自己有恩情却不与对方结合，将遭到家族和社会谴责的婚姻社会记忆的价值取向。在两个人恋爱后不得不分离的过程中却又体现出有节制的施惠、感恩，许冲帮助夏明月贷款开办明月楼是由妹妹小雨经手的，而夏明月在丁云的设计中也是暗中帮助许冲贷款买房，这是能够在中国传统儒家文化中的夫妻之恩的理念中找寻到“报恩”的根源的。

在漫长的社会历史中传承的儒家爱情模式，对中国人来说是不无社会记忆的，夏许式爱情从萌发、发展到成熟的过程中，感恩是二人爱情的基石，带来持久的信任，并最终幸福地走到了一起。应该说《拥抱》剧中情节既是夏许二人爱情主角自我对感恩特质的社会记忆的唤醒、扎根，也给观众以强烈的刺激。一段时期中，虚构媒介中建构的诸多的年轻人择偶中的拜金主义、过于现实的恋爱观在其中比比皆是，人们似乎对中国的、杂糅了感恩之情的爱情已然

① 任现品：《略论儒家文化的感恩意识》，《孔子研究》2005年第1期。

忘却，而夏许式的爱情却让观众为之动容。有观众在社交媒介上感慨道：“我接受这个结局，但我还是希望夏明月嫁给蒋佳楠，他们多相配啊。”的确，蒋佳楠以一个“高富帅”的角色在剧中出现，他爱夏明月，是典型的西式爱情信仰者，衷情并不时地营造各种浪漫，观众对大结局的纠结，事实上恰是中西方爱情中感恩特质的差异之处，而在这种研判中，观众也将受到夏许式爱情的启迪与唤醒，接纳并认同中国式的爱情。而丁云所建构的却是一个个人利益极度膨胀，为达目的不择手段，恩将仇报，并最终走向不归路的形象，也从反面建构给予观众以警示的效应，观众对丁云的愤恨进而强化了对感恩特质的社会记忆的唤醒与认同。家庭是社会的最小单元，基于恋情、夫妻恩情的小家庭的和谐对转型时期的中国社会稳定是非常必要的，这是《拥抱》一剧对夫妇之恩的社会记忆的唤醒与认同的社会价值所在。

中国传统儒家文化中的感恩社会记忆模式大体上是“兄友弟恭”模式，《拥抱》一剧中，夏明月对夏明星、夏明天、刘小雨、赵玲四位有血缘、非血缘关系的妹妹、弟弟们，甚至对妹夫曹阳、弟妹郑春来说，是典型的“好姐姐”形象：为了妹妹明星艺考，姐姐每天去声乐教授家门口请求终于被允诺；为了弟弟夏明天能和心上人结婚，姐姐答应了给买房、买车；供养亲妹妹上大学、念硕士；千辛万苦找到赵玲，在诸多个场景中，夏明月都以几乎是失去自我利益的施惠者形象呈现，只要是对弟弟妹妹好的事情，她都尽心尽力去做，她是一个“撒气桶”“好保姆”“取款机”，有她在，夏家就散不了，她将从夏父那里被唤醒的父恩记忆，用自己的亲身实践加以回报。而她的施惠实践又成为对弟妹的感恩特质的唤醒与培植，弟妹作为受惠者对其感恩的价值给予了认同，事实上是在波折的人生经历中，用感恩的美德优势来战胜人生困境的一种记忆的唤起和认同，是重构了自我的感恩特质。对感恩美德优势的认同将化作一种稳定的精神文化，既是对传统文化的延续，也是适应转型社会冲击的心理动能，成为一种新的社会记忆。当记忆被视为建构特定集体认同时所依赖的象征资源，而非具有共同身份的群体对过去所拥有的认知时，它就不再只是日常生活活动，而成为“意义化”过程中被刻意运用的东西[1]。在夏明月遭到陷害时，大家齐心合力搭救姐姐，知恩、感恩在手足之间流动。如前所述，观众认可“国民好姐姐”的同时，中国传统儒家文化的手足之恩的特质记忆得到了传受互动情境的再次唤醒与认同。

《拥抱》一剧在对感恩特质的社会记忆的重构中，也赋予了新的符号象征。诸如中国传统的父子亲恩，一般会临终托子，而夏明月却以大女儿的身份接过父亲的托付，拓展了亲恩中的女性记忆内涵；许冲并未因丁云的“恩”而起爱意，也在一定意义上给“有恩必结缘”的传统夫妇之恩的社会记忆赋予新的价值，感恩与爱情同在的恋爱观方是夫妇永结同心的真谛；弟妹郑春因对夏明月的不计前嫌地接纳而变为一个与夏家齐心向前的好弟媳，这个过程呈现了施惠者的宽容的道德力量。此外，夏明月开小饭店时所雇用的两个厨师在遇到外界诱惑时的不同选择以及夏明月的策略采纳的不同，在对“为义报友恩”的感恩记忆基础上融入了智慧的升华；夏明月在开小饭店时对米面油的高品质要求，在开明月楼时对纳税规定的遵守，许冲帮助夏明月做贷款等情节，也在一定程度上体现了“忠以报国恩”。国家政策好，人们方能有各方面的发展，在发展的同时，要与政策有良性的互动，传统儒家文化中对君、对国家的感恩的社会意义在此呈现，并且也丰富了国家与市民互动的意涵。因而，对感恩特质的社会记忆的唤醒与认同的机制的分析的基础上，对其进行重构的社会意义也不容忽视。

感恩特质作为一种内在价值被虚构媒介所承载，这种内在价值来源于中国传统儒家文化的社会记忆，经过观众的当下唤醒与认同，建构出新的社会记忆并内化为人们的内在价值记忆，内化的价值记忆是形成新的社会记忆、实践理解认同的目标环节。价值记忆是共同体成员社会生活的价值定位，价值记忆的内化是将集体叙事转化为价值记忆的过程，是“共同体要我这样记忆”转化为“我要这样记忆”的实践场。[2]《拥抱》一剧给我们提供了讨论感恩特质作为一种价值记

① 费多益：《记忆的建构论研究》，《哲学动态》2010年第8期。

② 詹小美、康立芳：《集体记忆到政治认同的演进机制》，《哲学研究》2015年第1期。

忆的内化过程，本节仅仅做出初步的文本阐释，而观众方是“我要这样记忆”的实践者，经过人们对感恩价值的内化，实现对中国传统文化当下重构的认同，并进而延展为政治的认同，传统内在价值社会记忆的虚构媒介重构的社会功能与意义方得以凸显。

第五章　网络群体性事件中舆论主体的积极人格及其有序参与

2011年“7·23”甬温线特大铁路交通事故之后，温州市民通过网络得知消息后，在寂静的深夜排起了长长的献血队伍；2012年7月北京遭遇特大暴雨，很多市民通过微博等网络媒体发布信息，救助被困在暴雨中的民众，很多人也自发为受灾者捐款、捐物，原央视记者张泉灵在这次事件中发表感叹：“微博不只有围观的力量，有那么多人愿意用实际行动去改变。感谢你们的爱心，我更得感谢从你们的身上所感受到的社会正能量!”。2013年轰动全国的“304盗车弃婴案件”，也是在广播媒体第一时间传递盗车信息之后经公民的社交媒体转发、评论在网络中传播开去，这种舆论压力带来了犯罪嫌疑人的最终自首。诸如此类的正能量在网络群体性事件中屡见不鲜，但我们却缺乏对其所形成的积极舆论规律及其对社会的积极作用机制与规律的深入研究。本章探索性地尝试从公民积极人格及其有序参与的角度对作为舆论主体的公民积极舆论的形成规律加以分析。

第一节　网络群体性事件中积极舆论主体的积极人格

从传播心理视角看去，积极舆论主体在网络群体性事件中形成积极舆论的心理动因不仅在于其实现论媒介动机，更源于其内在的积极人格所提供的心理动力。为了深入理解积极人格的概念，我们有必要回顾心理学中对人格及积极人格的基本认识。伴随着社会经济的飞速发展与社会生产力的渐次提高，社会精神层面的理论研究及其对于社会各个层面的实践活动的干预和指导也达到了一个空前的时代。心理学的研究成果在20世纪90年代末期以来，逐渐引发了高端化的关注与重视。在心理学的研究范畴领域中，由于人民生活水平的提高与对幸福愿望的越发强烈，积极心理学作为心理学范畴中的重要载体，成为了广大心理学家与社会学工作者普遍重视的话题之一。如本书前文所述及，积极人格与积极情绪、积极社会制度一起作为积极心理学研究的三个主要方面，积极人格理论是积极心理学理论体系的一个重要组成部分。

一　积极舆论主体的积极人格

早在古代巴比伦时期，占星学家就通常以其出生之时的行星位置来对其人格予以机械地判定，由此开创了人格研究的先河，尽管带有着很多在科学层面乏善可陈的局限和不足。然而，古希腊与古罗马崇尚人文的力量，对于人格的研究虽然也大体上停留在萌芽阶段，却在很大程度上割裂了其与宗教和迷信的联系，开始以社会的角度来对“人格”实行科学化的阐释和论述。及至19世纪新教的发展与扩散，导致颅相学的诞生和问世，人格便在漫长的研究历程中再度回归到迷信的立场上，根据人的颅骨特征及大小等来进行对人格的基本定位，虽然带有着很大的非科学化的论点，但同时也具备一定遗传学的结晶，科学与非科学在人格研究中的渐次干预，逐渐形成了当今两种研究理论，即实体论和渐变论之间的二元对立格局。其中实体论认为人格特质是固定不变的，它基本上不受人后天主客观因素的影响。渐变论坚信人格是可塑的，在不同的情景条件下人的行为与人格是可以分离的。渐变论坚信个体人格的形成过程是一个动态过程，是动态中的平衡，因此对人格的认识过程也应是一个动态过程。当代积极心理学的研究恪守着“反传统”的立场，反对与否定传统心理学中的非科学因素，并在科学认知和人文关怀的双重推动和指引下，大力提倡研究体系中的积极的人格品质。人格的特质维度由此在人格的定位和分类中，越发深入人心，也得到了研究者的普遍认同。

对于“人格”的定义，从古至今也存在着很多理论争议和参考角度。“人格”一词的英文“Personality”源于拉丁文“Persona”，意指演员在台上演戏时佩戴的表示某种典型特征的面具。后来“人格”一词逐渐引申为指一个人在生活中显示的一些典型特征，这种音译文化层面的演变，直接引发为有关人格的社会研究和理论突破，从古至今始终未曾中断。人格的共性塑造往往便会构成国格，而国格则往往被视为民族文化心理素质与国家意识形态的重要参考元素。因此，人格的研究价值无疑举足轻重。但是对于人格的基本定义界定，历来纷争不休，不同的研究领域的学者，对其具体的定义体现出了多样性和多功能性的明显特征。其中珀文·约翰的定义比较有代表性，他认为，人格是为个人的生活提供方向和模式的认知、情感和行为的复杂组织，它包括结构和过程两个方面，它能体现个人的天性和教养。①

心理学对人格的认知经历了从消极人格到积极人格的过程。心理学的诞生从某种程度上说是剥削阶级社会统治下的产物，其学识理论发源于普鲁士统一时代的德国，兴盛于各个发达国家，却在一些不发达国家和发展中国家的社会意识里推向了高峰。这种社会现象的生成，固然与资产阶级对社会资源的绝对垄断具有着千丝万缕的联系。垄断资本主义体制的完善和金融寡头的如日中天，使得广大劳动人民在生活水平提高的同时却丧失了更多精神层面的发展机遇，由此，在心理学的研究领域中便导致了一种极端化的现象，便是对于人格的研究，学者们大多侧重于其消极的一面，例如绝望的生活状态、颓废的奋斗意志以及焦虑的日常情绪等。而及至第二次世界大战以后，资本主义国家为了缓和社会矛盾而提高了广大居民的福利待遇，并下放持股权使得很多工人阶级中的精英分子也具备了经济活动中的话语权，使得资本主义世界中的人格研究开始由过去的消极侧重转向了积极方面的探索。更为重要的是，一些社会主义国家和第三世界国家的崛起或独立，客观上振奋着国民的进取欲望和奋战毅力，为积极心理学的生成均提供了重要的正面素材。如今，积极心理学已经成为了心理学研究中的重要方向，同时人格的研究领域内，积极方面也实现了对消

① ［美］珀文·约翰：《人格手册：理论与研究》，黄希庭译，华东大学出版社2003年版，第34页。

极方面的全盘性取代，成为国家软实力的重要考量标准和组成要素。

二　积极舆论主体积极人格的具体特征

回到积极网络舆论的语境中来，我们需要对作为舆论主体的公民的积极人格有进一步的理解。

首先，积极舆论主体具有乐观型解释风格。积极心理学家塞利格曼在解释风格理论的定位过程中，他将人格分为了“乐观型解释风格”和“悲观型解释风格”两大类。这种分类系统的实现，与其固有的人格两面性的主张存在着千丝万缕的联系。在塞利格曼的主张论述中，失败与挫折是不良人格的始作俑者，但需要经历漫长的时间发展和多次的作用生效之后，这样个体便容易产生一种无助感，进而对于前途也失去了努力的兴趣和动机，于是便随之形成塞利格曼提及的两类解释风格。乐观型的解释风格主要体现在：面对挫折和失败，社会个体仍然能够坚信其会随着时空的变化而消失，并不会丧失主观努力，在接连数次得不到体制的认可之后，要么再接再厉，直到认可为止，要么在体制的边缘或体制之外寻求自我肯定的空间和资本。而悲观型解释风格的群体则面临失败怯于承担责任，并不敢否认周围的客观环境的不利，便会中断努力和进取的进程，甚至会为周围环境造成不可忽略的负面效应。在网络群体性事件发生、发展的进程中，具有乐观型解释风格的舆论主体，一般会在事件发生的情境中进行自我主观努力层面的归因，并对未来充满信心，并在此作用下，发布、表达积极的观点与评论，以此形成积极的网络舆论。

其次，积极舆论主体的积极人格特质表征。积极心理学与人格之间固然存在着微妙的联系，而这种联系构成的中介和纽带，便是二者之间形成的一种特质维度。彼得森和塞利格曼在1994年撰写的《人格力量与美德分类手册》一书，通过对健全的人格力量的肯定和道德调节功能的赞赏，将人格特质分为了六个参照角度：智慧、勇气、仁爱、公正、节制以及卓越；在此基础上，塞利格曼进一步提出与这六点息息相关的“二十四种人格力量”。我们在前文不同章节也相应提及，这六点参照系，各自体现并发挥着不同的特色和优势。智慧是指知识的获得和运用，包括好奇心、爱学习、开放思维、创造力、洞察力和社会智力；勇气是指面临内在或外在压力时誓达目标的愿望，包括勇敢、毅力和正直；仁爱是指人与人之间的积极力量，包括善良和爱与被爱；正义是指文明的积极力量，包括合作、公正和领导力；节制是指做事不过分的积极力量，包括自我调节、审慎和谦逊；卓越是指使自己和全人类相联系的积极力量，包括美的欣赏、感恩、希望、信仰、幽默、热情和宽恕。

最后，网络群体性事件传播为积极舆论主体的积极人格提供发展的可能性。一个人要想获得良好的品德，并不是就一定要具备一项美德中包含的所有积极人格特质，同时也并不表示一个人只要具备了这24种积极人格特质，就一定能形成这六大美德。个体的良好美德，如欲实现最终形成的愿望和目的，还需要一定客观层面的保障条件，如自身所受的教育高度、社会环境的客观影响以及家庭文化的长年熏陶等。以往对网络群体性事件的研究中，多关注舆论主体的消极人格，并基于消极人格认为负面舆论的形成是必然的，而从积极舆论主体的积极人格看去，积极人格将有助于网络群体性事件中的积极舆论的形成，这种内隐的心理动力下积极舆论的呈现是必然的，而舆论主体在网络群体性事件的传播情境与过程也将成为其积极人格产生作用与积极人格形成与发展的重要条件。

个体的特殊人格在形成过程中，具有与各大主客观因素的交互作用正是积极心理学系统对于人格定位的又一研究论点。这种论点的生成主要体现在：生理机制作为人格产生的物质基础而存在，但并不对人格的形成起到决定作用，就如地理环境与居民意识形态之间的联系和作用一样，只能提供基础，却不能视为关键联结点。而具有关键价值的，则应该是组成人为活动的各类相关的社会要素，例如外在行为、社会文化以及交际与工作的环境等。更需要指出的是，人的基本能力和最大潜力才是人格生成过程中最具决定作用的主观要素。人格的形成和发展虽然受到客观环境和客观现实的影响和制约，但是最终能够助推其发展和构建的原动力，仍然要归属个体的主观力量，也就是说，人格的形成和发展归根结底是一个主体建构的个体化过程。通过对良好行为的发展和弘扬，在社会的认可中，人格便得到了质变和改善。同时借助积极行为能力的力量和功能，同样有助于实现人格飞跃的积极功效。因为当个体具有主动的积极行为能力之后，他就可以对自己的心理体验、行为方式以及周围的环境有意识地施加一定的积极影响，从而影响自己的人格建构。

综上所述，积极舆论主体具有乐观解释风格，在网络群体性事件发生时能够从“习得性无助”中跳脱出来，并对同类的事情做出一种持续一贯性的乐观解释，在其自媒体传播中呈现积极的表达，对国家和未来充满信心；积极舆论主体的积极人格表现为智慧、勇气、仁爱、公正、节制以及卓越等六大类美德优势与24种积极人格特质，这24种积极特质相对于每个主体而言，将以几个鲜明的积极特质而展现；网络群体性事件为积极舆论主体的积极人格特质提供了得以唤醒与重构的情境条件，积极舆论主体的积极人格特质将与其形成良性的互动与发展。因而，基于积极心理学的积极人格理论，积极舆论主体的积极人格对网络群体性事件的产生、发展及其作用的机制是需要加以进一步给予讨论的。

第二节　网络群体性事件中舆论主体的有序参与

有关网络事件中的舆论主体，即公民参与的研究大多针对公民参与所引发的群体性负面情绪与效果的研究，也对有序参与进行了一定的关注，但多将其视为社会民主化的基石，将公众民主进程与国家管理置于“对峙”的关系框架下加以研究。而这里依循国家与市民社会良性互动理论起点，基于积极心理学理论所建构的积极网络舆论引导视角，我们试图对网络群体性事件中的舆论主体的有序参与的规律加以讨论。

一　网络群体性事件的历史发展及其主要特征

网络群体性事件是信息技术发展和公民权利扩大共同生成的产物，伴随着网络媒体的发展和兴盛以及公民参与政治生活热情度的提高，群体性的公众事件在技术化和信息化的推动下也具备了崭新的表现形式，由此引发的影响促发了“网络群体性事件”概念的产生，并在公民的政治生活和网络生活中众所周知。但是，需要指出的是，网络群体性实践不是单纯发生在虚拟空间里的重大新闻或事件，而是“网络”这一词汇和传统意义中的“群体性事件”这一内涵的结合体，因此带有着空间性和事故性的双重特征。[①] 发生在网络环境中的群体性事件，只是对于本概念的狭义理解，而广义的解读应为通过一切涉及网络的行为而引发的包括发生在虚拟和现实空间中的所有群体性事件。因而，网络群体性事件的生成需要一定的社会背景、固定的网民群体以及相应的社会政治利益等各种要素的综合作用。借助网络这一媒体平台的技术优势，能够实现大规模收集、浏览观点和传播信息的客观需要，通过吸纳来自不同方向和立场的声音进而实现扩充舆论宣传的炒作效应，最后在舆论优势的助推下完成自身愿望的所有任务。

国外对网络群体性事件的研究在 20 世纪 70 年代前后，随着以美国为首的资本主义国家里掀起空前的“麦卡锡”反动狂潮，社会冲突与国际矛盾日趋尖锐，涉及国内民众的政治参与活动领域之内，便构成了以社会冲突和群体心理为主要理论体系的主要研究方向。[②] 此外，心理学家还着重研究社会风险理论，试图对集体行动、集群行为以及民间自发的社会运动实现理论层面的深化和实证方面的拓展。

由于媒介技术的普及应用与社会发展状况，我国网络群体性事件大体在 21 世纪才开始得到学界的关注。而恰恰由于发达国家对群体性事件、网络群体性事件的观察模型经验的引入，我国对网络群体性事件的研究也出现了从负面影响角度入手的研究倾向。具体而言，可分为两个阶段：第一个阶段，从 2003 年到 2008 年，这一阶段属于网络群体性事件研究的起步阶段，着重探讨事件对于社会

---

① 肖文涛：《群体性事件：当前态势与地方政府应对思路》，《学习论坛》2010 年第 5 期。

② 罗亮、黄毅峰：《网络群体性事件：转型时期社会危机的形态》，《求实》2011 年第 1 期。

生活产生的负面影响，并鼓励出台政策予以解决与缓和[①]；第二个阶段，2009年至当今发展阶段，伴随着网络信息技术操纵能力的普遍提高，政治民主化和参与主体全民化的发展进程的渐次加快，关于此类的研究也突破了单纯以防御危害为角度的研究局限，转而形成了研究领域和参照角度的多元化格局，官方、媒体乃至公民个体，都成为新阶段网络群体性事件的重点研究角度，但总体立场普遍趋向于更加客观和中立，由此便可判断研究成就和成果要大大繁荣于第一个阶段。除了相关概念和特征的不断填充与丰满之外，针对该事件的形成因素和相关舆论情报的研究以及对其造成影响的处理政策和有效引导，也是研究成就中的重要组成部分。在事件的形成因素和相关舆情方面，其成果主要体现在对网络舆情的发展变化、导向作用，网络群体性事件发展演变过程中事件与舆情的相互影响、相互作用的机制等。

随着微博、微信等各种社交媒体的发展，社交网络媒介在网络群体性事件中起的作用也越来越大，甚至成为推动群体性事件发展和解决的主要力量。越来越多的学者针对社交媒体在群体性事件中的作用进行了相关研究。社交媒体由于自身具备的即时、互动、短时间聚合人气、形成舆论的超强能力在群体事件中很容易被凸显出来，如社交媒体的亲历性、亲见性与群体事件对传媒的需求也是共生的。[②] 一般社交媒体使用者有向主流靠拢的倾向和意愿，有主持公道或者正义的热情，但是在群体事件中新闻参与仍然含有一定的盲目成分，随意性抨击和随意性跟风的比例很大。加之社交媒体本身所既有的缺陷：信息的缺乏和事实准确性的无法核实，社交媒体发言中固有集体无意识和自我膨胀，话语上的夸大和哗众取宠的姿态等。社交媒体在群体性事件中所产生的推动作用和引导方向就无法被预测和控制，所以对于群体性事件中大众的媒介素养研究就具有很大的价值和紧迫性，学者们除了提出依靠政府或媒体的舆论引导的对策外，基于此提出了提高

---

① 金延卓：《我国群体性事件研究述评》，《法制与社会》2010年第6期。

② 傅雨飞：《政治微博在公民政策参与中的二重性作用分析》，《当代世界与社会主义》2011年第11期。

公民媒介素养能力的对策①。

已有对群体性事件的定义中，多将中国当前的群体性事件划分为维权行为、社会泄愤事件、社会骚乱、社会纠纷和有组织犯罪五类，每种类型的群体性事件都有各自的特征，再加上网络自身的特性，就给网络中的群体性事件带来了新的特性，上述界定使我们能够认识到网络群体性事件中舆论主体一旦超越法律约束与制度原则的红线，便可能会由于性质的改变而使得正常的社会秩序遭到剧变，比如非法集会、聚众、暴乱、大众恐慌等。但是，我们也可以从实践现象中看到网络性质的群体事件的引发可为社会生活填充一种良性的“鲶鱼效应”，即群体性事件并不总是消极传播，为了从积极人格角度来考察舆论主体在网络群体性事件中的有序参与情况，我们跳脱出如何规避群体性事件所带来的负面影响，将网络群体性事件界定为一个更具包容性的概念，即在网络环境发生的、或通过网络环境引起的，有一定人数参加的，对社会秩序产生一定影响的事件。那么，这种影响可能是消极的，也可能是中性的，更可能是积极的。

具体而言，我们认为网络群体性事件的基本特征体现如下。

首先，网络群体性事件的发生具有偶然性。一般群体性事件无论是人为的，还是自然发生的，都会在爆发之前有一些征兆，有一个“能量”积聚过程。② 也就是说必须有一个条件，即要在一般媒体上对某一事件进行持续性的负面报道或正面报道，这就导致了时间上的延续性。但是在网络环境中，由突发事件上升到一定规模的行为，这个过程是非常短的，信息的传递和扩散在网络中是十分迅速的，呈几何形式增长，一个事件的发生到发展到高潮很可能就是一瞬间的事，能够产生共鸣的公众集体参与并带动一些潜在者，使得网络群体性事件得以随机发生。

其次，网络群体性事件多是自发的，没有明确的组织者，找不到

① 焦树民：《自媒体视阈中的媒介素养教育探析》，《河南社会科学》2009 年第 11 期。

② 于建嵘：《当前我国群体性事件的主要类型及其基本特征》，《中国政法大学学报》2009 年第 11 期。

磋商对象，绝大多数参与者都具有强烈的责任感与使命感，他们与最初引发的事件并没有直接利益关系，主要是通过网络平台来表达自身观点，尽管参与事件的网民成分复杂，但是他们都是目标明确的，或为了针砭时弊，或为了弘扬正义，或为了助人为乐。可见，这种群体性事件的自发参与与公众本身的人格、信念不无关联。

再次，网络群体性事件具有虚实交互性。由前人对网络群体性事件的研究来看，网络群体性事件并不单纯指在网络上发生的人数较多的针对某一现象或问题进行议论、参与的群体性事件。它也可以是在网络上产生，逐步扩散到线下所形成的一定规模的群体性事件。这就可以概括为现实与虚拟并存型网络群体性事件、现实诱发型网络群体性事件以及现实诱发网内网外变异型群体性事件。[①] 网民是现实人在网络中的投射，网民的许多言论都直接受现实人的影响。

最后，网络群体性事件一旦发生难以控制，并且波及范围特别广。网络信息的即时性和跨地域性，决定了网络舆情在时间和空间的把握上难以进行有效控制。由于网络舆情奇特的传播速度和广度，这就会给控制带来了难度。在虚拟的网络世界里，不需要委曲求全听从别人的一言一行；相反的，网民可以通过使用网络匿名的方式放弃现实生活中的顾虑随意表达自己的观点，这就导致大家在网络上形成“思想的解放”，因而信息的内容不受外界约束，导致难以控制，信息内容的积极消极程度必将会对事件的发展和走向产生一定的影响。

二　公民参与的国内外研究及其概念界定

公民参与理论先驱谢尔·阿斯汀认为，“公民参与是一种公民权利的运用，是一种权力的再分配，使目前在政治、经济等活动中，无法掌握权力的民众，其意见在未来能有计划地被列入考虑”。[②] 关于西方公民参与的研究，可以说由来已久，但真正开始系统的阐述，始于20世纪60年代初，美国学者考夫曼在1960年首次提出了参与式民主的概念，从此之后，参与式民主被社会各个领域广泛应用。国外

① 严峰：《网络群体性事件与公共安全》，上海三联书店2012年版，第29页。

② 王巍、牛美丽：《公民参与》，中国人民大学出版社2009年版，第15页。

往往是在探讨政府与社会的关系中对公民参与进行研究，十分重视在实践中的公民参与问题，并积极拓宽公民参与的渠道，主要集中在公民参与社区事务管理、通过新的公民参与模式进入公共决策、运用网络技术与政府沟通、交流和反馈等，提出政府服务应以顾客或市场为导向。可以看出，国外研究和实践向我们表明一个趋势，即改变了传统公共模式下的政府与公民之间的关系，重新对政府职能及社会与政府的关系进行定位：政府不再凌驾于社会之上，也不再孤立于公民，公民可以进行参与，决策，提出意见，而且政府服务应以顾客或市场为导向，并要与社会公众需求相辅相成。这种公民参与的内在价值就在于政府在顾客或市场的驱动下，源源不断地为社会提供需求，并可大大提高政府服务质量。这种让公民有机会来参与政府的公共决策制定，评估政府业绩，和政府进行信息反馈，并以社会公众需求来驱动政府办事效率，提升政府工作质量，同时可推断出要构建国家与社会共同治理的发展模式，并提高政府能力，需要新的行为模型来应对管理的复杂性，发展一种有机的、整体的、生态的管理方式，依靠与民众、企业、非营利部门共同治理与共同管理。

公民参与的政治生活和心理文化的本质，实质上是民主制度溯及力在意识形态领域中的具体体现方式之一，民主进程越是发达的国家，有关公民参与的相关理论研究，起步也就越早。由于我国自身的历史情况与现实国情的约束，在公民参与的研究起步时间上要略晚于外国。但随着改革开放与民主法治的发展，相关研究发展和创新的态势却是发达国家望尘莫及的。如今中国公民参与的研究体系已经粗具规模，并在宏观层面可分为两个层次。

首先是理论层面，重在对一些基本概念予以权威和标准的界定。这些概念的生成，大多依赖国外的直接研究成果，并且与国内的现实政治生活实现了具体的融合，在公民参与的相关定义概述、社会存在的必要性、功能和意义、形式和手段乃至于现今时代中存在着的局限和不足等，均形成了比较系统的理论结构，有助于正确指导并运用于社会实践。俞可平进一步提出公民参与的具体研究需要包含三个构成要素，即参与主体、参与领域以及参与渠道。针对对于公民参与的缺陷，威廉姆斯认为“尽管公众显示出了参与的愿望，但是非常少的公民会追随或接受更多的信息，以融入到参与的过程之中”①。

其次，体现在公民参与的相关实践方面，以便积极促进公民投入政治生活、共同构建和谐社会和法治社会的生成和提升。着眼于公民参与的具体问题，并在解决问题的同时，试图从政体改革的方面入手与深化，这些措施和建议主要包括扩大公民参与权利、将公民参与行为实现秩序化、完善民主测评机制以及提升公众的满意度和幸福度等。理论方针不胜枚举，但所着眼的角度，无非可分为公民和政府当权派两大类。此外，还有一些学者另辟蹊径，认为政务公开也是促进公民参与日常化的一个绝佳途径，而政府回应理论在其问题的解决上，也堪称一种理论创新，对于分析我国公民参与回应性不足的问题及其原因，以及对我国政府回应机制创新和建立回应性政府提出有针对性的建议和对策，均起到推波助澜的启发作用。

从对公民参与研究的文献中，我们不难看出，绝大多数的研究都将公民参与与政治联系在一起，将公民参与视之为一个政治领域的专属概念。其实公民参与内涵的研究是一个逐步发展的过程。传统意义上的公民参与主要是指政治参与，大体表现为公民通过投票进行国家领导人的选举以及在国家、社会中对各项事务进行间接地参与，这种参与是一个国家政治民主化的体现。② 到 20 世纪 60 年代，人们开始通过各种各样的途径来涉入公共决策中，具体表现在城市规划，政府项目的设立等一些影响公众生活质量的国家制度中。其后，公民参与的发展又有了进一步的深入，这个时候人们通常将对公共事务的参与叫作公民投身或公民贡献。借助于 NGO 组织的迅猛发展，公民在政府公共管理和服务中占据了一席之地，踊跃地投身于公共领域，成为公共服务供给者的一部分，或者实施社区自治。

由上可知，随着时间的推移，公民参与的内涵不断发生变化并且日益丰富。一些学者将公民参与划分为两个层面：国家层面，包括对

---

① 郑维伟：《新媒体与公民参与》，《华中科技大学学报》2012 年第 1 期。

② 任玉秋：《推进有序民主参与　促进社会和谐发展》，《中国特色社会主义研究》2005 年第 10 期。

国家政治制度和政治决策的参与；社会层面，包括对涉及公共利益的社会、经济、文化生活等一切活动的参与。也就是说，公民参与的内涵是不断发展、逐渐外延的一个过程，早期的研究只是狭义的国家的政治领域的公民参与的研究，逐步地扩大公民参与的领域，越来越向社会层面过渡，但是过渡还是需要一定的时间的。以上的文献综述中表明，尽管公民参与的内涵不断延展，但多数的研究还是将公民参与和政治联系在一起，涉及社会生活中的公民参与的研究还是少之又少的，因此有必要对这一领域进行研究和探讨。所以，我们所涉及的公民参与并不着重在于其政治参与，更凸显宏观意义上的普通民众的对某一事件进行的参与。因此，我们将公民参与界定为舆论主体试图影响公共政策和社会生活的一切活动。强调公民的主动性、自发性，与国家政治制度不发生冲突。公民有序参与，则是指公民在遵循宪法和法律所规定的公民民主权利的前提下，通过自主、理性的方式并按照一定的程序或秩序去直接或间接地影响公共政策和社会生活的一切活动。

三　网络群体性事件中的公民参与和公民有序参与

有关网络公民参与的研究，大部分将重点放在了网络问政中。毕腾飞通过描述公民有序参与的意义、存在的问题对网络问政进行研究，并提出了如何促进公民进行有序参与的办法[①]；顾丽梅则对网络社会中公民在人大立法方面的参与现状与形式，以及网络社会公民有序参与人大立法的挑战与窘境进行了探讨，并针对这些困境，提出了应对策略[②]；郑维伟则是从公共空间的视角对公民网络参与进行了研究，由于新媒体的出现，传统意义上的公共领域已经发生了变化，新媒体技术拓宽了公共空间，打破了信息和思想传播的时空限制，但是这种表达的无限性会带来一定的无序性，因此意见领袖以及议程设置

① 毕腾飞：《网络问政中的公民有序参与研究》，《中国市场》2011 年第 3 期。

② 顾丽梅：《网络社会公民有序参与人大立法的路径与思考》，《浙江学刊》2013 年第 3 期。

就在公民有序参与的过程中起到了不容忽视的作用①。从以上的研究中能看出，有关网络中的公民参与多数是宏观上的一个解读，进而针对某一领域存在的问题进行对策探讨。网络群体性事件中的公民参与的形式按照参与的秩序来划分，可以分为公民无序参与和公民有序参与。

（一）公民的无序参与

公民无序参与是公民突破现有制度和规范的参与行为或是合理但不合法的边缘型参与行为。引起公民无序参与的原因主要有以下几个方面。一是公民参与被边缘化导致公民参与心理受挫或者参与经验不足。这归根结底是公民自身观念的根深蒂固或者是骨子里天生的妄自菲薄。二是法律的不完善，我国的法律法规较之改革开放之前，确实有了长足的进步，但是还有很长的路要走。虽然法律上对公民参与的权利做出了一些规定，但还需要具体化和详细化，需要规定出实质性公民参与的途径、方法、程序等。三是对于公民形成的无序参与，也有一部分是由于政府盲目定性，错失最佳处理时机造成的。综上，造成公民无序参与既有内因又有外因，内因起决定性作用，外因间接导致事件走向。

（二）公民有序参与

对于“公民有序参与”这个术语的使用，到目前为止还没有一个明确或者统一的概念阐释，国外学者们很少用“有序”来注解公民参与的概念，国内用“有序”往往为了与“无序”区别开来，现在可以称是一种约定俗成的表达。所谓有序的公民参与，总结已有相关文献综述的基础之上，无非体现在三个表现层次上。第一，公民在利益诉求方面的正当化与日常化，这主要体现在公民需要正当的利益诉求的合法基础，并借助有序的参与实现与政府工作的良性配合和优势互补，而非以非法的手段对政府加以各种负面行为。第二，公民参与行为的合理化与法制化，即公民的利益诉求活动要以符合国家法律为重要前提，失去了这个前提，所有的利益诉求活动便都得不到法律的

① 郑维伟：《新媒体与公民参与》，《华中科技大学学报》2012 年第 1 期。

庇护，便是属于非法的公民参与行为。第三，政府干预的必要性，这并不是说政府对于公民的合法要求一定要采取压制或约束的态度和手段，而是需要以一种积极配合和有效劝导的方式，让公民参与主体的活动更加“有序”化。

公民参与的研究方向，在很大程度上决定着一国的国体性质。封建国家的政治重在权术，资本主义国家的政治重在管理，而社会主义国家的政治则重在服务。因此，西方国家有关这一话题的研究，多数立足于政府危机管理中的参与领域之内，提出公民参与实现有序性的必要因素。而国内的研究则以不断满足公民的利益、提升政府的服务能力为主要立场和基本原则，试图实现对有序的公民参与的理论创新和实践指导。但不论国度的性质如何，公民参与终究是一个国家民主化的基石，对社会的进步与稳定，国家的和谐繁荣起到一定程度的促进作用，因而，公民有序参与是解决政府危机的有效途径。吴锦旗还论述了公共领域中的公民有序参与，提出公民参与只有在公共精神的引导之下，才能实现有序参与。公民有序参与应是正当、合法、适度的良性的公民参与行为。具体而言，有以下几个特征：合法的、制度化的参与；理性的参与；有层次的参与；适度的参与；符合中国时代需要的良性的公民参与形态。

（三）公民有序参与的理论基础

社会契约理论的奠基人是西方学者洛克和卢梭，该理论认为人生而自由平等，但是，在整个社会宇宙面前人的力量往往是微不足道的，所以两位学者提出了社会契约应要解决的根本问题——“寻找出一种结合的形式，使它能以全部共同的力量来维护和保障每个结合者的人身和财富，并且由于这一结合而使得每一个与全体相联合的个人又只不过是在服从其本人，并且仍然像以往一样地自由”。[①]

社群共同体理论承认人作为个体存在的意义，但是更强调人是属于社群组织这个整体，并且社群组织的整体利益优先于个人权利而存在。人们之间权利的让渡最终目的是通过社群组织来实现自身的利

① 王维国：《公民有序政治参与的途径》，人民出版社2007年版，第124页。

益，但是同时也有助于他人利益的实现，因为个人权利的让渡，个人与个人之间的相互认同、接受和信任，社群组织才得以存在。在社群组织中，人们积极参与社群组织中的活动，参与过程中充分体现了个人的道德，这正是社群共同体理论所强调的，它认为，道德是公民进入社会生活的一种资格体现。

在我国，公民有序参与大致体现为以下六种形式：一是将“有序”视为一种约定俗成，体现我国现实社会中公民参与的利益诉求；二是将公民有序参与行为看作是一种政治参与行为，在宪法和法律的框架下对国家政治决策和立法进行理性参与的有效途径；三是将有序公民参与当成国家为了维护社会稳定以及良性发展而采取的政府管理机制与活动，是对社会发展进行疏导、监控而采取的强有力的措施；四是将公民有序参与看作是参与主体，公民参与的有序程度反映了公民理性化与自觉性发展的水平；五是将公民有序参与看作是政府社会管理、民间社会兴起与 NGO 组织参与三者之间力量的平衡；六是将公民有序参与行为看作是政府不断民主化，推进公民参与进程，扩展其参与形式和途径的本意。结合我们所要讨论的积极舆论主体的积极人格及其有序参与的关系，更强调舆论主体的主体性，因而，我们更借鉴第四种界定，即将有序公民参与看做是参与主体——公民及其组织参与行动的理性化与自觉性发展程度。认为参与有序性是由公民的价值观、理性与包容能力以及行为方式所决定的，从公民的自身情况讨论其有序参与行为。

第三节　网络群体性事件中舆论主体积极人格及其有序参与的关系实证

前两节中，我们对积极舆论主体的积极人格、在网络群体性事件中的有序参与等相关研究脉络与概念给予了一定的讨论，为了考察积极舆论主体在积极人格的作用下，更多地通过有序地参与媒体实践，进行了相关的实证研究。具体来说，就是将积极心理学中积极人格的研究放在一个特定的情境中——网络群体性事件中公民有序参与行为，从而观察积极人格特质与有序参与的内在关系。

我们采纳积极心理学中的积极人格量表，借鉴公民有序参与行为的相关心理动机研究，对网络群体性事件中公民有序参与行为进行调查，考察积极舆论主体的积极人格与有序参与行为之间的内在联系。并在所研究的情景中，分析积极人格和积极体验、积极的社会制度之间的关系，制定培育公民的积极人格的具体措施，促进越来越多的人都能够在群体性事件中进行有序参与，进而积极参与社会中大事小情，使得社会更加有序化，充满正能量。基于以上的研究目标，本节研究所关注的问题包括以下的问题：有序参与的群体性事件中体现出公民的哪些积极人格特质？公民的积极人格与有序参与行为的关系是怎样的？

一　网络群体性事件中舆论主体的积极人格特质再现

我们选取 2013 年 3 月 4 日发生在长春的盗车弃婴案作为网络群体性事件案例。这一事件引起了全国人民的关注。长春人民广播电台以及其他一些当地媒体都给予了实时追踪报道。全国各大主流媒体也对其进行转载和转播。公民对这一事件的关注可见一斑，本市或城郊的人都在倾己之力帮忙寻找被盗车和车上的婴儿，不能深入现场的都在网上转发最新得到的消息，使信息广泛传播，全面扩散。或者根据已有经验有关规定分享自己的理智建议，还有很多不能提供实质性帮助的公民都在默默地为丢失的婴儿祈祷。不论怎样的反应，大家都在用自己的绵薄之力希望能够为这起案件做些什么。

作为长春本地的媒体微博，“新文化网”在 3 月 4 日上午 10 点多发布了一条关于车辆被盗、婴儿失踪的微博，短时间内转发量就达到了 2000 多次，评论 500 多条；而拥有更多受众群的“央视新闻”发布了这条微博之后，所受的转发和评论更是“一石激起千层浪”。截止事件发生后的两天，该条微博已经被转发 20000 多次，评论达到 5000 多条。而不仅仅是这两个媒体微博对此次事件发布消息，多家媒体都有对其进行关注。

本节研究通过对图 5-1、图 5-2 这两个微博下的 2500 多条有关

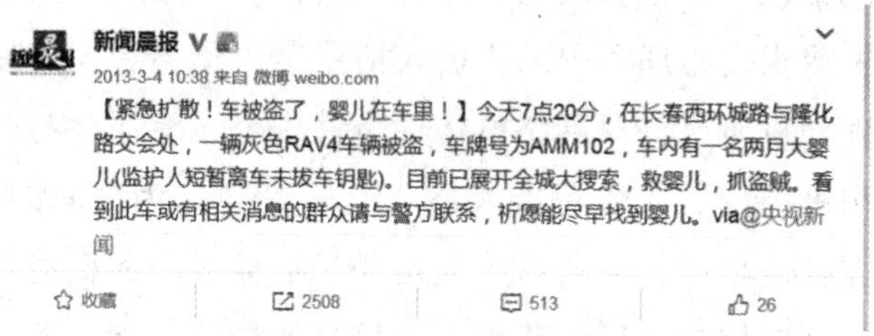

图 5-1　“新文化网”3 月 4 日发表盗车案相关微博

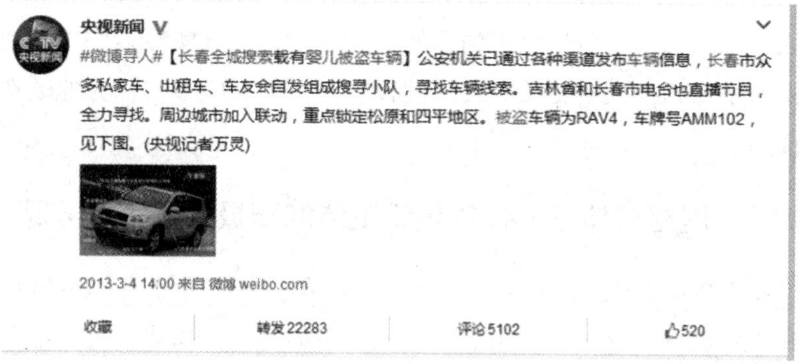

图 5-2　“央视新闻”3 月 4 日发表盗车案相关微博

“304”案件的评论进行梳理和归类，以积极人格中 24 条积极人格特质为维度，分析在该网络事件中公民所体现出来的积极人格特质有哪些，以及各特质所占的比重大概是多少。纵向来看，微博用户的评论大体分为三个阶段：期盼孩子快点找到——提供线索；转发最新消息——为孩子惋惜；对犯罪嫌疑人声讨。其中对孩子的祈祷穿插于整个案件过程中。对该案件的整体来看，在评论中体现出来的公民积极人格特质主要有“爱与被爱”“热情”“合作”“洞察力”“善良”。

（一）积极人格特质中体现的“爱与被爱”特质比重占 40%

如图 5-3，评论中最多倾向的就是对失踪婴儿小浩博的祈祷，祈祷尽快找到他，祈祷他平安无事。根据积极人格的 24 种性各类积极力量，这种评论体现出了仁爱这一良好品德中的“爱与被爱”的积极人格特质。“爱与被爱”就是指爱自己，爱他人，爱是生命能量的传递。公民对小浩博的关注，对他生命的关心都是出于对小浩博的爱，对一个无辜而幼小的生命的尊重。

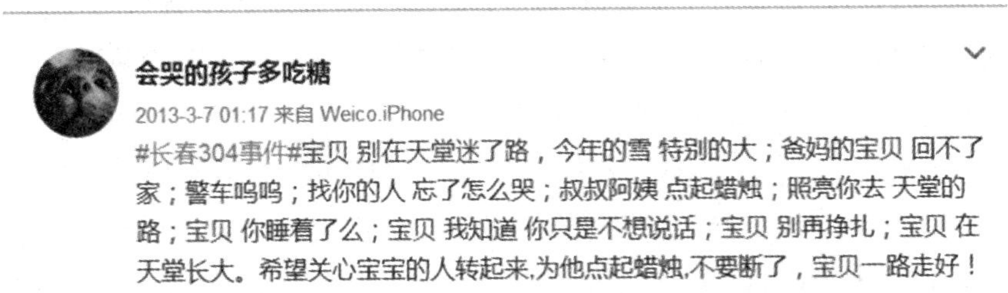

图 5-3　积极舆论主体关于爱与被爱维度的相关评论

在对小浩博生命关注的同时，积极舆论主体不忘发布相关犯罪嫌疑人以及被盗车的信息，提供线索，全城搜索。在关注的人群中有无法获知线索的，也有地理上无法接近的，但是他们都会将自己知道的一切消息进行转发，以便扩散，让有能力的人去参与、去帮助。

（二）积极人格特质中体现的“热情”特质比重占 25%

如图 5-4，从这些评论中看，能够体现出公民的热情和合作这两种积极人格特质，分别隶属于卓越和正义两大良好美德。“热情”是指个体在情境因素下，表现出来的友好情绪情感，对他人他事肯尽力的一种愿望表达。可以说对于小浩博一家，大部分人对他们都是陌生的，但是每个人都能够倾尽全力希望案件早日水落石出，犯罪嫌疑人被捉拿归案，是出于每个公民内心的热情。有公民呼吁各个周边地区全体动员，扩大搜寻范围；有公民建议提供孩子照片，方便大家寻找；有公民工作同时也不忘寻找被盗车……每个人都用自己的热情参与到这起事件中，都希望有一个圆满的结局。

图 5-4　公民关于热情维度的相关评论

（三）积极人格特质中体现的“合作”特质比重占 15%

“合作”就是人与人、群体与群体之间为达到共同目的，彼此相互团结、协作、配合的一种行动方式。毕竟一个人的力量是渺小的，所有人通力合作可有利于事半功倍，有助于事件真相早日公之于众。每个人都会有努力的目标方向，一个人单枪匹马是不会有力量的，只有联系身边群众才会朝着目标快速前进。

如图5-5，在“304”案件中，合作包括两个方面。一是公民与公民之间的合作，有人提供被盗车的信息；有人提供犯罪嫌疑人的信息；还有人提供路况信息……二是非专业人士对专业人士的配合，评论中大多数的公民都表达了要配合警方的意愿，没有经验，没有策略，只凭一腔热情有时反而帮倒忙。公民能够意识到这一点，是理智的、不盲目的。在警方大的寻求策略下，个人以己之力协助，有效地促进了案件的破获。

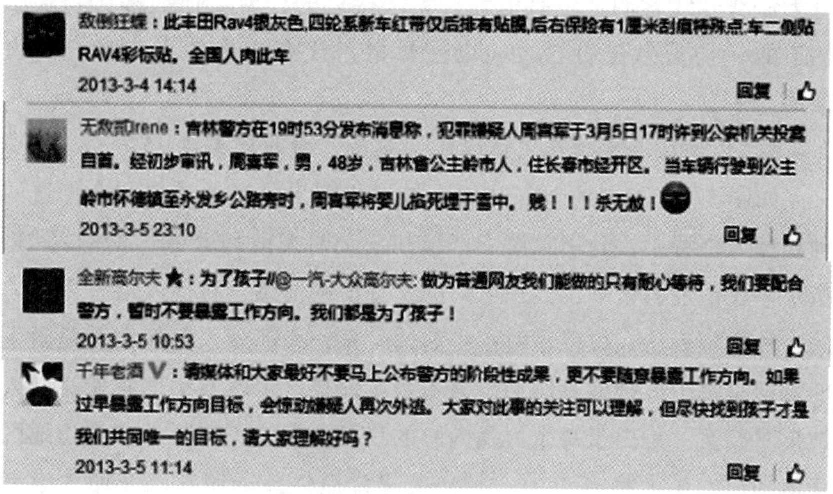

图5-5　公民关于合作维度的相关评论

（四）积极人格特质中体现的“洞察力”特质比重占10%

随着案情的水落石出，被盗车被找到，犯罪嫌疑人被捉拿归案，但是无数期盼没有换来小浩博的生命。事件接近尾声，多少人为小浩博惋惜、哀怜。但是在沉重的氛围中，有一部分公民能够跳出情绪的桎梏，客观冷静地分析事件的前因后果以及搜救过程中可圈可点之处和需要矫枉过正的地方。这是对事件的总结，同时也是对以后出现类似事件提供了借鉴之处。这些评论中体现出的就是公民良好品德中智慧的洞察力这一积极人格特质。

“洞察力”是指深入事物或问题的能力，是人们对个人认知、情感、行为的动机与相互关系的透彻分析。如图 5-6，微博博主“诗人潘婷”在微博中提出了这种轰炸报道带来的反向效果；微博博主“勤劳阿笨”在微博中阐述了国人的法律意识淡薄导致了这一悲剧事件的发生；也有微博博主向家长们提出建议，如何更好地保护孩子，怎样做一个称职的监护人……这些评论从各个方面提出建议，以此希望达到劝诫、反省的目的。

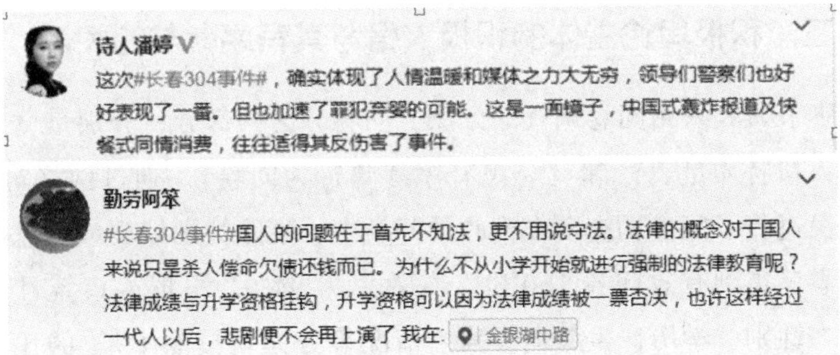

图 5-6　公民关于洞察力维度的相关评论

在案件发生、高潮至结束的过程之中，每个阶段所体现的积极人格特质也有所不同，在事件刚发生之初，公民的首先反应是希望孩子能够早点找到，在这一阶段，“爱与被爱”这一积极人格特质体现的最明显；在整个搜救的高潮阶段，体现更多的是公民的“合作”与“热情”这两种积极人格特质；等到案件水落石出，公民在感到惋惜的同时也表达了对犯罪嫌疑人的愤怒，以及对整个事情的思考，则体现了公民“洞察力”的积极人格特质。

纵观整个事件，参与到此次事件中的公民，他们身上都存在着一种积极人格特质——善良。善良是指心地纯洁、温厚，和善并不含恶意。善良是有能力的人通过自身行动，把错误的观念、做法纠正过来，使社会变得美好和谐。正是因为善良这种积极人格特质，让大家朝着心中善的方向凝聚在一起，共同关注与己无关的事情，无关自身利益，并不求回报。这种善良促使集体大行动，促使信息逐渐明朗，促使真相早日揭开。

由于公民自身的这些积极人格特质，使得“304”案件在短时间内能够水落石出，犯罪分子得到了应有的惩罚。当然，所有的评论中，除了以上几类评论之外，也有纯属围观的，还有恶语相向的，以及对婴儿父母的疏忽进行责备的。但是从整体上看，90%以上的评论都是正向的，有积极意义的。所以，尽管在这起案件最终没能挽救婴儿的生命，但是在抓捕犯罪嫌疑人、寻找婴儿的过程中，公民的积极人格特质有所体现，是一种“正能量”的传递和发扬。

二 积极舆论主体的积极人格与其有序参与的关系

本节研究采用问卷调查的方法，问卷分为两部分，分别是《公民积极人格特质量表》和《公民有序参与行为问卷》。通过网络对170名公民进行了问卷调查，在回收的问卷中，剔除数据缺失或信息不全的问卷，得到有效问卷160份，有效率为94%。根据人口统计学变量，在性别、学历、生源地、独生情况等方面均按照1：1的比例对问卷进行二次筛查，最终得到问卷142份。

根据《人格力量与美德：分类手册》中对积极人格特质的分类，制成以24个维度240个项目组成的积极人格特质量表，其中每个维度包含10个项目。首先运用临界比率值法，将被试的量表总分按由高到低进行顺序排列，将两端各占27%的被试分别命名为高分组和低分组，求出两组被试在每个项目上得分的平均数，然后进行平均数的差异性T检验，检验高分组的得分是否明显高于低分组的得分。如果差异不显著，则说明该项目不能鉴别不同被试的反应程度，这是考虑项目是否被删除的首要条件。[①] 根据项目分析结果，将决断值未达到0.01显著水平的项目删除，未达到此项目的有23个。

在此基础上，用题总相关法对项目进行分析。只有鉴别度指数在0.3以上的项目可以认为是良好。根据这一标准对项目进行分析，检

① 吴明隆：《SPSS统计应用实务》，中国铁道出版社2000年版，第31页。

测出被删除的项目有42个。最后再运用因素分析，采用主成分因素分析方法，方差极大值旋转，删除各项指标不符合的项目及意义归类不明确的项目，共有114个。经过一系列的分析与筛选，最后形成了由61个项目组成的正式量表。正式量表由24个维度组成，包括善良、公正、正直、合作、毅力、社会智力、创造力、洞察力、好奇心、开放思维、爱学习、勇敢、爱与被爱、领导力、审慎、谦逊、自我调节、幽默、美的欣赏、信仰、感恩、希望、热情和宽恕。

有关《公民有序参与行为问卷》的编制，依据合法性、理性化、适度性为维度，每个维度扩展出几个方向，以“304”盗车弃婴案为背景，设计出具体问题，再与人口统计学变量相结合，编制出最终的《公民有序参与行为问卷》。

（一）积极舆论主体的积极人格特质及其有序参与问卷的信效度检验

对《公民积极人格特质量表》和《公民有序参与行为问卷》的信度检验主要是进行内部一致性检验，分别计算总问卷的Cronbach α系数、分半系数和各维度的Cronbach α。结果见表5-1、表5-2、表5-3、表5-4。结果表明《公民积极人格特质量表》和《公民有序参与行为问卷》具有较好的信度，各维度的信度系数均达到测量学标准。

表5-1 《公民积极人格特质量表》总信度分析

项目数	Cronbach's α 系数	分半系数
61	0.947	0.908

表5-2 《公民积极人格特质量表》各维度分析

特质项	项已删除的刻度均值	项已删除的刻度方差	校正的项总计相关性	项已删除的 Cronbach's α 值
创造力	85.7969	111.445	0.634	0.919
开放思维	85.5293	112.995	0.583	0.920
洞察力	85.9096	111.212	0.701	0.918
幽默	85.7160	111.592	0.527	0.921

续表

特质项	项已删除的刻度均值	项已删除的刻度方差	校正的项总计相关性	项已删除的 Cronbach's α 值
热情	85.8333	110.603	0.622	0.919
爱与被爱	85.2969	113.253	0.552	0.921
信仰	85.5939	111.224	0.635	0.919
毅力	85.6268	110.838	0.674	0.918
领导力	85.6362	112.196	0.537	0.921
公正	85.6808	113.446	0.552	0.921
宽恕	85.6854	113.839	0.570	0.920
希望	85.4883	112.306	0.704	0.918
勇敢	85.6209	111.976	0.609	0.920
好奇心	85.4437	111.710	0.668	0.919
审慎	85.6420	113.252	0.481	0.922
正直	85.8744	114.234	0.361	0.925
自我调节	86.4390	111.882	0.544	0.921
合作	85.3873	115.000	0.539	0.921
美的欣赏	85.4014	115.229	0.440	0.922
社会智力	85.7793	112.696	0.598	0.920
爱学习	85.3392	114.466	0.525	0.921
谦逊	85.6526	116.789	0.273	0.926
善良	85.2899	114.784	0.531	0.921
感恩	85.3815	112.254	0.671	0.919

表 5-3　　《公民有序参与行为问卷》总信度分析

项目数	Cronbach's α 系数	分半系数
21	0.892	0.821

表 5-4　　《公民有序参与行为问卷》各变量分析

变量	项已删除的刻度均值	项已删除的刻度方差	校正的项总计相关性	项已删除的 Cronbach's α 值
事件知晓与否	33.70	99.316	-0.960	0.908
关注度	33.18	76.869	0.838	0.876
参与程度	33.77	81.523	0.740	0.881

续表

变量	项已删除的刻度均值	项已删除的刻度方差	校正的项总计相关性	项已删除的 Cronbach's α 值
第一反应	33.10	76.231	0.775	0.878
信息处理	33.12	76.532	0.838	0.876
对重要线索的处理	33.92	82.972	0.655	0.884
警方行为	33.35	76.781	0.737	0.879
如果在现场会怎么做	33.89	83.698	0.601	0.885
对罪犯反应	32.73	73.403	0.871	0.873
对结果的看法	32.67	72.549	0.879	0.873
对媒体报道的看法	32.84	73.598	0.854	0.874
回顾这件事，现在的感想	33.33	78.152	0.790	0.878
是否会参与公共事件	32.88	90.844	0.100	0.895
网络事件的处理	32.58	91.975	-0.033	0.898
群体性事件的对待	33.71	93.186	-0.150	0.900
性别	33.21	90.991	0.082	0.895
年龄	32.89	91.704	0.056	0.894
学历	32.80	88.164	0.218	0.895
生源地	33.46	91.044	0.068	0.896
是否为独生子女	33.36	92.374	-0.071	0.898

《公民积极人格特质量表》是以公民积极人格特质分类为标准，以此来测量公民具有怎样的积极人格。量表以彼得森和塞利格曼的《人格力量与美德：分类手册》中对积极人格特质的分类为标准，一共测量 24 个方面的积极人格特质。根据前面对其进行探索性因素分析，最终的正式量表是由 24 个因子组成，共含有 61 个项目，分别测量的是好奇心、爱学习、开放思维、创造力、洞察力、社会智力、勇敢、毅力、正直、善良、爱与被爱、合作、公正、领导力、自我调节、审慎、谦逊、美的欣赏、感恩、希望、信仰、幽默、热情、宽恕 24 种积极人格特质。

本节研究采用 LISREL 8.53 统计软件对《公民积极人格特质量

表》进行验证性因素分析，用以检验正式量表的结构效度。在运用验证性因素分析时，采用了 x2/df、NFI、NNFI、CFI、IFI、RMSEA 等作为检验指标来衡量模型的拟合情况。x2/df 的值为 2.578，小于 3，NFI、NNFI、CFI、IFI、RMSEA 几个指标的值在 0.9—0.94 之间，说明模型拟合较好，RMSEA 的值为 0.05≤RMSEA≤0.08，说明该量表模型拟合合理。

（二）积极舆论主体的积极人格特质及其有序参与问卷的描述性统计分析

通过对 24 种积极人格特质进行描述性统计，可以看出各个积极人格特质除了自我调节以外其他均值均在中值（中值为 3 分）以上。其中，善良（4.0599）、爱与被爱（4.0528）、爱学习（4.0106）分别排在前三位，这表明公民具有较高的积极人格特质（结果见表 5-5）。

表 5-5　　　　公民积极人格特质描述统计一览

特质项	N	极小值	极大值	均值	标准差
善良	142	2.50	5.00	4.0599	0.64270
爱与被爱	142	1.00	5.00	4.0528	0.74068
爱学习	142	2.00	5.00	4.0106	0.67495
感恩	142	1.50	5.00	3.9683	0.68731
合作	142	1.67	5.00	3.9624	0.61643
美的欣赏	142	2.33	5.00	3.9484	0.71602
好奇心	142	1.00	5.00	3.9061	0.72702
希望	142	1.33	5.00	3.8615	0.65503
开放思维	142	1.50	5.00	3.8204	0.72528
信仰	142	1.67	5.00	3.7559	0.79490
勇敢	142	1.00	5.00	3.7289	0.77098
毅力	142	1.33	5.00	3.7230	0.77893
领导力	142	1.67	5.00	3.7136	0.84364
审慎	142	1.00	5.00	3.7077	0.83633
谦逊	142	1.00	5.00	3.6972	0.84626
公正	142	1.33	5.00	3.6690	0.72607

续表

特质项	N	极小值	极大值	均值	标准差
宽恕	142	1.00	5.00	3.6643	0.67547
幽默	142	1.00	5.00	3.6338	0.90686
社会智力	142	1.00	5.00	3.5704	0.73076
创造力	142	1.50	5.00	3.5528	0.78032
热情	142	1.33	5.00	3.5164	0.85384
正直	142	1.00	5.00	3.4754	0.95340
洞察力	142	1.75	5.00	3.4401	0.72807
自我调节	142	1.00	5.00	2.9108	0.85967
有效的 N（列表状态）	142				

（三）积极舆论主体的积极人格特质人口统计学维度的比较

为了对不同人口统计学变量进行差异比较，本节研究分别对公民积极人格特质得分进行单因素方差分析，结果如下。

1. 积极舆论主体的积极人格特质的性别差异比较

如表 5-6 所示，性别比较发现，男性和女性在创造力、开放思维、热情、信仰、洞察力、毅力、审慎、勇敢、自我调节以及社会智力这十个维度中存在显著差异。再通过男女的均值进行比较，得出男性比女性具有更高的创造力、洞察力、开放思维、勇敢，女性比男性具有更高的审慎、信仰、热情、毅力、自我调节力以及社会智力。

表 5-6　　公民积极人格特质的性别差异比较

特质项	组别	平方和	df.	均方	F	显著性
创造力	组间	9.538	1	9.538	17.498	0.000
	组内	76.315	140	0.545		
	总数	85.854	141			
开放思维	组间	6.916	1	6.916	14.397	0.000
	组内	67.254	140	0.480		
	总数	74.171	141			

续表

特质项	组别	平方和	df.	均方	F	显著性
洞察力	组间	11.368	1	11.368	25.114	0.000
	组内	63.373	140	0.453		
	总数	74.741	141			
幽默	组间	1.820	1	1.820	2.232	0.137
	组内	114.138	140	0.815		
	总数	115.958	141			
热情	组间	4.248	1	4.248	6.035	0.015
	组内	98.547	140	0.704		
	总数	102.795	141			
爱与被爱	组间	0.317	1	0.317	0.577	0.449
	组内	77.037	140	0.550		
	总数	77.354	141			
信仰	组间	5.486	1	5.486	9.186	0.003
	组内	83.606	140	0.597		
	总数	89.092	141			
毅力	组间	6.807	1	6.807	12.102	0.001
	组内	78.743	140	0.562		
	总数	85.549	141			
领导力	组间	1.397	1	1.397	1.977	0.162
	组内	98.956	140	0.707		
	总数	100.354	141			
公正	组间	0.339	1	0.339	0.641	0.425
	组内	73.994	140	0.529		
	总数	74.333	141			
宽恕	组间	0.010	1	0.010	0.022	0.882
	组内	64.322	140	0.459		
	总数	64.333	141			
希望	组间	1.008	1	1.008	2.372	0.126
	组内	59.491	140	0.425		
	总数	60.498	141			

续表

特质项	组别	平方和	df.	均方	F	显著性
勇敢	组间	4.454	1	4.454	7.857	0.006
	组内	79.358	140	0.567		
	总数	83.812	141			
好奇心	组间	0.161	1	0.161	0.303	0.583
	组内	74.365	140	0.531		
	总数	74.526	141			
审慎	组间	4.416	1	4.416	6.563	0.011
	组内	94.205	140	0.673		
	总数	98.621	141			
正直	组间	1.024	1	1.024	1.127	0.290
	组内	127.140	140	0.908		
	总数	128.164	141			
自我调节力	组间	4.439	1	4.439	6.229	0.014
	组内	99.765	140	0.713		
	总数	104.203	141			
合作	组间	0.060	1	0.060	0.157	0.693
	组内	53.518	140	0.382		
	总数	53.577	141			
美的欣赏	组间	0.000	1	0.000	0.000	0.998
	组内	72.288	140	0.516		
	总数	72.288	141			
社会智力	组间	2.258	1	2.258	4.328	0.039
	组内	73.038	140	0.522		
	总数	75.296	141			
爱学习	组间	0.034	1	0.034	0.074	0.785
	组内	64.200	140	0.459		
	总数	64.234	141			
谦逊	组间	0.554	1	0.554	0.772	0.381
	组内	100.425	140	0.717		
	总数	100.979	141			

续表

特质项	组别	平方和	df.	均方	F	显著性
善良	组间	0.356	1	0.356	0.860	0.355
	组内	57.886	140	0.413		
	总数	58.241	141			
感恩	组间	0.637	1	0.637	1.352	0.247
	组内	65.970	140	0.471		
	总数	66.607	141			

2. 积极舆论主体的积极人格特质的学历差异比较

如图 5-7 所示，学历比较发现，不同学历的人在爱与被爱、好奇心以及美的欣赏这三个维度上存在显著差异。再通过均值比较，在这三个维度上得分由高到低分别是研究生及以上、本科、专科及以下。

表 5-7　　　　　　公民积极人格特质的学历差异比较

特质项	组别	平方和	df.	均方	F	显著性
创造力	组间	0.411	2	0.205	0.334	0.717
	组内	85.443	139	0.615		
	总数	85.854	141			
开放思维	组间	0.090	2	0.045	0.084	0.919
	组内	74.081	139	0.533		
	总数	74.171	141			
洞察力	组间	0.364	2	0.182	0.340	0.712
	组内	74.377	139	0.535		
	总数	74.741	141			
幽默	组间	1.948	2	0.974	1.188	0.308
	组内	114.009	139	0.820		
	总数	115.958	141			
热情	组间	0.780	2	0.390	0.532	0.589
	组内	102.015	139	0.734		
	总数	102.795	141			

续表

特质项	组别	平方和	df.	均方	F	显著性
爱与被爱	组间	4.534	2	2.267	4.327	0.015
	组内	72.820	139	0.524		
	总数	77.354	141			
信仰	组间	1.404	2	0.702	1.113	0.332
	组内	87.688	139	0.631		
	总数	89.092	141			
毅力	组间	0.509	2	0.255	0.416	0.660
	组内	85.040	139	0.612		
	总数	85.549	141			
领导力	组间	1.817	2	0.908	1.282	0.281
	组内	98.537	139	0.709		
	总数	100.354	141			
公正	组间	0.907	2	0.454	0.859	0.426
	组内	73.425	139	0.528		
	总数	74.333	141			
宽恕	组间	0.019	2	0.010	0.021	0.980
	组内	64.313	139	0.463		
	总数	64.333	141			
希望	组间	0.835	2	0.417	0.972	0.381
	组内	59.664	139	0.429		
	总数	60.498	141			
勇敢	组间	0.288	2	0.144	0.240	0.787
	组内	83.523	139	0.601		
	总数	83.812	141			
好奇心	组间	4.897	2	2.449	4.888	0.009
	组内	69.629	139	0.501		
	总数	74.526	141			
审慎	组间	0.756	2	0.378	0.537	0.586
	组内	97.866	139	0.704		
	总数	98.621	141			

续表

特质项	组别	平方和	df.	均方	F	显著性
正直	组间	1.525	2	0.762	0.837	0.435
	组内	126.639	139	0.911		
	总数	128.164	141			
自我调节力	组间	0.052	2	0.026	0.035	0.966
	组内	104.151	139	0.749		
	总数	104.203	141			
合作	组间	0.290	2	0.145	0.378	0.686
	组内	53.287	139	0.383		
	总数	53.577	141			
美的欣赏	组间	3.912	2	1.956	3.976	0.021
	组内	68.376	139	0.492		
	总数	72.288	141			
社会智力	组间	0.011	2	0.006	0.011	0.989
	组内	75.284	139	0.542		
	总数	75.296	141			
爱学习	组间	0.212	2	0.106	0.230	0.795
	组内	64.022	139	0.461		
	总数	64.234	141			
谦逊	组间	3.647	2	1.824	2.604	0.078
	组内	97.332	139	0.700		
	总数	100.979	141			
善良	组间	0.070	2	0.035	0.084	0.919
	组内	58.171	139	0.418		
	总数	58.241	141			
感恩	组间	1.830	2	0.915	1.964	0.144
	组内	64.777	139	0.466		
	总数	66.607	141			

3. 积极舆论主体的积极人格特质的生源地差异比较

如表 5-8 所示，生源地比较发现，城市与农村的人在勇敢和美的欣赏这两个维度上存在显著差异。通过均值比较，发现农村比城市的人更勇敢，城市的人比农村的人具有更高的美的欣赏水平。

表 5-8　　　　　　公民积极人格特质的生源地差异比较

特质项	组别	平方和	df.	均方	F	显著性
创造力	组间	0.148	1	0.148	0.242	0.624
	组内	85.706	140	0.612		
	总数	85.854	141			
开放思维	组间	0.824	1	0.824	1.574	0.212
	组内	73.346	140	0.524		
	总数	74.171	141			
洞察力	组间	0.223	1	0.223	0.418	0.519
	组内	74.519	140	0.532		
	总数	74.741	141			
幽默	组间	0.294	1	0.294	0.356	0.552
	组内	115.664	140	0.826		
	总数	115.958	141			
热情	组间	1.024	1	1.024	1.409	0.237
	组内	101.771	140	0.727		
	总数	102.795	141			
爱与被爱	组间	0.002	1	0.002	0.004	0.950
	组内	77.352	140	0.553		
	总数	77.354	141			
信仰	组间	0.183	1	0.183	0.289	0.592
	组内	88.909	140	0.635		
	总数	89.092	141			
毅力	组间	0.667	1	0.667	1.100	0.296
	组内	84.882	140	0.606		
	总数	85.549	141			
领导力	组间	1.792	1	1.792	2.545	0.113
	组内	98.562	140	0.704		
	总数	100.354	141			
公正	组间	1.202	1	1.202	2.301	0.132
	组内	73.131	140	0.522		
	总数	74.333	141			

续表

特质项	组别	平方和	df.	均方	F	显著性
宽恕	组间	0. 066	1	0. 066	0. 144	0. 705
	组内	64. 266	140	0. 459		
	总数	64. 333	141			
希望	组间	0. 072	1	0. 072	0. 167	0. 683
	组内	60. 426	140	0. 432		
	总数	60. 498	141			
勇敢	组间	2. 418	1	2. 418	4. 159	0. 043
	组内	81. 394	140	0. 581		
	总数	83. 812	141			
好奇心	组间	1. 085	1	1. 085	2. 067	0. 153
	组内	73. 441	140	0. 525		
	总数	74. 526	141			
审慎	组间	0. 431	1	0. 431	0. 615	0. 434
	组内	98. 190	140	0. 701		
	总数	98. 621	141			
正直	组间	1. 819	1	1. 819	2. 016	0. 158
	组内	126. 344	140	0. 902		
	总数	128. 164	141			
自我调节力	组间	1. 325	1	1. 325	1. 803	0. 182
	组内	102. 879	140	0. 735		
	总数	104. 203	141			
合作	组间	0. 384	1	0. 384	1. 010	0. 317
	组内	53. 194	140	0. 380		
	总数	53. 577	141			
美的欣赏	组间	5. 245	1	5. 245	10. 952	0. 001
	组内	67. 043	140	0. 479		
	总数	72. 288	141			
社会智力	组间	0. 324	1	0. 324	0. 606	0. 438
	组内	74. 971	140	0. 536		
	总数	75. 296	141			

续表

特质项	组别	平方和	df.	均方	F	显著性
爱学习	组间	0.423	1	0.423	0.929	0.337
	组内	63.811	140	0.456		
	总数	64.234	141			
谦逊	组间	1.495	1	1.495	2.103	0.149
	组内	99.484	140	0.711		
	总数	100.979	141			
善良	组间	1.289	1	1.289	3.170	0.077
	组内	56.952	140	0.407		
	总数	58.241	141			
感恩	组间	0.006	1	0.006	0.013	0.909
	组内	66.601	140	0.476		
	总数	66.607	141			

4. 独生子女与非独生子女的积极人格特质差异比较

如表5-9所示，通过对独生子女与非独生子女的积极人格特质比较后发现，独生子女与非独生子女在幽默和好奇心这两个维度上存在显著差异。再通过均值比较，独生子女比非独生子女具有更高的幽默度和好奇心。

表5-9　　独生子女与非独生子女的积极人格特质差异比较

特质项	组别	平方和	df.	均方	F	显著性
创造力	组间	1.393	1	1.393	2.309	0.131
	组内	84.461	140	0.603		
	总数	85.854	141			
开放思维	组间	0.012	1	0.012	0.022	0.881
	组内	74.159	140	0.530		
	总数	74.171	141			
洞察力	组间	0.766	1	0.766	1.449	0.231
	组内	73.976	140	0.528		
	总数	74.741	141			

续表

特质项	组别	平方和	df.	均方	F	显著性
幽默	组间	4. 544	1	4. 544	5. 710	0. 018
	组内	111. 414	140	0. 796		
	总数	115. 958	141			
热情	组间	0. 991	1	0. 991	1. 362	0. 245
	组内	101. 804	140	0. 727		
	总数	102. 795	141			
爱与被爱	组间	0. 179	1	0. 179	0. 325	0. 570
	组内	77. 175	140	0. 551		
	总数	77. 354	141			
信仰	组间	0. 090	1	0. 090	0. 141	0. 708
	组内	89. 003	140	0. 636		
	总数	89. 092	141			
毅力	组间	0. 084	1	0. 084	0. 137	0. 712
	组内	85. 466	140	0. 610		
	总数	85. 549	141			
领导力	组间	0. 002	1	0. 002	0. 002	0. 963
	组内	100. 352	140	0. 717		
	总数	100. 354	141			
公正	组间	0. 658	1	0. 658	1. 251	0. 265
	组内	73. 674	140	0. 526		
	总数	74. 333	141			
宽恕	组间	0. 020	1	0. 020	0. 044	0. 834
	组内	64. 312	140	0. 459		
	总数	64. 333	141			
希望	组间	0. 410	1	0. 410	0. 956	0. 330
	组内	60. 088	140	0. 429		
	总数	60. 498	141			
勇敢	组间	0. 192	1	0. 192	0. 322	0. 571
	组内	83. 619	140	0. 597		
	总数	83. 812	141			

续表

特质项	组别	平方和	df.	均方	F	显著性
好奇心	组间	2.060	1	2.060	3.980	0.048
	组内	72.466	140	0.518		
	总数	74.526	141			
审慎	组间	0.042	1	0.042	0.059	0.808
	组内	98.580	140	0.704		
	总数	98.621	141			
正直	组间	0.022	1	0.022	0.024	0.878
	组内	128.142	140	0.915		
	总数	128.164	141			
自我调节力	组间	0.009	1	0.009	0.012	0.914
	组内	104.195	140	0.744		
	总数	104.203	141			
合作	组间	0.174	1	0.174	0.456	0.501
	组内	53.404	140	0.381		
	总数	53.577	141			
美的欣赏	组间	0.828	1	0.828	1.622	0.205
	组内	71.460	140	0.510		
	总数	72.288	141			
社会智力	组间	0.970	1	0.970	1.826	0.179
	组内	74.326	140	0.531		
	总数	75.296	141			
爱学习	组间	0.150	1	0.150	0.328	0.568
	组内	64.084	140	0.458		
	总数	64.234	141			
谦逊	组间	0.456	1	0.456	0.635	0.427
	组内	100.523	140	0.718		
	总数	100.979	141			
善良	组间	0.442	1	0.442	1.070	0.303
	组内	57.799	140	0.413		
	总数	58.241	141			

续表

特质项	组别	平方和	df.	均方	F	显著性
感恩	组间	0. 190	1	0. 190	0. 401	0. 528
	组内	66. 417	140	0. 474		
	总数	66. 607	141			

（四）舆论主体积极人格特质及其有序参与行为的回归分析

对公民有序参与行为问卷进行了描述性统计，从图 5-7、图 5-8、图 5-9、图 5-10 可以看出大部分公民是对公共事件有所关注的，并多数都具有有序参与的倾向。

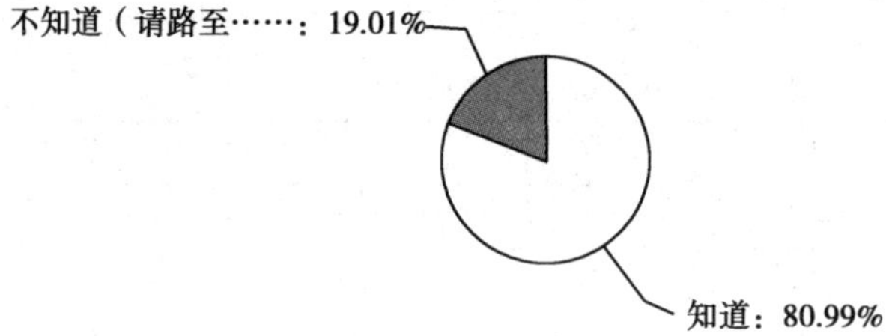

图 5-7　对长春 304 偷车弃婴案的知晓情况

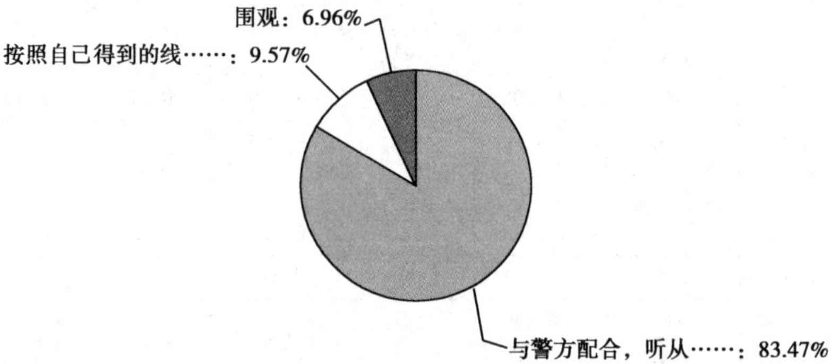

图 5-8　对所得线索的处理办法

运用 SPSS 软件对 24 种积极人格特质与有序参与做了多元回归分析，以善良、公正、正直、合作、毅力、社会智力、创造力、洞察

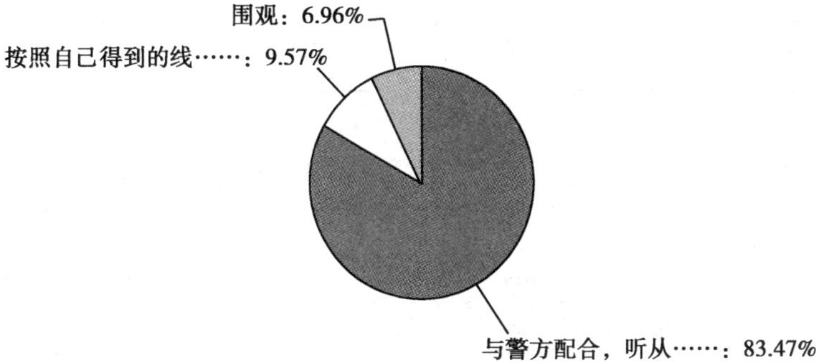

图 5-9　在案发现场的表现

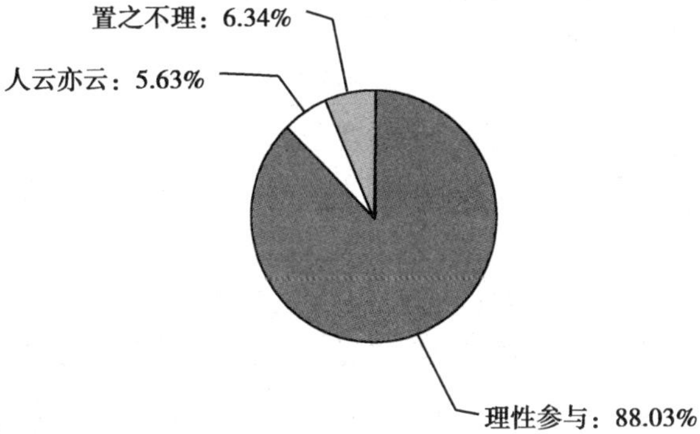

图 5-10　对群体性事件的态度

力、好奇心、开放思维、爱学习、勇敢、爱与被爱、领导力、审慎、谦逊、自我调节力、幽默、美的欣赏、信仰、感恩、希望、热情和宽恕这 24 种积极人格特质作为自变量，有序参与这个变量作为因变量，进行多元线性回归分析。

从表中可以看出，统计量 F = 2.997，相伴概率 P<0.001，说明 24 种积极人格特质与公民的有序参与行为存在线性回归关系，进入回归方程的变量有 5 个，分别是“热情”“爱与被爱”“合作”“社会智力”和“善良”。结果见表 5-10、表 5-11、表 5-12。

表 5-10　积极人格特质对有序参与行为的回归方程决定系数

模型	R	R 方	调整 R 方	标准 估计的误差
1	0. 617	0. 381	0. 254	0. 937

表 5-11　回归方程的方差分析

模型		平方和	df.	均方	F	Sig.
1	回归	63. 108	24	2. 630	2. 997	0. 000
	残差	102. 638	117	0. 877		
	总计	165. 746	141			

表 5-12　自变量与因变量的回归系数分析

模型		非标准化系数		标准系数	t	Sig.
		B	标准误差	试用版		
1	(常量)	6. 535	0. 767		8. 522	0. 000
	创造力	−0. 198	0. 160	−0. 142	−1. 232	0. 220
	开放思维	0. 100	0. 170	0. 067	0. 589	0. 557
	洞察力	−0. 299	0. 195	−0. 201	−1. 531	0. 129
	幽默	0. 232	0. 148	0. 194	1. 573	0. 119
	热情	−0. 163	0. 164	−0. 128	−0. 993	0. 003
	爱与被爱	0. 320	0. 144	0. 218	2. 224	0. 028
	信仰	0. 575	0. 166	0. 422	3. 467	0. 081
	毅力	0. 292	0. 179	0. 210	1. 632	0. 105
	领导力	−0. 285	0. 166	−0. 222	−1. 717	0. 089
	公正	0. 281	0. 187	0. 188	1. 500	0. 136
	宽恕	0. 112	0. 179	0. 070	0. 628	0. 531
	希望	0. 283	0. 222	0. 171	1. 276	0. 204
	勇敢	−0. 555	0. 171	−0. 395	−3. 251	0. 102
	好奇心	0. 141	0. 198	0. 095	0. 716	0. 475
	审慎	−0. 066	0. 131	−0. 051	−0. 506	0. 614
	正直	0. 034	0. 112	0. 030	0. 307	0. 759
	自我调节力	0. 221	0. 136	0. 176	1. 626	0. 107
	合作	−0. 077	0. 171	−0. 044	−0. 450	0. 044

续表

模型		非标准化系数		标准系数	t	Sig.
		B	标准误差	试用版		
1	美的欣赏	-0.061	0.142	-0.040	-0.430	0.668
	社会智力	-0.665	0.157	-0.448	-4.223	0.000
	爱学习	0.220	0.171	0.137	1.285	0.201
	谦逊	0.142	0.129	0.111	1.100	0.274
	善良	-0.048	0.191	-0.028	-0.250	0.007
	感恩	-0.184	0.171	-0.117	-1.077	0.284

根据在线文本的定性分析得出公民在有序参与中体现的积极人格特质为“热情”“合作”“善良”“爱与被爱”“洞察力”，而根据问卷调查的定量研究得出公民在有序参与中体现的积极人格特质为“热情”“合作”“善良”“爱与被爱”和“社会智力”。由于在线文本分析研究者对变量的认识存在一定的主观性，以及在线文本分析的评论用户和问卷被调查者具有一定结构上的差异，因此调查结果具有小部分的偏差是合理的，总体上还是体现出了公民鲜明的积极人格特质。

三 重视积极舆论主体的积极人格发展与有序参与

基于以上数据结果，我们看到，积极舆论主体在“304 盗车弃婴案件”的网络群体性事件的参与过程中，表现出了“善良”“爱与被爱”“热情”“合作”“洞察力”等积极人格特质，根据与之相关的评论，分析出比重是依次递减的。也即在对长春“304 盗车弃婴案件”进行网络参与的过程中，“善良”这一积极人格品质表现的程度最高，“洞察力”相对来说体现的程度最低。

同时，性别、独生情况、学历、生源地等都是公民积极人格影响因素，其中性别对其影响最大。通过回归分析的统计方法，证实公民的积极人格与其有序参与行为有着显著的相关关系，这意味着具有良好的积极人格特质能够促使公民对网络群体性事件进行有序参与，进而促进事件的积极舆论的形成与良性的发展，并最终得到和谐解决。

从实证研究的结果看出，公民的积极人格与其有序参与行为存在着显著的相关关系，两者相得益彰。也就是说要促进公民的有序参与行为，应该大力加强培养公民的积极人格，积极人格的培养乃重中之重。关于积极人格实现的主要途径，笔者认为应该着重考虑以下几个方面。

首先，增加积极体验。积极体验是这样一种心理状态，个体在回忆过去时感到满足，对于现在则是幸福和从容不迫，并且对未来充满希望。感官愉悦和心理享受是积极情绪体验的两种重要心理状态，二者之间有区别也有联系，通常来看，感官愉悦的获得在一定程度上能够促进个体心理享受这一积极体验的发生。从心理学中对于情绪研究的结果来看，每一种情绪都相对应的会产生特别的行为，心理学上把这种状态叫作特定行为倾向。这种特定的行为倾向从整体上可以分为两类，即逃避倾向和接近倾向。与逃避倾向相对应的情绪被称为消极情绪，与此相反的情绪就被称为积极情绪，积极情绪能在特定的情境下促使人冲破一定的限制而产生更多的思想，出现更多的行为或者行为倾向，这说明积极情绪具有扩建功能。积极情绪可以将个体即时的思想或行为资源储存进而帮助个体建立起持久的个人发展资源，从长远角度来看，积极情绪是以间接的方式给个体带来各种益处。因此，通过增加个体的积极情绪体验的次数和广度，有利于促进个体积极人格、积极品质以及积极力量的形成。个体的积极情绪体验越多，随之对自己的要求也就会越来越高，这种要求由于是来自个体内心，所以就更容易形成某种积极的人格特征。

其次，构建积极环境。人格的形成不是与生俱来的，环境对其起着至关重要的作用。和谐美好的社会环境会促进个体积极向上的人格形成。我国社会主义建设的伟大目标是坚持以人为本，坚持科学发展观，促进经济、社会与人的全面发展，终极目标则是构建和谐社会；党的十六届六中全会通过的《中共中央关于构建社会主义和谐社会若干重大问题的决定》为当前积极的人格品质构建提供了切实可行的指导思想。党的十七大报告更是明确提出了注重人的积极心理品质的构建，加强人文关怀，预防心理疾病，引导人们正确地面对自我、他人以及社会，面对困难和挫折要有良好的心理素质。社会发展是以人的发展为目标，其根本是对人的解放和自由，注重人自身的生存和发展，终极目的是实现个人能力。社会主义和谐社会为每个公民积极人格的培养和发展创造了一个最为广阔的平台和空间，用人文关怀最大限度地促进全民形成诸如宽容、善良、谦逊、公正、勇敢、毅力等积极的人格品质。

最后，培养良好自尊。自尊是个体自我评价后做出的并长久保持的一种对自己持赞许的看法，它表明了个体对自己的能力、重要性和价值性一种认同程度。自尊可分为高自尊和低自尊。高自尊是指个体具有的良好自尊。具有高自尊的人能自己管理自己、自己指导自己、自己监督自己，能有效地应对生活中出现的突如其来的种种挑战和形形色色的困难，他们充分自信并且尊重自己和他人，能够认清自己的社会价值，也能坦然地接受别人的称赞和期许，具体表现为明显的心理幸福和心理健康。心理学历史上对自尊的研究源于美国心理学之父詹姆斯。他认为自尊是个人在生活体验中获得的结果超过了自己的预期结果的体验。自尊的获得与两方面息息相关：一是个体在生活中所获得的成就；二是个体对自己进行生活体验的渴望水平。自尊并不涉及个体生活领域的方方面面，它只与个体生活中一些重要体验的成就有关。在詹姆斯的研究基础上，库里将自尊解释为“镜中自我”，即自尊是社会环境对自我的一种反映。个体的自尊来源于社会中的人对个体的看法，特别是身边那些重要的人对他的看法。总体来说，自尊就是一种个体关于自己技能、能力、人际关系等方面的评价后产生的对待自我的态度。而积极人格的培养主要通过对个体实现能力和潜在能力加以激发和强化，发展个体良好的自尊有利于这种强化和激发，因此培养良好自尊是实现积极人格的一条主要途径。

公民作为网络群体性事件中的舆论主体，其积极人格得到培育，就能更好地促进其有序参与，这种有序参与在当今的媒体社会环境中被放大，被倡导，就形成了积极舆论，加之与国家的良性互动，营造一个和谐美好向上的社会环境。

第六章　微博舆论场中积极舆论主体的积极情绪体验

世界每天都在发生着各种各样的变化，每天都有大量的突发事件发生，天灾人祸更是不可避免。当灾难发生时，舆论场中被悲伤、绝望的消极情绪所笼罩，最终只会使更多的人丧失现实的行动力，失去追求幸福的内心原动力。灾难发生后，人们需要化悲痛为力量，以积极的力量去对抗灾难，去对抗消极。应积极开展救援、重建工作，帮助更多的人走出灾难带来的悲伤，获得幸福的生活。而这正与积极心理学致力于发掘人的积极力量，帮助人类获取幸福的目标不谋而合。从积极舆论引导的角度，如何能发挥主流媒体的微博舆论场作用做出积极情绪引导，让人们更多地体验到更多的积极情绪；从积极舆论主体角度，如何能具有对积极情绪的管理能力，成为积极舆论引导理论的重要内容。

2013 年 4 月 20 日，四川省雅安芦山发生 7.0 级地震，牵动着全国人民的心。而微博舆论场在这场灾难面前并未指向救助中所可能出现的问题，却展现了强大的正能量。地震发生后，微博第一时间对事件展开关注，对灾情进行报道①。在地震救援工作展开后，微博舆论场中出现了大量带着积极情绪体验，如带有“希望”情绪的现场灾情发布与报道，汇集“激励”与“感激”情绪的微博救援行动，充满着“爱”情绪的公益活动的倡导。这些公民积极情绪体验使得微博舆论场走向良性发展，并形成组织，持续扩大影响，为雅安地震救援提供了大量帮助，同时缓解了全国民众对于地震灾难的悲痛心情，

---

① 高四维：《微博救援打造“最给力”正能量》，《中国青年报》2013 年 4 月 21 日第 3 版。

也为灾民带去生命的曙光。

本章以雅安芦山地震事件发生后 7 天新浪微博舆论场中的舆论主体积极情绪体验为研究对象，重点研究地震发生 36 小时内微博舆论热议阶段的用户微博内容，展开在线文本分析。笔者认为，积极情绪体验能促使舆论主体产生接近性行为，即能为地震的救援提供帮助的情绪体验才是积极情绪体验，因此以“希望”“激励”“感激”“爱”作为筛选标准，具有以上四种情绪的体验即为微博中的积极情绪体验。进而在分析积极舆论主体的积极情绪体验与微博舆论的关系的基础上，论述积极情绪体验对微博舆论场的积极走向，对民众消极情绪的缓解，对社会的健康发展所带来的积极影响。

第一节　微博的舆论场属性特征

伴随着技术的发展，微博等新兴媒体迅速崛起，用户群体不断扩大，成为不可忽视的新兴传播力量。每个人都成为舆论主体，参与到社会事务、公共事务的讨论中。热点事件发生后，微博中迅速进行讨论、回应，快速形成了一个微博舆论场。微博中舆论主体的持续热议，引发传统媒体对事件的关注，进而导致现实中社会舆论的震荡，促使政府、企业、个人形成现实的行动，加速社会民主进程。微博舆论场对于我国社会舆论场的建构、社会价值的评判、社会冲突的“解压”及政府行为实现等方面发挥着越来越重要的作用。

一　舆论场的定义及特征

舆论是公众关于现实社会以及社会中的各种现象、问题所表达的信念、态度、意见和情绪表现的总和，具有相对的一致性、强烈程度和持续性，对社会发展及有关事态的进程产生影响。舆论的发展变化关乎整个社会发展态势的走向，正如古语所云“水能载舟，亦能覆舟”。但是舆论自身的发展受事件的强烈程度及持续性影响，因此既有理性的成分又有非理性成分。舆论场是用来形容舆论形式的一个概念，“场”概念的运用更是展现了舆论形成及发展过程的时空环境。

（一）舆论场的定义

“舆论场”概念是我国新闻传播学界将物理学中“场”的概念引入舆论学而产生的，“舆论场”是用以说明具体舆论形成的一种情形，即无数个人的意见在“场”的作用下，经过多方面的交流、协调、组合、扬弃，会以比一般环境下快得多的速度形成舆论，并有加速蔓延的趋势。[①] 伊丽莎白·诺尔·诺依曼曾有一个著名观点“舆论是社会的皮肤”，她认为舆论就似社会的皮肤，反映显现着社会的各种肌理，而皮肤是身体的感应器官，最早感应到身体的不适，因此必须重视社会舆论中讨论的问题，及早发现并解决问题，以保证整个社会环境的健康发展。我国历经30多年的改革开放，由封闭走向开放，正步入全面深化改革的阶段，处于社会的转型时期，感受着全球化及媒介大融合的巨变。社会正在由“大国小民”向“以人为本”进行转变，相应的，整个社会的舆论场也在变化，并持续反映着社会的巨变。随着技术的发展，新兴媒体的崛起，整个社会的舆论场的结构也由单一向多元转化。

（二）我国舆论场的宏观现状

随着社交媒介形态的不断推陈出新，舆论场的构成也发生了转变。由单一的民间舆论场，转变为民间舆论场与传统媒体舆论场并存，并进而发展为网络舆论场。网络舆论场中又被各种新型媒介瓜分，形成大大小小各不相同的舆论场。而其中最为重要的是主流媒体舆论场与网络舆论场，2014年人民网舆情监测室秘书长祝华新发文表示，“两个舆论场”共识度增强，网络舆论生态步入正轨。[②]

网络舆论场一方面是民间舆论场的传播载体，网民大多是社会的草根阶层，既关心社会事务又关注自身。同时，网络舆论场中也存在着社会精英、名人，他们也代表着传统的精英阶层在网络舆论场中表达着自己的意见。网络舆论场中，人人可以发声的前提下，形成了新

① 刘建明、纪忠慧、王莉丽：《舆论学概论》，中国传媒大学出版社2009年版，第11—12页。

② 祝华新：《2014：“两个舆论场”共识度增强》，http：//news. xinhuanet. com/newmedia/2014-12/25/c_ 1113781054. htm。

的网络意见阶层，往往言辞激烈、声势浩大，形成狂风骤雨般的态势，倒逼传统媒体发声，并促使政府、企业等主体产生现实的行为，推动社会的进步。而如今的网络舆论场也由最初的“出气筒”角色慢慢转变为成为推动我国民主进程的重要力量，而一系列微博正能量事件的出现，也使得微博舆论场乃至网络舆论场走出与主流媒体舆论场共识度偏低的局面，开始彼此融合，出现舆论场间共识度的极大值。

二 微博舆论场的基本特征：公共性与私人性并存

微博舆论场具有公共性与私人性并存的双重特征。一方面，微博依然承担着传统大众媒体传递信息的责任，同时给予受众表达意见、参与社会事务的机会，具备公共性的特点。另一方面，由于微博是基于用户关系的平台，发布信息门槛降低，文本碎片化，更倾向于自身日常生活琐事、情绪的表达的日志性质，是典型的自媒体，具有私人性的特征。公私并存导致微博中的个人既倾向于关注社会公共事务，获取信息、发表言论，同时关注自身，抒发情绪情感，微博内容常常带有情感因素。我们向来关注了负面的情绪情感，而对积极的情绪情感有所忽略。

（一）微博舆论场的公共性

微博虽然是一种新兴的媒体形式，改变着传统的传播格局，但其依然承担着大众媒介信息传播的功能。微博中不仅存在着千千万万的个体用户，更存在着一些组织、机构，例如各种政务微博等，他们承担着信息发布、便民服务等责任，让网络上的用户形成黏性，从而使其现实中也对自身品牌引发关注，产生现实的行为回应。因此，微博中的用户依然可以通过关注各新闻机构的官方微博、各政务微博、组织机构官方微博获得新闻及所需信息。受 140 字的字数限制，且微博中发布消息具有随时性，用户所获取的信息成爆炸式增长。

微博舆论场中存在着对各种公众议题的讨论。微博舆论场产生重大影响力、获得巨大反响的，基本是涉及社会民生的、与民众切身利益相关的，有影响、有争议的公共议题。纵观每天的微博热点话题榜，不外乎当天的热点事件，既包括对国家政策、改革、举措的议题，也包含对各种民众关心的社会问题、社会事件的议题，也有关于名人的话题。在微博中讨论当今社会的热点议题，体现意见市场中的观点自由表达，同时也给了民众关注热点、评论热点、参与社会事务的机会。

微博舆论场影响舆论客体。微博是一个裂变性的传播媒介，信息呈现几何式快速传播，迅速地形成了一个微博舆论场，对热点事件、当事人、当事组织等展开轰轰烈烈的讨论。然而，微博舆论场的作用并不仅仅限于信息的快速传播，更不在于舆论场的规模宏大，而在于微博中的舆论会直接或间接地影响到舆论客体，即会对事件当事人、相关组织等施加压力、产生影响，使其终止其某些行为，或采取某些行动。近年来的微博热点事件，无一不对现实社会产生影响，推动社会公共事件的进展，促使相关问题得到解决。①

（二）微博舆论场的私人性

微博舆论场改变了中国社会的传播格局，发挥了大众媒介的公共性特征，促使广大用户参与社会事务的讨论与实行，从而推动现实社会公共事务的解决，推进我国民主法治进程。但是，微博也受其人际关系传播特点的影响，用户在微博中的体验也更加关注自身，信息内容更注重精神交往层面，不讲求实在意义。同时民众在参与社会事务的过程中，也因受自身立场、价值观的主导，形成情绪化的微博舆论场。

微博是一种自媒体。自媒体的典型特征是内容的编写极大地体现了个人的自主性，同时将信息向不确定的大多数进行传播。自媒体给了每个人公平发表自己意见的平台，不再受限于传统的文本模式困扰，使得微博舆论场具有了典型的个人性特征，同时可以通过设置消息可见范围，来达到隐秘性的目的。文本内容的编写与传播过程被烙上了私人化的印记，事件发生后形成的微博舆论场具有着典型的私人性特征。

---

① 谢耘耕、荣婷：《微博传播的关键节点及其影响因素分析——基于30起重大舆情事件微博热帖的实证研究》，《新闻与传播研究》2013年第3期。

（三）微博舆论场中的积极舆论主体——既参与公众事务又展示自我

微博舆论场中的积极舆论主体的身份为公民，公民是指具有某一国国籍，并根据该国法律规定享有权利和承担义务的人。一方面，公民依法享有管理社会和国家等公共事务、参与国家政治生活的权利，而另一方面则是每个国民都应具有从事社会、国家事务管理的政治能力，这种能力可能是实在的，也可能是潜在的。[①] 因此，公民应具有从事管理社会和国家等公共事务的能力，具备对社会和国家事务治理的参与意识，最大限度地发挥自身政治参与的潜能，担负起国家建设、推进社会各项进程的责任。

公民是一个现实中的定义，反映到微博这个网络形式媒介中则表现形式为用户，但并非所有的用户都能被称为公民。微博中的用户分为认证用户和非认证用户，认证用户又分为认证个人与认证组织，非认证的用户成分更为复杂，多数是现实生活中的个体，也有一些营销账号。因此，我们将认证用户中的认证个人以及非认证用户的个人账号定义为微博中的公民。

认证用户的个人账号大多为各领域名人、明星、网络红人等，他们的微博内容既有作为传统社会精英指向社会事务、积极参与讨论的内容，如所谓“微博大 V”们，在社会事件中常常担任发挥着传统“意见领袖”的角色，积极发声，赢得关注，影响力大。同时，名人政要也是个人，微博中也有展示自我、宣传自我的内容，如各明星的生活照、剧照等。而非认证用户的个人账号因为发布信息的门槛降低，且大多基于熟人圈，所以发布的内容涉及自身较多，也参与社会公共事务的解决，如传递正能量、微博反腐、微博寻亲等。但非认证的用户由于受限制少、网络匿名性等特点，即使参与公共事务，微博文本也充斥着大量情绪化的表达，如仅仅以表情代替内容，或通过“点赞”“喝倒彩”等方式表达意见。

将微博与传统舆论场概念相结合，将整个微博中的内容融合为一

---

① 《我国公民的基本权利和义务》，http：//www. guangzhou. gov. cn/node_ 574/node_ 579/node_ 585/2005-08/112527958966509. shtml。

个舆论场来研究，一是将其与其他舆论场区别开来研究其特有性质，二是研究其发展变化过程中对现实社会舆论场的影响。事实证明，微博不仅仅具备着信息发布与共享的公共性特征，同时难以磨灭其私人化特征，舆论走向更多时候是受个人情绪所控。这就需要我们重视情绪在微博舆论中的重要作用。既要考虑负面情绪对舆论场的"负功能"，更要重视积极情绪对整个微博舆论场的"正功能"。积极心理学的发展与兴起及积极情绪体验的研究为我们提供了新的研究视角。

第二节　积极舆论主体的积极情绪体验

情绪体验是心理学范畴内的一个概念，为了对积极舆论主体的积极情绪体验有更深入的理解与讨论，需要对心理学中的情绪、情感体验相关理论有初步的了解。心理学是一门研究人类的心理现象、精神功能和行为的科学，既是一门理论学科，也是一门应用学科。心理学涉及的研究领域十分广泛，关乎人的知觉、认知、情绪、人格、行为表现、人际交往关系等方面。心理学尝试阐述大脑运作与个体基本行为与心理认知的关系，同时也尝试研究人类的心理机能对个体行为的影响，最终达到提高人类生活质量的目标。

心理学与舆论的研究相结合已有研究先例，在阐释某些舆论中的现象时，利用心理学原理将其外在表现形式归结为"效应"，如形容政府公信力缺失的"塔西佗"效应，及形容舆论发展过程中不断扩大化的"晕轮效应"等。将心理学知识应用于舆论中，可以使我们的研究更加关注于舆论中的人身上，关注个体，关注其内心，将研究回归人本主义。如本书前文所述，跨入 21 世纪积极心理学成为世界心理学的重要转向，正如传统心理学各流派为舆论学所提供的理论支撑，积极心理学在微博的舆论引导中不仅为我们提供了积极的研究视角，而且启示我们将研究的重心从微博舆论场中的负面情绪转向舆论主体的积极情绪，研究其对舆论场导向的积极影响。

所谓积极，是与消极相对应的概念，来自拉丁文，原意是"实际而具有建设性的"或"潜在的"。因而现代意义上的积极，既包括了人外显的积极，也包括了人潜在的积极。[①] 积极在心理学中代指心理状态的一种表现形式，被定义为一种心理状态，具有“正向的”“主动地”的含义。在第二次世界大战以前，积极是心理学重要的分支，而第二次世界大战后，心理学将视角更多转向病态的心理问题研究，忽视了积极的力量。积极心理学的出现，重新唤起积极的力量，以更加开放、向上的心态去开展研究。“积极”一词虽然是近代才出现系统的表述，但是漫长的人类社会发展进程中，每一个个体的日常生活都伴随着积极或者消极。但是，大多数个体的积极大多是表现在日常的个体行为经验中，并未进行形成系统的研究。直至心理学将积极概念纳入研究视野，不再将积极只作为社会经验而存在，而是将其作为研究的内容，并致力于将积极向上的态度上升为社会共识。在任何社会形态中，积极都是帮助人类渡过难关、驱散消极的最有效途径，因为爱与祝福、善良与正义可以帮助人们在困难时获得动力，从而战胜自己，获得幸福。

我国正处于社会转型时期，改革进入攻坚期，各种利益相互博弈，改革以来的问题、矛盾也慢慢凸显，腐败问题、环境问题、食品安全问题、就业问题等都是公民热切关心的话题，极易触动其敏感的神经，使民众处于恐慌、焦虑时期。越是这个时刻，越是要用积极的力量去冲散消极的灰霾。在政策层面，党和政府所倡导的民间正能量的发生与传递，呼唤“时代最美”的涌现，从国家战略角度给予了积极角度的舆论引导方针；在理论层面，需要建构起倡导积极，透过积极情绪体验寻找内心向上的力量，从而创造更美好和谐的社会的相关理论。

一　积极情绪体验的概念及功能

人受大脑支配产生行为，然而却不是简单的如机器一般按指定行事，因为人是情绪化的动物。情绪是一系列人类主观认知经验的总称，是人多种感觉、思想、行为的影响综合产生的心理及生理状态的

---

① 任俊：《积极心理学》，上海教育出版社 2006 年版，第 14—15 页。

总称，往往对人的行为、认识世界的态度、价值观的形成有着重要影响。心理学致力于研究人类的心理现象，因此情绪是一个重要的研究概念。正如上文所提到的，第二次世界大战以后心理学的研究方向一直集中于人类的心理问题的研究，自然而然也就将研究的重点放于消极情绪的研究上，积极情绪的研究一直处于心理学研究的边缘地位。

积极心理学对于心理学进行了积极转向，同时在主观层面重视个体积极情绪的研究。积极情绪是伴随着人类对环境的适应及成功的改造后而被提入研究进程的，并日益发挥着重要作用。积极情绪的定义多年来一直存在争议，而本节的研究旨在研究其对微博舆论走势所发挥的影响与作用，因此更多地认为积极情绪是激发个体产生的接近性行为或倾向的一种情绪，并研究分析积极情绪的扩建功能及压力消解功能。

（一）积极情绪体验

积极情绪是积极心理学研究的关注点之一，在主观层面研究个体的积极情绪，发掘个体的积极力量。积极情绪的定义有两种倾向，一种观点认为积极情绪就是具有正向价值的情绪，强调情绪的属性。而另一种观点则认为积极情绪并不一定是就具有正向价值，并不应简单地从情绪的指向性上来判断消极还是积极，而应该结合人的行为来判断，认为积极情绪应是指能激发人产生接近性行为或行为倾向的一种情绪，而不以情绪本身的价值倾向为判断标准。前一种定义是从情绪的价值功能进行定义，与现实生活常识相关；而后一种定义则具备操作价值，便于研究使用，因此本章中所定义的积极情绪概念采用后者。

具体而言，参照美国学者芭芭拉·弗雷德里克森根据多年研究的结论，将积极情绪归结为 10 种形式：喜悦、感激、宁静、兴趣、希望、自豪、逗趣、激励、敬佩和爱。[①] 在理解了积极情绪概念的基础上，我们看看什么是“体验”，“体验”一词也是心理学的一个概念，具体是指人对外界各种刺激作出的心理反应。因为体验常常最后以个体情绪的表达出来，因此又被称作情绪体验。公民在微博中的表现形式为千千万万个用户，而每个用户在微博中，针对某个事件、某个话

① ［美］芭芭拉·弗雷德里克森：《积极情绪的力量》，王珺译，中国人民大学出版社 2010 年版，第 38—40 页。

题，发布一条微博、转发一条微博、评论一条微博的行为都是带有个人情绪化的回应与表达，即为情绪体验，而个体的积极情绪体验即是自身情绪的表达。而本节中的积极情绪体验并不仅仅芭芭拉·弗雷德里克森总结的10种积极情绪内容本身，同时应结合具体案例，分析能够促使其产生接近性行为，追求向上的力量，获得幸福生活的原动力的情绪体验才是积极情绪体验。

（二）积极情绪的功能

不断增进个体的积极情绪体验可以有效培养个体积极人格、发掘积极力量、弘扬个体积极品质。当个体在尝试过足够多的积极情绪体验后，会逐渐汇集更多的积极力量，对自身的发展提出更高的要求，尤其这种要求更多地是来自个体内部的追求，因此更容易在其内心形成某种积极人格类特征，并将积极力量保存，也有助于在压力环境、困难来临时，缓解内心消极力量，增强自身各方面的能力，增强社会协调等，在行动上表现更为积极，促进事件的积极解决。

不仅如此，积极情绪还具有扩建功能。积极情绪扩展人们关于可采取行动的想法，打开我们对于常规之外更广泛的思想和行为意识。喜悦会激发我们探索和发挥创造性的冲动；而宁静则激发出我们品味当前情境、把自己融入周围世界的冲动。传统心理学理论对于情绪的研究是将所有情绪交织在一起，以研究消极情绪为主，缺少研究积极情绪的特殊功能。消极情绪会让人产生逃避倾向，限制个体在某些条件下的思维及行动，而积极情绪的功能则相反。弗雷德里克森将关注点集中于积极情绪功能研究上，提出了“积极情绪扩建理论”。该理论认为积极情绪如喜欢、满足、爱、自豪等，可以拓展延伸人们的思想和行为能力，并能构筑增强个体内在的力量，增强人的各种知觉、行动能力，如智力、体力、交往能力等，帮助人类获得幸福生活。

此外，积极情绪具有压力消解的功能。积极心理学认为积极情绪的产生可以释放因消极情绪所带来的机体的紧张感、压力感，消除负面情绪对身体的危害，保证身体的健康。积极情绪对身体的健康影响程度一直以来就备受关注，在日常生活中，我们会发现同样是癌症晚期的病人，有些病人承受不住病魔的压力，消极对待病情，承受更多的病痛折磨，很快就走向了生命的终点。而乐观的病人，则选择笑对人生，积极与病魔做斗争，渐渐地身体竟然出现好转，病症有所缓解的情况，这即是积极情绪对于压力的缓解，促使身体恢复健康的现实案例。

积极情绪对于个体来说可以拓展其思维及行动能力，缓解机体因压力而产生的不适感①。但是，将其置于宏观社会舆论场中去研究，则其对个体的影响延伸到对整个舆论场舆论走向的影响力。当舆论场中的公民积极情绪体验积攒到一定程度时，其可以引导舆论场向“正能量”发展，并将“正能量”持续扩散，影响到公民的现实行为，激发其潜力。同时积极情绪体验有利于缓解舆论场中负面情绪、负面信息所带来的负能量影响，保证社会整体舆论环境的和谐发展，促使社会、国家事务的合理解决，推动民主进程，构建幸福生活。

二 微博舆论与舆论主体的积极情绪体验

舆论主体从本质上来说是个体，因此具有个体的主观倾向性，一则信息的传递中往往带有乐观或悲观的情绪倾向性，因此也有学者认为媒体是拥有“情绪”的。但是，传统媒体在长期发展的过程中，受新闻专业主义要求，形成了约定俗成的行为准则，要求媒体的报告必须是客观的，不偏不倚的。传统媒体受制于自身单向的传播模式，受众参与互动不多，因此，传统媒体中的情绪化表达并不明显，公民的情绪体验也并不多见。

然而网络技术的发展改变了媒介语境“冷冰冰”的客观倾向，广大公民的参与意识开始觉醒，在各种网络形式的舆论场中积极发声。以微博为代表的社会化媒体以用户创造内容为其典型特征，具有强烈的私人性特点，公民不再依赖传统的大众媒介提供的信息，转而自己生产信息，自己创造内容，自己传播信息，积极参与社会事务，推动社会进步。在微博舆论场中，传统媒体的“客观性”报道方式消失殆尽，取而代之的是广大公民情绪化的体验，微博舆论场在一定程度

① Fredrickson, B. L. &Branigan, C., Positive Emotions. In T. J. Mayne, G. A. Bonnano, *Emotion: Current Issues and Future Directions*, New York: Guilford, 2001, pp. 38-40.

已经达到了“重情绪、轻信息”的传播特征。学界开始关注微博等新兴媒体形式中的公民情绪。2013 年，陈力丹教授主持国家社会科学基金重大项目“微博微信公共事件与社会情绪共振机制研究”举行开题会，强调微博微信等新媒体事件会将公共性事件进一步扩大，引发成为社会普遍关注的“新媒体事件”①。而现有的研究大多从舆论学机制来探讨新媒体事件的传播路径、舆论生成机制及传播效果等，却鲜有关注事件背后的社会心理机制，因此倡导以科学严谨的方法、采用跨学科的方式进行研究，强调微信微博公共事件与社会情绪之间的共振关系。情绪与舆论之间的关系已经得到了学界的重视，也关注到了背后的心理机制，然而研究的视角却依然没有转向积极。而本节正是在参考上述已有研究基础之上，将情绪研究与舆论研究相结合，同时将研究的视角转向积极心理学，重点关注微博中的公民积极情绪体验对舆论场走向的影响。

个体的情绪体验总是消极与积极并存，处于正负能量的博弈之中。而反映到微博这个舆论场中，也不仅仅存在着公民的消极情绪体验，更有大量的积极情绪体验。长久以来，我国学者对于微博的研究更多关注于公民负面情绪对舆论场的消极影响，研究其对恐慌、焦虑情绪的加剧，形成不理智的行为等。但是，如果我们只一味地关注谣言与谩骂等微博舆论场中的消极情绪，那么我们得到的结论只能是消极的——微博舆论场对社会宏观管理会产生负面影响，再制定如何消除负面影响的政策，但这更像是一种恶性循环——最终仍是以消极的办法解决问题，并不利于微博舆论场的健康走向。

每个个体的内心都有着不可小觑的积极力量，每个人的心中都充满着爱与祝福等善念，而微博给予了每一公民平等的意见表达平台，更给予了每一个人传递内心的积极力量的平台。微博中曾有过多次温暖人心的正能量事件，正是喜悦、感激、希望、激励和爱等公民积极情绪体验的表现。福州网友“墨一只”在微博上发表求助，称家人为了让不爱吃青菜的妹妹多吃青菜，骗她说不吃青菜就会雾霾中毒，

---

① 毛湛文：《新媒体事件研究的理论想象与路径方法——“微博微信公共事件与社会情绪共振机制研究”开题研讨会综述》，《新闻记者》2014 年第 11 期。

妹妹不信，于是“墨一只”在百度知道进行了提问。她希望微博的网友去百度知道进行回复，表明不吃青菜会中毒。微博发布后，随即被大量转发与评论，登上微博热门话题榜，同时在百度知道中有至少1万多的网友对其进行回答，其中不乏专家人士，大家纷纷帮助这位姐姐圆谎，带有着大量满足感的回复出现——“雾霾中毒怎么办，吃青菜呀！”① 微博中充满着“爱”这一积极情绪，连“墨一只”自己都没有想到自己一个小小的求助，引发了网友的爱心传递，且整个事件中几乎不存在讽刺与谩骂。这样一条微博的走红，并能得到大家的帮助和祝福，有两个原因：一是雾霾是热议话题，关乎每一个人的健康问题，大家都对雾霾问题十分关注；二是就在于微博的“求助性”，博主运用了求助这样一种方式请求大家的帮忙，引发了人们心中潜在的爱的力量，即积极人格，于是，有了以上的积极情绪体验，并促使了事件的良性发展：“墨一只”表示妹妹已经开始吃青菜了，并谢谢大家的帮助。

2014年微博中流行的“微笑挑战”“冰桶挑战”“寻找中国的最美人物”等都是以积极情绪的表达为内容，传递希望、传递爱、传递喜悦，倡导微博舆论场中的正能量，扩大正能量，缓解负能量带来的负面影响，保证微博舆论场的健康。正如积极心理学是对心理学长期以来消极方向的纠偏，本节研究也是希望跳出消极视野，基于积极心理学的研究视角，以一种积极的、赞赏的态度来研究微博舆论中的积极情绪体验，并研究其所能产生的积极力量。

第三节　雅安地震事件中积极舆论主体的积极情绪体验

2013年，雅安芦山地震的发生一度成为全国人民关注的焦点。2008年的汶川地震，微博还未流行开来，民众大多是通过电视、报纸等媒体收集信息；而雅安地震发生后，手机、固定电话等通信工具

① 《9岁女孩不爱吃青菜　姐姐发帖求助八千网友帮忙》，http：//news. sina. com. cn/o/2013-12-10/002328928054. shtml。

线路中断，而微博作为网络时代的通信工具担起了信息传播的重任。在地震发生仅 6 分钟后，芦山网民“meaningless_批话多”即通过微博发布了来自震区的第一条信息，此后形成信息爆炸式增长，媒体相继发声，军方进行回应，慈善、救援行动也相继展开，地震发生仅 36 小时后，相关微博信息达 8712157 条，达到高潮。[①]

来自震区的声音、政府的声音、救援队、志愿者等的声音迅速汇集，形成微博舆论场，而舆论场的关注焦点是地震救援。雅安地震微博关注排行中，涉及捐助、救援、寻人、信息发布、祈福等正面信息的微博占比 93%，证明舆论主体的积极情绪体验占据了舆论场主流。在这场灾难面前，微博舆论场谱写了一曲正能量篇章。

根据芭芭拉·弗雷德里克森对积极情绪的 10 种分类，并结合前文所述积极情绪体验能产生接近性行为的情绪等概念，本节关于雅安地震的研究中，舆论主体的积极情绪体验定义为：微博舆论场中舆论主体的“喜悦、感激、宁静、兴趣、希望、自豪、逗趣、激励、敬佩和爱”等情绪，同时这些情绪并不仅仅是表面的正向情绪，更是能激发公民产生接近性的行为，获得向上生活的幸福原动力。而在微博舆论场中的上述情绪体验即为本节研究的重点——微博舆论场中舆论主体的积极情绪体验。

一　积极舆论主体的“希望”情绪体验——地震相关信息迅疾发布

“希望”一词在中国汉语中一直被广泛运用，代表着人类最美好的情感之一，是心底最真诚的幻想与愿望，期望达到某种目的或出现某种状况。在美国学者芭芭拉·弗雷德里克森的研究中，“希望”代表着积极的力量，是积极的情绪体验之一。“希望”是指在无望或绝望中产生的一种积极情绪，它的核心深处是相信事情能够好转的信念。无论事情变得多么无望，都相信它最终会变好。希望是支撑每个人的信念，免于其在绝望中崩溃。它还会激励每个人去发掘潜在的能

① 《“4·20”芦山地震网络舆情分析》，http：//news. xinhuanet. com/yuqing/2013-04/26/c_ 124637333. htm。

力和创造性来扭转局面，打造美好的未来。在地震这样的天灾面前，绝望、无助的情绪在蔓延，而在这悲伤、无望之中，激活了“希望”这一积极情绪。

在2008年汶川地震发生时，微博等社会化媒体还未兴起，灾民陷入通讯中断，处于恐慌中，普通民众只能通过电视、报纸等媒体关注地震信息。而雅安地震中，随着微博这一新兴媒体发展走向成熟，在这场灾难中成为信息发布第一平台，地震仅一分钟后，国家地震台网@中国地震台网速报即发布消息，称监测到雅安5.9级地震，最终震级以正式通报结果为准，随后《成都晚报》官方微博也发布了地震的消息，6分钟后，通讯中断的地震中心区芦山发布了第一条震区微博，芦山网民“meaningless_ 批话多”发布微博：“我以为我要死了！震中肯定在芦山县！我家房子已垮！”随后，微博中各方呼应，地震信息开始实时发布，救援、慈善活动也相继开展。

此次芦山地震，由于微博舆论场迅疾的反应速度，使得悲伤、绝望、愤恨的情绪没有蔓延，更未占据主流。反而是相信未来会变好的“希望”情绪体验支撑着微博中的公民即时迅速地更新、发布信息。灾区的微博用户发布求助信息，更新灾情现场的微博得到大量转发，转发评论的过程中，公民也都在微博中进行着积极的情绪体验，文本内容大多是祈福、鼓励等承载着“希望”的内容，如“雅安加油!”“今夜我们都是雅安人”等。“希望”的情绪支撑着关心这场灾难的微博公民，面对灾难的无情，同时激发出了每个人潜在的能力，人们开始为地震救援贡献积极力量。

二 积极舆论主体的“激励”与“感激”情绪体验——微博救援开展

“激励”与“感激”是两种特别的积极情绪，特别之处在于这种情绪可以塑造出连续性传递的善行出现。“激励”情绪是一个人目睹了人性最美好的一面，自身得到了启发与振奋，产生做得最好的冲动，促使善行出现。有时一人的善行，往往可以令目睹善行的人产生“激励”的情绪，产生效仿行为，将善行进行传递。而“感激”则是发自内心的、自发的积极情绪。芭芭拉·弗雷德里克森认为“感激”能够打开人的心灵，受过他人恩惠、帮助的人，内心产生“感激”的情绪，趋向于做一些善行来回报帮助过你的人，或者回报给其他需要帮助的人，“感激”的情绪令受助者将善行向前传递①。雅安地震中，微博舆论场掀起了一场轰烈的“微博救援”，从发布救援信息、号召志愿者开展救援、普及救援知识，更新救援情况等，微博舆论场中充满着“激励”与“感激”的舆论主体情绪体验。

一方面，各次灾难中志愿者的身影，微博中对救援行为的呼吁，使得目睹了善行的人们产生“激励”情绪，自发采取行动支持雅安地震救援。微博大V@作业本、@李承鹏、@罗昌平等均发布救援相关微博，表示愿尽力提供帮助参与救援。@作业本愿无偿提供自己账号，作为救援信息发布的平台，而@李承鹏、@罗昌平也表示愿意无偿提供救援车辆，更表示将深入灾区提供救援帮助。大V们的行动，令粉丝们产生了“激励”的情绪体验，@作业本在4.20日发布的与地震信息、救援相关的微博都得到3000次以上的转发量，粉丝们在评论与转发中，均表示愿意为救援提供帮助，如网友@卡罗妈妈在评论中表示愿捐助奶粉给灾区婴儿。微博的救援行动就在“激励”的情绪中不断被传递，影响整个微博舆论场，更直接传递到了灾区。

另一方面，微博救援中还包含着许多深入灾区第一现场进行援助的志愿者们所发布的救援信息，其中有一部分志愿者是汶川地震中的幸存者。他们在汶川地震时获救，在雅安地震中，自发的“感激”情绪促使他们成为今天雅安地震的志愿者，将志愿行为传递。如被称为“最美女教师”的廖智，在汶川地震中获救却失去双腿，雅安地震发生后，她第一时间赶到现场，戴着假肢为灾区人民服务，获得微博中的公民称赞。@廖智在微博中表示，“我曾经是被救的人，现在用自己的力量参与救援是我应当做的，并且雅安也是我的家乡四川的一部分，家乡有事我不能视而不见。”同时她也在灾区一线发布第一手救援、求助等信息，得到微博用户的回应，将救援行动、志愿行动

① ［美］芭芭拉·弗雷德里克森：《积极情绪的力量》，王珺译，中国人民大学出版社2010年版，第42—43页。

传递在芦山灾区中。

三　积极舆论主体的“爱”情绪体验——微公益活动

“爱”是我们常常挂在嘴边的一个词，而它却是最最难以捉摸的一种情绪。芭芭拉·弗雷德里克森将爱放于10种积极情绪的最后，并不是认为它不重要，而是认为“爱”不仅是一种单一的情绪，而是包含了前面9种积极情绪在内的一种积极情绪。当“希望”“感激”“激励”等积极情绪与一种安全的、亲密的关系相关联，而扰动了我们的心灵，我们就将其称之为“爱”。在这种关系中，人们会一起分享对未来的希望，会被所爱之人的善行所“激励”，会“感激”挚爱为你带来的“喜悦”，甚至“敬佩”。能够产生这种积极关系的宇宙的力量，在于其中的每一个时刻，都是爱的瞬间。是“爱”令这种关系变得更亲密、更值得信赖，“爱”是所有积极情绪的一种包容。

雅安地震中微博舆论场的公民积极情绪体验，无论是“希望”还是“激励”“感激”都是“爱”的体现。起初，公民只是与熟识的人之间体验着“爱”这种积极情绪，他们在与粉丝的互动中、在转发关注者的微博中体验着“希望”“感激”与“激励”情绪。随着微博舆论场进入热议阶段，微博中的公民们渐渐地在这场声势浩大的“微博救援”中，与更多的人体验着“爱”的情绪。许多微博中的公民不能亲自深入灾区现场实施救援行动，在“希望”“感激”“激励”等情绪的体验中，他们在微博中开展了充满“爱”情绪体验的微公益活动，发表祈福文章、发起募集资金活动，与微博中的千千万万个熟悉或不熟悉的公民一起为灾区救援贡献积极力量。

在雅安地震发生36小时内，有超过8万新浪微博用户在微公益平台捐款，平台募集捐款额超过1亿元。更有许多民间公益机构也积极发挥能量，如“壹基金”为雅安地震灾区募集1.5亿元善款，投入灾区救援中。微公益活动的展开，一方面配合了地震救援工作，为救援工作提供资金、物资的支持。另一方面，微公益活动也促使微博中的公民在与更多人的交往中，体验“爱”，传递“爱”，令微博舆论场形成了正面气息，发挥着重要正能量。

四　积极舆论主体的积极情绪对微博舆论场的影响

微博由于其迅捷性、即时性的特点，在地震发生后，迅速汇集成一个微博舆论场，成为地震中信息发布的第一平台。在这个平台中，公民积极情绪体验占据微博舆论场主流地位，充满着“希望”情绪的灾情信息即时发布、带着“激励”与“感激”的微博救援行动，以及充满“爱”的微公益行动，为地震救援提供了帮助。公民的积极情绪体验不仅仅传递了积极情绪，鼓舞士气，更传递了善行，支持了灾区救援。在雅安地震中，微博舆论场中的公民积极情绪体验不仅数量众多，占据舆论主流，且在一定程度上影响着整个微博舆论场的走向，引导微博舆论场走入良性循环，消解负面情绪带来的负影响。

（一）积极舆论主体的积极情绪体验的扩建——微博舆论场良性循环

积极情绪与消极情绪是两个对立面，面对同一事件，消极情绪会令人产生逃避、躲避等行为，而积极情绪则会激发人们采取行动的想法，延伸人的思想及行为能力，促使人们产生接近性行为，这就是芭芭拉·弗雷德里克森的积极情绪的扩建理论，基于积极情绪的扩建功能，弗雷德里克森创造性地提出了积极率概念。积极率即为积极情绪与消极情绪的比例，她认为积极率受到一个临界点的调控，当积极率低于这个临界点时，人们可能会被拖入由消极情绪的恶性循环中，而在高于临界点时，人们则开始被积极情绪所引导，创造性地展开思维及行动，被引入到一个由积极情绪推入的良性循环中。弗雷德里克森经过大量的研究认为，这个临界点在3：1左右。

积极率在个体层面可以扩建人的思维，而舆论是公众意见的表达，公众由千千万万的个体组成。积极情绪达到一定比例可以影响个体的行动，在宏观层面上，积极率在一定程度可以影响舆论场走向。在雅安地震发生后，微博舆论场由于信息发布的即时性，积极的正面的信息占据主导地位，由首先基于“希望”情绪的信息发布，再到伴随“激励”“感激”情绪的微博救援，最后是充满“爱”的微公益活动。根据盘古数据统计的结果，地震发生后的36小时，微博舆论场关注内容排行如图6-1。可以看到，除了高速拥堵外，其他微博关注内容都是具有“希望”“感激”“激励”“爱”等的公民积极情绪体验，共占比90%以上，雅安地震微博舆论场中积极率占比高达9∶1，远远高于临界点3∶1。

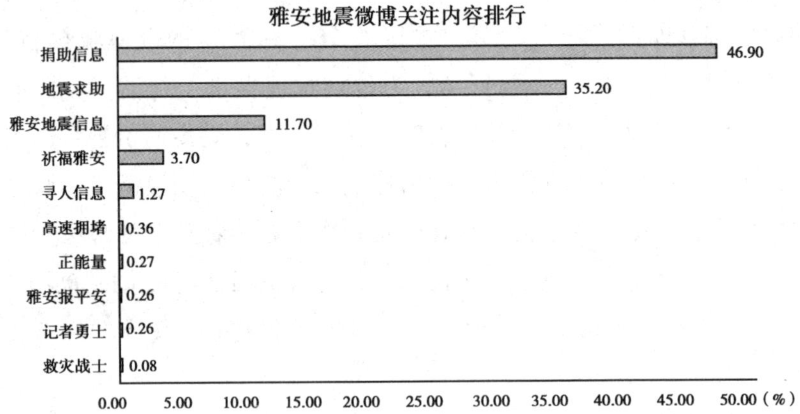

图6-1　雅安地震微博关注内容排行

微博舆论场在芦山地震发生一周内，一直处于良性循环中，公民积极情绪体验占据主流，舆论导向积极，民众积极情绪高涨，极大地拓展了用户的创造力、行动力，线上微公益、微博救援、微博祈福等活动顺利开展，志愿活动、救援活动同时在线下开展。善行在开展的同时，也在进行着传递，越来越多的人关注雅安，关注芦山，关注地震救援。微博舆论场的积极导向也引导了整个社会舆论场良好地发展，减轻了雅安地震带来的悲痛，鼓励民众积极抗击灾难，减少伤亡损失。

（二）积极舆论主体积极情绪体验的消解——化解负影响

心理学在第二次世界大战后的消极研究倾向，着重强调了消极情绪对肌体产生的不适感、压迫感，严重影响了个体的健康状况。而多年来我国对于微博舆论的研究也多出于同样的消极倾向，研究微博中的消极情绪对舆论环境的负面影响，对整个社会健康发展带来的负面作用。积极心理学家认为纠缠于消极情绪本身是难以消除其所带来的负面影响的，解决负影响的力量正是来自于消极情绪的对立面——积极情绪体验。积极情绪的扩建在个体层面可以消解肌体因消极情绪而产生的压力感、不适感，使肌体恢复健康，在宏观层面则可以消除负面情绪所带来的负能量，保证舆论场的健康发展。

芦山地震中，微博舆论场中存在着各种公民负面情绪体验，表现为“恐慌”“愤怒”等情绪。如雅安地震中，微博中出现了的谣言“雅安救灾军车再坠崖”“地震局内部消息，成都将发生 9.2 级地震”等，引起大量转发，引发了微博中公民的“恐慌”情绪，甚至对于地震局发布的信息存在质疑。而微博舆论场中，谣言毕竟只在某一时刻占据关注点，随着带有“希望”情绪的地震相关信息的及时发布，谣言都在信息的及时公开中被粉碎，公民越来越多开始关注地震的救援等信息，舆论场走入良性循环。

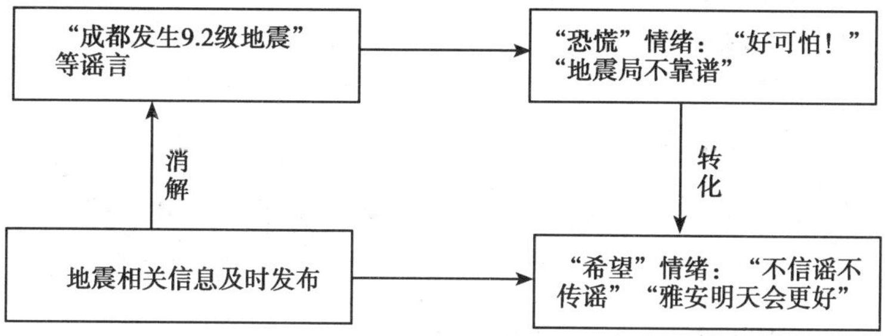

图 6-2　谣言事件中，“希望”情绪对“恐慌”情绪的消解

雅安地震事件中的微博舆论场中不仅充斥着谣言，转移注意力，同时存在各种负面情绪，转移公众注意力，导致微博舆论场方向偏差，对地震救灾产生负面影响。地震发生后，由于救援车辆涌入雅安灾区，造成成都至雅安高速路段拥堵，车辆无法前行，触动公众神经，引发大家对于民间救援的批评之声，以及对高速路段还存在收费行为的质疑，引发公民“愤怒”的负面情绪，转移了舆论场中的公众关注点，导致舆论场向负面情绪流转，同时也对地震救援产生不良影响。

然而微博舆论场中不断扩大运转的“感激”“激励”情绪鼓励大家关注地震救援，普及救援知识，呼吁理性救援，共同渡过难关等，迅速将公众注意力转回地震救援这件迫在眉睫的事情，也将公民的“愤怒”情绪加以抚平，并将舆论场引入“传递善行”的积极循环中，同时民间志愿者也开始呼吁理性救援，让官方救援先行进入灾区，高速路段通畅，救援行动得以顺利开展，“感激”“激励”等情绪对“愤怒”情绪进行了消解，并将舆论场走向引入积极循环。

在雅安地震中，官方机构红十字会遭受信任危机，在其发布呼吁公众捐款的微博后，公众的“质疑”情绪被点燃，并向更恶劣的负面情绪转化。在其微博的回复下面，不乏“滚”“打死也不捐给红十字会”等字样，公众质疑其“圈钱”行为，并对其发布的微博予以“滚”的回复。公众的质疑情绪导致雅安地震中的公益活动严重受到影响，并且红十字会的微博瞬间成为情绪的宣泄地，转移了人们对救援、救灾、公益的注意力。

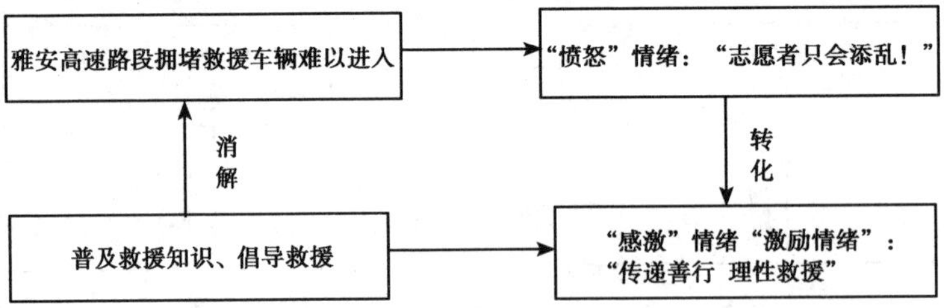

图6-3　高速路段拥堵事件中，“感激”“激励”情绪对“愤怒”情绪的消解

在灾难面前，充满“爱”情绪的各种民间、官方的微公益活动一直不断地在扩大影响，为灾区祈福，“壹基金”等慈善团体开始号召募捐，得到微博中公民的热烈响应，最终“爱”情绪将种种“质疑”、种种愤怒与不平等负面情绪消解，将微博舆论场引入了良性循环，并最终对地震救援工作产生了积极的影响，救助了更多的灾区同胞。

负面情绪是难以避免的，但是它所造成的负影响却可以在积极情绪不断扩张的力量中被消解。在此次雅安地震的微博舆论场中，负面情绪虽在一定程度引发了负面影响，但公民积极情绪体验的绝对优势则化解了这些负影响。带有“希望”情绪的地震信息及时发布消除

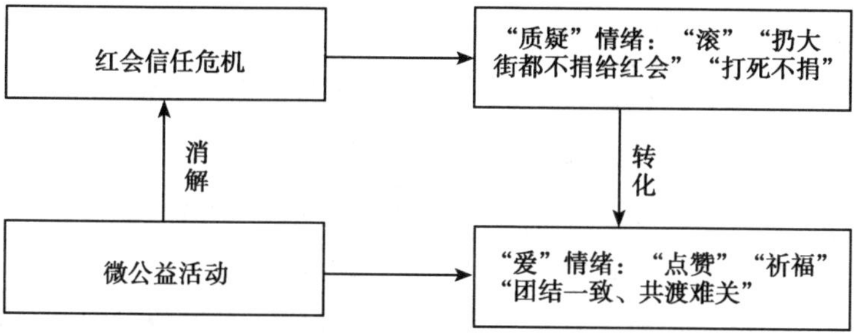

图 6-4　红会危机事件中，“爱”情绪对“质疑”情绪的消解

了谣言带来的“恐慌”；凝聚“激励”与“感激”情绪的微博救援，普及了救援知识，理性救援的顺利开展消除了民众对盲目救援引发的“高速路段拥堵”的“愤怒”；“爱”情绪的微公益活动则消除了“红会”引发的“慈善质疑”。公民积极情绪体验消解了负面情绪体验引发的负面影响，同时引导此次事件中的微博舆论场走入良性循环，为社会的健康发展提供了“正能量”。

（三）积极导向的微博舆论场——社会发展“正能量”

雅安地震中的微博舆论场不仅仅是信息发布平台，更是正能量传播平台，而其正能量的来源正是微博中占据主流地位的公民积极情绪体验。大量的公民积极情绪体验不仅将微博舆论场引入良性循环中，传递更多积极信息，也消解了公民负面情绪体验带来的负面影响，使得微博舆论走向健康、积极。微博中的公民积极情绪体验传递了积极的信息，增强了民众抗击灾难的信心，减轻了灾难带来的伤痛，也传递了善行。救援行动、志愿行动、公益行动纷纷开展，传递了社会正能量，引导整个社会舆论场走向积极、健康，团结全国人民共同抗击灾难，令灾害的破坏力得到缓解。

首先，积极导向的微博舆论场影响了地震期间的整个社会舆论场，微博舆论场充满着“希望”“激励”“感激”与“爱”等情绪。微博舆论场导向积极，也是人文情怀的体现，倒逼传统媒体反思灾难报道的方式，以更理性、更温和、更关怀的方式去报道灾区、灾民，在这场灾难面前，为救援、重建营造更加和谐、健康的舆论环境；其次微博中公民的积极情绪体验，使得公民产生了更多接近性行为，并迅速团结起来，深入灾区的救援、志愿行动以及“大爱无疆”的捐助、祈福活动，配合地震救援工作，在一定程度上减少了地震带来的伤亡损失；最后，积极、健康导向的微博舆论场，也唤醒了更多公民内心潜在的积极力量，即积极人格。微博舆论场大量的公民积极情绪体验激发了公民内心的积极力量，使其变成更为积极主动的个体，并参与到社会建设中来，促进社会和谐健康发展。

微博舆论场是整个社会舆论场的一部分。作为新兴的媒体形式，其对社会舆论大环境的影响不可小觑。正如此次雅安地震中，微博舆论场的正能量——公民积极情绪体验引导了微博舆论场的健康发展，使得舆论场导向积极，并倒逼传统媒体改进报道方式，同时对社会舆论环境、事件进展及整个社会的和谐发展都发挥着重要影响。积极情绪体验是微博舆论场健康发展不可或缺的动力，更是社会发展需要的原生动力。这就要求我们将研究的视角转向积极，加强对积极心理学、积极情绪的研究，重视人在社会发展中的积极力量，去发掘每个个体内心的积极力量，发挥正能量的作用，从而使社会的发展更加健康、和谐。

五　积极舆论主体的积极情绪体验的策略

对于媒介的影响研究，着眼于媒介本身，也许我们根本无从寻找答案，因为任何一种媒介形式都不能以绝对的好坏去定义。毕竟，媒介从本质上只是一种人类交往的工具与形式，由人来操控和把握。因此，媒介的影响归根结底在于人，人类如何去应用媒介，它就如何作用于人类社会，因此，我们应将研究重点着眼于个体，探究个体在媒介的影响中如何发挥积极作用，更好地为社会发展服务。

积极舆论主体在现实社会中的表现即为公民，关注每个公民自身的积极力量，是我们的研究目的。之前的研究中，我们已经认识到积极情绪在微博舆论导向中发挥的重要作用。公民的积极情绪体验可以消解负面情绪带来的负影响，在一定程度上，将舆论场导向引入良性循环中，对事件的走向及社会发展具有积极的作用。而目前我国对于微博舆论的研究更多倾向于消极的、负面的，对社会发展带来的不良影响，将研究重点局限于微博这种形式本身，而忽略了人自身的积极力量。

（一）提高对积极舆论主体的积极情绪体验的重视程度

情绪是人心理活动的一种表现形式，它对人的行为及个体的肌体健康都有着重要影响，因而一直是心理学研究的重点。舆论是公众意见的表达，舆论主体则是千千万万公民的总和，因此，舆论在一定程度上受到舆论主体情绪体验的影响。微博等新兴媒体的发展，解放了公民的嘴巴，公民表达意见不再受媒介形式的限制，人人即传播主体，因此微博舆论中带有大量的情绪化表达。然而，正如心理学自二战来受到消极倾向的影响，舆论影响研究，尤其是微博舆论影响机制的研究，大多将重点放于公民的消极情绪对舆论的影响，认为舆论研究受到公民不理智情绪的重大影响，必须在多个方面对舆论进行监管与控制。然而，堵不如疏，以堵的方式去对抗消极情绪，以消极对抗消极，并不利于舆论场的健康发展。

芦山地震中，微博舆论场迅疾的反应速度、及时的救援协助以及“大爱无疆”公益活动传播使其表现亮眼，成为传播正能量的平台，正能量的来源正是大量的公民积极情绪体验。这说明微博中不仅存在大量的消极情绪，也存在着大量的公民积极情绪体验的特征。公民期待在微博中表达自我，更期待着能够积极地参与到社会事务中，推动国家社会前进的步伐，这是每个公民内心的积极人格所发挥的积极力量。增进积极情绪体验不仅要靠外在的激励与教育，更需要每个人内心的积极人格来驱动，因此必须培育公民积极人格，激发个体内心的正能量，从而引导微博舆论场的和谐、健康发展。

（二）培育积极人格激发舆论主体的内在正能量

积极心理学认为人格的形成与发展是每个个体自身主动建构的过程。因此，积极心理学倡导研究积极的人格特质——影响积极人格的成长因素，良好的行为、和谐的外部环境是个体积极人格形成的重要来源，所以，我们可以利用人在积极人格建构的过程中所具有的主观能动性，发展人的良好行为、构建和谐的社会环境来培育个体的积极人格，激发个体内心的积极力量，形成公民的积极人格观，使其发展成为更加完善的自我实现的个体。

培育积极人格需要不断增进公民积极情绪体验。舆论主体的积极情绪体验是公民积极人格的外在表现形式，而不断增加的公民积极情绪体验则可以培育个体的积极人格。因为积极人格的形成与建构受到公民良好的行为与和谐的社会环境的影响，公民积极情绪体验可以引导公民产生更多接近性行为——良好的行动，从而构建更加和谐的社会环境，这些促使个人形成更加积极的人格，成为发挥更多积极力量的积极主体。而具备积极人格的公民，则激发更多内在的正能量，体验到更多的积极情绪，产生更多良好的行为，甚至在各种社会性事件中，能够积极引导微博舆论场乃至社会舆论场的走向。培育公民积极人格，真正发掘每个公民内心的积极力量，才能使每个舆论主体在运用微博等媒介形式的过程中，发挥更积极的作用。

六　小　结

麦克卢汉曾下过一个著名的论断“媒介即讯息”，认为对于社会来说，真正有意义、有价值的“讯息”不是各个时代媒体所传播的内容，而在于这个时代所使用的传播工具的性质及它所开创的可能性以及带来的社会变革。如今的媒介形态的发展，及其对社会发展的影响正在印证着麦克卢汉的观点。微博的出现，导致传播资源向社会上不特定的大多数受众手中流散，每个个体在一定意义上都成为传播的主体。微博改变的并不仅仅是传播方式、传播格局，在一定程度上它影响了整个社会的发展。然而，微博虽然在宏观上推动了社会变革，却也由于其降低了传播门槛，在舆论形成的过程中，充斥着大量私人化的情绪体验。情绪是心理学中重要的概念，因此将心理学引入微博舆论的研究中也就十分必要。

心理学本身是致力于关注人类心理现象，帮助人类获得幸福的生活的，然而心理学在第二次世界大战后逐步走入了消极心理学的研究倾向，重点研究人的心理问题，关注于病态的心理研究，偏离了幸福这一主旨。这种消极的研究倾向也影响了对于舆论的研究，我国学者在研究舆论的过程中，尤其是对微博、微信等媒介形态的舆论时，也过度地关注于公民消极的情绪体验，认为微博舆论场在一定程度上受公民不理智情绪控制，因此需要把控。以消极的研究视野去研究情绪的消极作用，最后只能得出消极的结论。

积极心理学于20世纪末产生于美国，倡导积极的研究视野，致力于帮助人类获得幸福感，在短短的几十年时间中，获得了全世界的广泛关注。追求幸福是人类社会发展的不竭动力，我国目前处于全面改革的关键时期，各种问题与矛盾也渐渐凸显出来，民众容易产生焦虑不安的情绪，微博舆论场在一定程度上成为情绪的宣泄场。然而，消解消极情绪的办法，并不在于消极情绪本身，而在于其对立面——积极的情绪体验。雅安地震中，微博舆论场在地震救援中发挥了积极作用，成为正能量的传播平台，正是公民积极情绪体验所发挥的巨大作用。“爱”与“希望”“激励”与“感激”等情绪，不断消解着微博舆论场中的负面情绪，将积极的情绪体验扩展到整个舆论场中，唤醒了公民内心的积极人格，激发了公民内心的积极力量，积极引导了微博舆论场，推动了社会的和谐发展。

每个舆论主体的内心都存在着积极的人格特质。良好的行为与和谐的外部环境能够培育、塑造公民更积极的人格特质，从而激发出每个公民心中潜在的积极力量，使其体验到更多的积极情绪，进而产生更多良好的行为，更积极向上的舆论环境。引导微博舆论场健康发展，不应将目光局限于外力的推动，而应关注于舆论的主体——公民，关注公民的积极力量，培育更多具有积极人格特质的公民，增加舆论场中的公民积极情绪体验。唯有发挥每个舆论主体的主观能动性，才能更好地引导微博舆论场向积极的方向发展，使微博舆论场成为传播社会正能量的平台，推动我国社会和谐、健康地发展。

第七章　有意义媒介内容对积极舆论主体品味信念的提升效应

第一章中笔者提出了积极舆论主体的概念，并探索性地对积极舆论主体的实现论媒介动机给出实证结论；从作为积极舆论拟态主体的新型主流媒体的舆论引导内容层面，对其所建构的积极社会制度框架以及其所传播的核心价值对积极舆论主体的美德重构机制给予较为深入的实证分析；在网络群体性事件中考察了积极舆论主体的积极人格与其有序参与的关系以及积极情绪体验对消极情绪的撤销规律。本章中，将沿袭舆论学中舆论引导效果的研究传统，从品味信念提升的角度，考察蕴含有意义媒介内容的主流媒体传播对积极舆论主体的积极效应。笔者认为，从积极舆论引导视角出发，去关注那些媒体内容中积极的、有意义的部分变得非常重要。而这些有意义媒介内容是否会对人的心理产生某方面的影响，需要进行深入的研究。

本章中所提出的“品味”是一个与“应对”相对应的心理学概念。人们在面对消极的刺激时往往会采取“应对”或逃避等策略，但是如果面对的是积极的刺激、积极的体验，比如媒体中传播的有意义媒介内容，那用“应对”就显得有些逻辑不畅，因此本章借用了积极心理学的“品味”概念。它是指个体在面对积极体验、积极事物刺激时产生的想要增强或延长这一积极体验的心理状态①，“品味信念”是这种心理状态的一个衡量水平，信念越高，品味水平越高。如此，本章中所关涉的“有意义媒介内容”与阅听人品味信念之间的关系就变得顺理成章。在某种程度上，本章所讨论的问题，也是积

---

① Bryant，F. B.，Savoring Beliefs Inventory（SBI）：A scale for measuring beliefs about savouring，*Journal of Mental Health*，2003，12，pp. 175-196.

极舆论引导的效果议题。

为了更好地解答上述问题，在本章中集中考察下面几个问题：积极舆论主体的品味信念状况如何？在接触有意义媒介内容引导后，积极舆论主体的品味信念是否会有变化？会有怎样的变化？品味信念高低不同的人，在接触同一有意义媒介内容后，品味信念的变化程度是否一致？如不一致，具体又有何区别？如何提升积极舆论主体的品味信念？构建有意义媒介内容是否行之有效？未来的主流媒体在呈现内容时应该在品味方面注意哪些？作何种改善？

将心理学的“品味”概念引入积极舆论引导研究，是一种新的尝试。当然，这种尝试有其合理之处。本章也将拓宽传播效果研究的视角，将新闻传播学研究从消极研究、问题研究中转向找到未来可能与希望的研究。对于传播心理学来说，本章研究也是将积极心理学中积极体验的“品味”概念作媒介实践环境下的实证研究，是一种丰富和延展，具有一定意义与价值。同时，由于品味的心理学研究开展时间短，国内的研究，尤其是与新闻传播相联系的研究，更是数量少、深度浅，鲜有实证研究，本章研究可以算是“品味”嫁接传播效果研究本土化的一种具体补充。

从现实层面看，如前文所述及，国际与国内社会转型期的现实，各种自然灾害、社会问题及矛盾层出，人民精神压力与偏执情绪亟需引导与抒发。媒介是人们生活和心态引导的重要力量和渠道，理应加以利用，以便凝聚民心。另外，党和国家最高领导层高度重视媒介的舆论引导作用，通过一系列讲话和方针政策，并逐步采取切实有效的实际行动，抓住两个舆论场，打造传播正能量的新型主流媒介，以此来有针对性地全面地引导舆论，弘扬社会主义核心价值观。

本章研究将有针对性地为社会主义核心价值观的传播提供重要的理论支撑。基于这样两种自下而上和自上而下的需求碰撞，本章研究试图将积极心理学的品味研究嫁接到有意义媒介内容提升效应的研究之上，试图从积极舆论引导的效果层面为国家、政府此举提供一些理论依据，同时希望能够疏导民众对作为有意义媒介内容的社会主义核心价值观的抵触情绪，达成双赢的局面。从主流媒介从积极传播内容方面提供给大众更多积极体验角度，营造正向的传播态势，推动和谐社会的建设与发展。

第一节　传播效果研究的积极转向与品味信念发展梳理

一　传播研究消极取向的历史梳理

1948年，美国学者拉斯韦尔在其《传播在社会中的结构与功能》一文中提出了构成传播的五种基本要素，分别是：Who（谁）、Say What（说了什么）、In Which Chanel（通过什么渠道）、To Whom（向谁说）及With What Effect（有什么效果）。此后，大部分传播学领域的研究都围绕着这五个方面进行，其中，尤以传播内容（Say What）与传播效果（With What Effect）两部分为重点。而后者，传播效果，更是重中之重。约翰·费斯克指出，所谓传播效果，是指传播者发出的信息经媒体传至受众而引起受众思想观念、行为方式等的变化。后期也把这种变化具体细分为“知、情、意”三方面。一般认为，传播内容和传播效果就其本身而言，并无性质上的积极或消极区分。传播内容对人与社会的传播效果，理论上应该是中性的，但在现实媒介社会以及传播研究中，业界学界往往更关注传播内容与效果的消极方面，解读负面信息与效果，做对策研究较多。

从传播研究的历史来看，“自从1450年发明印刷术以来，人们已经承认大众媒介对受众具有潜在的影响力，”① 而20世纪20年代往后，这种影响力的大小大体上可以构造成“强—弱—强”这一框架。20年代至40年代初，以“枪弹论”（或称“皮下注射理论”）为主导，是强效果导向；40年代至60年代中期，学者认为媒介对人的影响中间夹杂有其他的中间变量，因此有限效果模式盛行；20世纪60年代末期至今，强大效果回潮，其中可以以70年代中期为界，分为

---

① ［美］詹宁斯·布莱恩特、苏珊·汤普森：《传播效果概论》，陆剑南等译，中国传媒大学出版社2006年版，第28页。

适度效果和回归强效果两个阶段[①]。无论是历史上哪一时期的传播效果主导，对于传播内容与传播效果的关注总是呈现出消极取向导向。

（一）传播内容研究视点的消极取向

赛佛林（Severin）在他的著作中提到，公众关心大众媒介对于受众的影响，关注大众媒介中的内容，主要关注点集中于漫画书、电影，以及电视暴力，更近一段时间又增加了新的关注点——互联网上的仇恨消息以及炸弹制造方法的指导、说唱音乐中的反社会消息、重金属音乐中的自杀主题、电视剧中毒品滥用问题和性的内容[②]。从中我们可以清晰地看到，业界学界对于传播内容的关注主要集中于传播中的负面内容，包括性、暴力、恐怖等主题。

除此之外，现有不少关于传播的学术著作，在内容篇章的设计上，也能看到这种明显的历史遗留的“消极取向”。如清华大学出版社 2005 年出版的甘布尔等著的《有效传播》（第 7 版）中，在“大众传媒和媒体文化”章节中，简述“媒体对我们现实生活的影响”之后，专设小节，分别论述“媒体所导致的问题”，具体包括“个人隐私和媒体责任”“媒体暴力”“媒体引起的被动性或者焦虑”以及“对不准确图像和不健康产品的广告”四部分内容。对于媒体暴力、媒体中传播的不准确信息、不健康产品等内容的关注[③]，可见，负面的消极取向传播学研究已成为一种研究定势。

（二）传播效果研究注重负面消极层面

除了传播内容的消极取向研究外，传播效果的研究也存在着明显的消极取向。传播学研究史上著名的“佩恩基金（Payne Fund）”研究也表现出明显的负面消极取向。该研究从 1929 年开始，至 1932 年结束，于 1933 年出版专著，研究目的是“确定观看电视对于青少年

---

① ［美］詹宁斯·布莱恩特、苏珊·汤普森：《传播效果概论》，陆剑南等译，中国传媒大学出版社 2006 年版，第 34 页。

② ［美］赛佛林、坦卡德：《传播理论：起源方法与应用》（第 5 版），郭镇之译，中国传媒大学出版社 2006 年版，第 216 页。

③ ［美］甘布尔等：《有效传播》（第 7 版），熊婷婷译，清华大学出版社 2005 年版，第 446 页。

的可能的有害效果……其中包括电影对信息获取、态度改变、情感刺激、健康损害程度、道德水平腐蚀程度以及对行为的影响”①。从研究目的以及效果表述可以看出其传播效果研究的消极取向。

Lowery 和 Defleur 在 1995 年提道：“大众传播的效果一直是 20 世纪大多数时候人们担心的主要问题。一些早期的电影，包括《一个国家的诞生》(*Birth of a Nation*)，曾引起共同的疑问，即它们是否可能对观众产生不良影响。20 世纪 50 年代是幽默连环画的黄金时期，在这一时期，人们非常担心这些书刊会对年轻人产生腐蚀作用。”② 从上述表述中，我们可以看到很多负面词汇，如“担心”“疑问”“非常担心”“不良影响”“腐蚀作用”等，能够明显感觉到社会和学者研究之中的消极取向。

类似文献有 2006 年中国传媒大学出版的译著《传媒效果概论》，在书中的第三部分“主要研究领域”，布莱恩特分别设三大章“传媒暴力的影响”“传媒中有关性内容所产生的影响”和“对传媒暴力、恐怖内容的反映”，来详细展开对传播效果的研究。

（三）消极取向传播研究的原因小结

除了以上部分例证外，传播内容与传播效果的研究在不少学者那里都能明显看到这一消极取向。人们关注传播中的负面内容——性、暴力、恐怖，关注掠夺眼球的内容，并研究这些负面内容对人和社会产生的负面消极效果。究其原因，大体包括以下几个方面。

首先，新闻传播学是一门实用性学科，生发于行业实践。早年间的传播研究关注业界发展，包括新闻界、影视界等。在媒体实践层面，历来是那些负面的爆炸性新闻更受人们关注，生活本平淡无奇，只有那些猎奇的、劲爆的“桃色新闻”才受人们欢迎，才能博取眼球，赢得发行量、收视率等。因此，为这些利益与需求考量，从新闻、从媒介内容的发展演变看，负面信息确实是当时的主流，传播学

---

① 段鹏：《传播效果研究——起源、发展与应用》，中国传媒大学出版社 2008 年版，第 5 页。

② ［美］赛佛林、坦卡德：《传播理论：起源方法与应用》（第 5 版），郭镇之译，中国传媒大学出版社 2006 年版，第 12 页。

研究自然以这些消极传播内容、消极影响作为学科的研究重点，忽视了那些积极传播内容和积极传播效果。

其次，这是传播学研究的惯性使然。传播学研究有一重要的学派——批判学派，其中重要一支，法兰克福学派影响深远，后世许多的传播批判研究多生发于此。因此，沿袭这一研究传统，研究者在有意无意下形成很强烈的“保护倾向”，保护人们免受“文化工业”的残害，因而将研究矛头指向那些可能产生的传播伤害。

二　积极视角的传播研究转向

（一）传播研究积极转向的意义

从以上的历史梳理可以看到，传播研究确实存在着这样一种消极取向，但是，传播内容、传播效果难道自带负面因素？其实不然。传播内容确实在很大程度上影响了人和社会，“影响了我们的认识、知识、态度和行为……我们知道什么，我们想成为什么样的人，我们如何思考，这些都受到了媒体的影响”①。但是这种影响并不仅仅是上述的负面消极影响，也包括正面积极影响。

尽管正面的传播内容、积极的传播效果在历史和现实中被视为应然的现象，并未引起过多研究者的关注，但少并不代表不重要。长久以来，新闻传播学研究似乎走向了一条窄巷子，问题研究、对策研究，群体性事件传播的突发应急机制，网络谣言的生成模型等，研究也如业内实践一样深陷问题苦海。而传播研究的积极转向，恰恰提供了一种新的研究方向和可能，使整个学科的研究更为丰满和健全，也给深陷其中的研究者一个新的尝试的可能。

（二）积极视角传播研究的现状

在早期，1982 年由美国国家精神健康研究所（National Institute of Mental Health）出版的《电视与行为：科学进步的 10 年及对 80 年代的影响》（*Television and Behavior*：*Ten Years of Scientific Progress and Implications for the Eighties*）一书中，汇集了有关电视的 2500 项个案研

---

① ［美］甘布尔等：《有效传播》（第 7 版），熊婷婷译，清华大学出版社 2005 年版，第 446 页。

究，得出的三大发现之一为：观看报道所称“亲社会”节目（有益于社会的节目，如《芝麻街》《海绵宝宝》等）的儿童，其行为更负责任①。也就是说，在接收有益电视节目传播内容的时候，表现出来更多的积极的传播效果。

同时，如本书第一、二章所论证，经过长期的传播研究和成果修正，人们发现今天的“阅听人”已不再是传统意义上的“受众”，他们更多地表现出一种主观能动性，是“积极的受众”，他们主动地、选择性地挑选传播内容，接收有益信息，获得情绪舒缓、意义获得和心理满足。近年来，随着社会对“正能量”的提倡和呼吁，也有越来越多的研究者开始着手研究传播中的正能量以及这种正能量内容带来的积极传播效果。纵观目前中国知网 CNKI 上已有的文献资料，对“正能量”及相关话题进行研究的文献已有一部分，但总体上仍处于起始状态，仅对媒体已有的这类正面传播现状进行大体梳理、阐述积极媒介内容传播的迫切性和必要性，从媒体从业者等多个方面对以后的传播提出建议和意见。深入展开研究的文献成果并不多见，仅可见有对“公益传播”这类正向信息传播进行分析和研究的期刊论文、学位论文。

三　“有意义媒介内容”的提出

既然我们的研究开始转向积极视角，关注媒介传播中那些积极的传播内容和正向的传播效果，那么“有意义媒介内容”或许是一个非常好的研究切入点。“有意义媒介内容”源自美国主攻娱乐节目积极效果研究的 Mary Beth Oliver 教授提出的“meaningful media Content”，是指那些能够使人获得有益知识、获取力量和心灵幸福的媒介内容②，与目前社会普遍流传的“正能量”有相似性，又有不同。“有意义媒介内容”是从学术研究的角度对这一特定传播内容的

① ［美］谢丽比吉尔：《媒介/影响：大众传播媒介概论》（第 9 版），宋铁军译，中国人民大学出版社 2010 年版，第 280 页。

② Oliver，M. B. *Meaning and Beauty in Media Entertainment*：“*The Positive Side of Media Psychology*”，第八届新闻与传播心理研讨会参会论文，2012 年，长春。

概述，既显现于新闻信息，又通过娱乐节目有所建构。在 2012 年对于电影与道德的相关研究中，Oliver、Hartmann 与 Woolley 在实验中让被试举出自己认为非常有意义和令人愉悦的影片，然后根据电影的不同价值（如财富、乐趣、慷慨）、对于电影的情感态度以及电影对他们的影响（如获得乐趣、变得受欢迎、成为一个好人等）三方面，进行排序，结果发现：与许多让人愉悦的电影相比，有意义的影片有更多对于美好道德的刻画，带有典型的情感回馈升华（例如感动），既有混合情感，又有生理反应（如喉咙涩涩的），同时也增强了人们想要成为更好的人的欲望。这就能够清晰地说明，有意义的媒介内容，包括电影、娱乐、新闻等多种样态，相比于纯粹令人享乐、发笑的休闲媒介内容，更能激发人的积极情感体验，包括对道德的感知。

对于有意义媒介内容的关注和研究，是传播研究的一个重大而意义非凡的积极取向的研究价值取向，在一定程度上摆脱了消极取向带来的传播研究“学术霸权”，能丰富现有的传播研究。值得注意的是，研究传播中的积极内容，研究传播效果的积极方面，并不代表对消极内容与效果的取代，而是一种补充与完善，一种对媒体实务与学术研究的科学的、有益的尝试。

四　“品味”的辞源及多学科研究现状

（一）“品味”的辞源解释

1. 东方文化的“品味”

“品味”一词，现已为人们广泛使用，从《现代汉语词典》中，我们可以看到，“品味”有以下几个含义：①尝试滋味；品尝；②仔细体会；玩味；③（物品的）品质和风味；④格调和趣味。但纵观我国词典的修订历史，可以看到，“80 年代以前，‘品味’在多数情况下还是词组的形式”，并未单独成词，也就是说，是“品”加“味”的组合，且未出现在《辞海》《辞源》《现代汉语词典》等词书中，仅有相似词语“品尝”。

品味最早出现在我国《礼记·少仪》一书中，“问品味。曰：‘子亟食於某乎？’”，作“吃、品尝”义。后来随着我国消费社会的形成，人们的物质生活丰富多样，人们之间收入消费水平以及社会地位距离的拉开，“品味”一词的常用义也发生了变化。目前，从词性来讲，“品味”有两层含义：①用作动词，同“欣赏、把玩、体验”，如品味生活、品味一幅美术作品等；②用作名词，指一个人的欣赏水平，如时尚品味、艺术品味等。

2. 外文“品味”之 Savor 和 Taste 的区别

相对地，在西方世界里，“品味”的英文单词，常用的有“Savor”和“Taste”两个。从辞源上我们可以看到：“Savor”一词源于拉丁语系，原词为“Sapere”，有几种意思，分别是：①去品尝；②有品味；③更聪慧；④享受。而“Taste”这一词语起源于拉丁单词的“taxare”，表示尝试、品尝等。两个意思有重叠却不完全一致的英文单词，在一定程度上，引起了后来学者对“品味”的不同研究与解读。

西方的经济学研究者最早将“品味”带入研究领域。早在 1987 年，加拿大的 Loewenstein 在撰写其博士学位论文时就对“品味”作出详尽研究，他提出“品味源于未来消费期待的积极效用”[①]。西方研究中的“品味”与我国古代早期研究“品味”的内涵是有差异性的，这或许也与西方国家比我们更早进入消费社会、商品社会有关，他们的物质生活更为丰富、商品流通更为频繁，也就吸引了更多的学者关注经济、关注消费以及关注经济与消费相关的种种话题。

（二）不同学科背景下的品味研究

由于不同学科的研究背景和视角不同，来自不同领域的学者对“品味”的理解也有很大差异。但因我国历来对“品味”展开详尽研究的关涉领域并不庞杂，仅艺术与美学领域较多，因此以下概述主要来自西方世界。纵观以往文献研究，发现“品味”概念主要体现在美学、经济学、社会学和心理学研究框架下，心理学研究领域的“品味”是本章研究的重点，因此在后面单独展开。

首先，美学范畴内的“品味”是品味研究的主力军之一，国内国

① Loewenstein, G., Anticipation and valuation of delayed consumption, *The Economic Journal*. 1987, 97, pp. 666–684.

际均有不少相关研究。西方美学品味研究的代表人物是芬兰学者尤卡格罗瑙，其著有《趣味社会学》一书。她将美学品味放到整个社会作用中加以研究，认为“品味传达了高雅的纯美学愉悦感”，同时提出了“日常生活美感化”等观点。[①] 除尤卡格罗瑙以外，从美学角度研究品味的文献近年来层出不穷，学者们从文学、美术、音乐、体育等各类美学艺术分支对品味进行阐释，展现各自学科体系内的美学视角下的品味。

其次，美国社会学家甘斯是经济学范畴内“品味”研究主要代表人物之一，他将美国社会划分成几个不同的品味阶层，来驳斥法兰克福学派批判“文化工业”的观点。法兰克福学派的早期代表人物阿多诺和霍克海默在其1947年的著作《启蒙时期辩证法》里，创造出“文化工业”的概念，他们认为“文化绝不简单地等同于劳动生产，也绝不是任何人都可以无差异享用的产品，更不是以‘可用’为标志甚至为目的的人类活动”。而甘斯则认为阿多诺等人所强调的“真正”文化是精英主义文化，是只属于统治阶层的品味。甘斯主张，品味文化不仅表现在行为、观念的非物质层面上，同样也体现于物质层面[②]，如汽车、工具等。因此，他理解下的品味，也是消费的一种表征。

在经济、消费这一范畴中对“品味”的研究成果近来还有不少，如时尚品味、消费品味研究，亦有针对少数人群、某一社会阶层，如白领阶层的品味研究。

最后，社会学范畴内的“品味”研究受到学界瞩目，其代表人物是法国著名社会学家、人类学家皮埃尔·布迪厄，他提出的“生活惯习与品味理论”深受热议。布迪厄认为不同的社会阶级拥有不同的生活惯习（Habitus）和品味，“品味是对分配的实际控制，它使人们有可能感觉或直觉一个在社会空间中占据某一特定位置的个体，可能（或不可能）遭遇什么，因而适合什么。它发挥一种社会导向作用，

---

① 刘潇：《试论布迪厄的品味社会学思想》，硕士学位论文，南京师范大学，2006年。

② Gans Herbert. *Popular Culture and High Culture*: *An Analysis and Evaluation of Taste*, Published by Basil Books, Amember of Perseus Books Group. 1999, pp. 10-11.

引导社会空间中特定位置的占有者走向适合其特性的社会地位，走向适合位置占有者的实践或商品”。[①] 社会中不同的阶层，通过品味展现其生活惯习，并通过这种展现使得阶级划分更加明确。依据布迪厄的品味理论，他将社会阶级分为：统治阶级、大众阶级（工人阶级）和小资产阶级。统治阶级由于占有最大量的文化资本和符号资本，因此拥有追求奢侈、自由的品味，他们欣赏最高雅的艺术，品尝最美味的食物，往往散发出一种“美学秉性”。大众阶级由于处于社会底层，没有足够的经济和政治权力，因此是追求必需品的品味。而小资产阶级作为中间一层的阶级，比上不足比下有余，他们往往模仿、推崇统治阶级的品味，而对工人阶级品味嗤之以鼻，追求的是炫耀的品味。同时，这种生活惯习和品味都具有排他性，并且，处于工人阶级和小资产阶级的人都认可或推崇统治阶级的品味，而否定自身阶级的品味，因此使得统治阶级的统治合法化而得以巩固。

（三）积极心理学视域下的品味及品味信念

上面所论述的“品味”概念还多生发于社会、经济、文化等物质或非物质层面，从研究的框架来看，大体是一致的，源于文化和阶级划分。但当“品味”进入心理学研究视域时，就变得与以往研究截然不同，“品味”被赋予了崭新含义。在 1989 年，兰格首先从心理学的视角对“品味”做出解释，他认为“品味是人们专注的知觉和归类体验的新方法”。从目前的研究成果和贡献来看，“品味”研究的集大成者是美国社会心理学家 Bryant，他认为，品味“是指人们引起、欣赏和增强积极体验的能力以及以这种能力为基础的加工过程”[②]，它是心理幸福感的主要结构因素。Bryant 还在 2007 年与学者 Veroff 合力完成了第一本关于品味的专著——《品味：一种新的积极体验模型》（*Savoring：A new model of positive experience*）[③]。

---

① Bourdieu P. Distinction：*A Social Critique of the Judgment of Taste*，Cambridge：Harvard University Press，1984，pp. 466-467.

② Bryant，F. B.，Savoring Beliefs Inventory（SBI）：A scale for measuring beliefs about savoring，*Journal of Mental Health*. 2003，12，pp. 175-196.

③ Bryant，F. B.，Veroff J.，*Savoring*：*A new model of positive experience*，Mahwah. N. J.：Lawrence Erlbaum Associates. 2007，pp. 12-13.

其实，早在1984年，Bryant和Veroff就曾提出，心理学缺少一个和“应对”相对应的概念。“应对”（Coping）是心理学研究中早已为人所熟知的部分，它指的是“个体在面对消极事件时的有意识的活动方式”，那么人们在面对积极事件时相应的活动方式该如何表述呢？因此，经过一段时间的研究，在1989年的时候，Bryant提出了生活感知控制（Perceived Control）四因素模型①，分别是：避免（Avoiding）、应对（Coping）、获得（Obtaining）和本章研究中的主角——品味（Savoring）。个体在日常生活中，首先应避免应激事件的发生，一旦发生就要采取相应措施应对它；而面对的如果是积极事件时，不仅可以被动地从中获得积极体验，还可以主动地延长或增强这种积极体验，这就是品味。由此可见，心理学研究的品味是积极心理学研究的重要分支“积极体验”中的重要概念。

（四）心理学与美学“品味”的异同

从现有文献资料来看，目前学界对于“品味”的研究多集中在美学，即审美品味研究和心理学积极品味研究，故在此对这两个领域品味研究的异同进行梳理，厘清概念以开展接下来的研究。首先，两者的不同之处主要体现在：从对应用词来看，美学品味多用“Taste”（包括社会学范畴的研究均是如此），而心理学品味多用“Savoring”，用词上的不同，可见两种学科范式下，其品味概念的不同、内涵的不同。Taste和Savoring本是近义词，但Savoring比Taste多了一层“Enjoy”的意思，即享受之意。由此，美学品味多涉及个人的选择、喜好，指个人的选择能力和欣赏水平，如常用的“着装品味”“消费品味”“鉴赏品味”等。而心理学品味多指个体主动延长和增强积极体验的能力和过程。

其次，两者有一定的相似性和共通性：在品味的过程中，都会伴随着愉悦体验的出现，并且个体都对这种愉悦产生主动注意。但心理品味更为积极和主动，它希望增强或延续这种积极体验。因此说，心理品味是能力，也是过程。而审美品味更多的是水平，是静态。至

---

① Bryant, F. B., A Four-Factor Model of perceived control: Avoiding, coping, obtaining, and savoring, *Journal of Personality*. 1989, 57 (4), pp. 773-797.

此，以下出现的“品味”，若不做说明，均指心理学概念的品味。

（五）品味的研究现状

由于品味概念提出的历史并不长，因此对品味做相关研究的文献资料并不充裕，多散见于国外学者的研究中，集中于 Bryant 及其团队的研究成果。从西方的研究成果看，对品味的研究可以说集中在以下几个议题上。首先，已有不少学者，对品味进行过跨文化研究，通过不同国家、种族、民族的样本采集，比较品味的不同。Lindbery 在 2004 年的研究中，通过对比日本人、亚裔美国人和欧裔美国人的品味状况发现，总体而言，东方人的品味能力较低，且并不重视主动增强积极体验。此外，他还发现，日本人相比欧美人，从人际关系事件中获取品味较高，而在个人休闲活动的事件中获得的品味较低①。另外，在对不同西方国家的人进行品味研究时，Duncan 和 Grazzani 发现，苏格兰人更多地从休息和独处中获得品味，而意大利人则更容易在社会互动中获得品味。由此可以看到，来自不同文化背景、具有不同民族性格的人在品味能力和品味方式上往往表现出很大的差异②。

其次，由于品味是积极体验的重要构成因素，因此，也有不少学者研究品味与幸福感的关系，主要研究其中的影响因素。如 Meehan 等人在 1993 年的研究中发现，与人分享的品味方式与幸福水平的关系，主要受到人格因素的影响③。此外，Bryant 和 Veroff 也曾研究过品味方式与幸福感的关系是否与性别差异有关，结果发现，女性确实比男性更容易获取品味和幸福感，或者说她们更能注意到或报告出自己的这种积极体验④。另有研究发现，在听有积极效价的音乐时，投

---

① Lindberg, T., *Enjoying the moment in the East and West: A cross-cultural analysis of savoring*, Unpublished doctoral dissertation., Vancouver: University of British Columbia, 2004.

② Duncan, E., Grazzani, J. Positive emotional experience in Scottish and Italian young adults: A diary study, *Journal of Happiness Studies*, 2004, 5, pp. 359-384.

③ Meehan D, Bryant. The relationship of social support to perceived control and subjective mental health in adolescent. *Journal of Community Psychology*. 1993, 21, pp. 49-55.

④ Bryant, F. B., Veroff, J., *Savoring: A New Model of Positive Experienc*, Mahwah, NJ: Lawrence Erlbaum Associates, 2007, pp. 108-110.

入更多有意注意的被试会产生更高水平的积极情绪，品味更好[①]。

目前国内学者对品味的研究成果，主要集中在浙江师范大学任俊和南昌大学苗元江及其团队的研究中。但就目前已有的文献资料来看，国内学者对于品味的研究还比较浅显，多集中于对概念、理论的梳理，以及翻译、介绍国外的研究成果。对品味进行实证的研究中，以苗元江的研究生潘琼翼撰写的硕士学位论文最为典型，她以杭州市民为样本，对其品味方式和幸福感的关系通过问卷调查进行实证研究[②]。任俊虽并未对品味进行深入的实证研究或本土化研究，但他在其“乐商”的相关研究中提道：“品味可以提升人的乐商水平，通过品味可以使自己获得更多的积极体验，变得更快乐”[③]。

（六）何为“品味信念”？——品味的能力水平

厘清不同学科背景下的品味研究，尤其是将心理学品味与最为普遍的美学品味相区隔后，就可以对心理学品味进行测量。从品味的内涵不同，可以将品味细分为“品味信念”与“品味方式”两类，品味信念是指品味的能力，即是说个体在积极体验中主观增强或延长积极体验的能力水平；而品味方式，则是与品味相对应的具体的行为方式。基于此，Bryant 及其团队在大量访谈和调查之后，开发出两种类型的品味测量量表。一类用以测量品味信念；另一类用以测量品味策略。

第一类，以 SBI（Savoring Beliefs Inventory[④]）品味信念量表最为常用。它是 Bryant 于 2003 年开发出来的，用以测量个体对自身品味能力主观判断的量表工具，共分三个维度，分别测得被试通过“回想”（Reminiscing）、“品味当下”（Savoring）和“期待”（Anticipating）获

---

① 郭丁荣、任俊、张振新等：《品味：主动用心地感受积极体验》，《心理科学进展》2013 年第 7 期。

② 潘琼翼：《杭州市居民品味心理及其与幸福感的关系研究》，硕士学位论文，南昌大学，2013 年。

③ 任俊、彭年强、罗劲：《乐商：一个比智商和情商更能决定命运的因素》，《心理科学进展》2013 年第 4 期。

④ Bryant，F. B.，Savoring Beliefs Inventory（SBI）：A scale for measuring beliefs about savoring，*Journal of Mental Health*. 2003，12，2，pp. 175-196.

得积极体验的得分，每一维度有 8 个题目，共 24 题，通过 7 点积分法，奇数题正向计分，偶数题负向计分的方式，算得人的品味信念总分，得分越高，品味信念越强，能力越高。其后，Bryant 等人还将此量表修订为适用于儿童品味能力测量的 CSBI（Children's Savoring Beliefs Inventory）。

第二类，WOSC（The Way of Savoring Checklist）品味方式量表①，是 Bryant 根据所提出的 10 种不同的品味策略而编制成的内含 10 个维度的测量工具。这 10 个维度，包括三个行为层面策略：与人分享（Sharing With Others）、沉静专注（Absorption）、行为表达（Behavioral Expressing），和七个认知层面策略：对比（Comparing）、感知敏锐（Sensory-Perceptual Sharpening）、记忆建构（Memory Building）、自己激励（Self-Congratulation）、当下意识（Temporal Awareness）、细数幸事（Counting Blessing）和避免扼杀愉悦想法（Avoiding Kill-Joy Thinking）。每一维度包含题目数并不相等，采用 7 点计分法，均为正向计分，最后根据各维度的平均分得到个体的品味方式分值。

（七）品味信念与有意义媒介内容间的关联

1. 有意义媒介内容的积极效应机制

广播电视、网络等多种媒介形态能呈现给人们不同的媒介内容，那么这些内容是否可以对人们的积极体验产生一定的影响呢？有研究者已经对这一相关话题进行了思考与实证研究。Ferguson 和 Sheldon 在 2013 年的文章中指出，他们通过实验发现，收听有积极效用的音乐对于增进愉悦情绪是一种有效的方式，尤其是当收听音乐的被试自身有想要变快乐的主观倾向时，这种作用更加明显②。

此外，在另一项研究中，通过生理学仪器测试被试在准备公开演讲的焦虑情绪下分别观看四种不同类型影片（两部令人产生积极情绪，包括愉快或满足，一部令人悲伤，另一部情绪中立）后情绪的改

① 郭丁荣、任俊、张振新等：《品味：主动用心地感受积极体验》，《心理科学进展》2013 年第 7 期。

② Fergusonm，Y. L.，Sheldon，K. M.，Trying to be happier really can work：Two experimental studies，*The Journal of Positive Psychology*，2013，8（1），pp. 23-33.

变，结果发现，看电影后产生积极情绪的大学生，比那些产生消极情绪或者观看中性电影的学生，心血管状态的恢复要快得多，也就是说，积极电影给人以积极的体验，能够消减被试焦虑情绪。诸如此类的研究还有许多，它们都在不同程度证实了，接收积极的媒介内容、媒介信息能够令人产生一定的积极体验，感受到一定的积极情绪。

2. 品味信念与有意义媒介内容间的联系

从以上不同方面的文献综述综合来看，可以发现，品味是积极体验的主要因素，是指个体想要增强或延长积极体验。大量的实证研究也证实了积极的媒介内容会使阅听人产生一定的积极体验与积极情绪。因此说，接收有意义媒介内容的过程实际上就是一种积极体验，而这种体验会让人产生想要延长或增强这种积极体验的愿望，这就萌发了品味。简言之，人们在接收有意义媒介内容时会产生、促发这种品味心理。同时，不同品味信念高低的人对有意义媒介内容的品味程度有所不同。这便是品味信念与有意义媒介内容间的联系。

综上所述，目前已有部分传播研究往积极方向转向，开始关注积极的传播内容与积极的传播效果，也有部分实证研究加以佐证，积极传播内容对人的积极传播效果确实存在。但从现有研究来看，从心理角度加以分析的实践并不多，国内学者更是以总括式研究为主。同时，积极心理学“品味”的概念引入传播学研究，目前还不太常见，这也是本章研究在整个传播心理研究进程中的一点尝试和补充。而从积极舆论引导角度，如若能够通过传递主流媒体所建构的蕴含社会主义核心价值观的媒介内容，提升舆论主体的品味信念，透过舆论主体的品味信念水平的测量，我们将打开对积极舆论引导效果予以评估的一扇窗。

第二节　有意义媒介对积极舆论主体品味信念提升效应的研究设计

一　研究方法简述

本章研究采用定量与定性相结合的方式进行设计与操作，具体包括文献分析法、问卷调查法和控制实验法三个主要方法。

（一）文献分析法

文献分析法是研究得以准确定位和顺利展开的前提，通过梳理已有文献资料和前人研究成果，为自己的研究提供一定的理论及方法论支持，并且认清本章研究的价值与亟待解决的问题。此次研究我们通过对品味研究的文献梳理，包括国内外期刊、书籍等资料，了解目前关于品味研究的观点、进展情况，对此加以思考，并梳理研究思路，厘清本章研究中的重点和难点。其次，对传播学的积极研究转向进行一定的资料梳理，力图找到本章研究在整个传播学研究发展中的定位和可以继续开展的方面与意义。

（二）问卷调查法

问卷调查法是人文社会学科常用的定量研究方法之一，其好处在于可以短时间内了解较多人的想法，通过问卷这种结构或非结构的方式，相对省时省力地获取答案，为研究助力。在本章研究中，需采取问卷调查这一方式，主要目的有二：其一，调查阅听人一般情境下的品味信念水平和在媒介情境下的品味信念水平；其二，为后续的控制实验提供所需的研究工具。由于品味信念的测量已有 SBI 量表，内含 24 个问项，虽已在多个国家和地区进行过研究使用，但因未经本土化测试，同时未有媒介情境下的品味信念测量，因此在实际运用前须经过预调查和修订。继而我们运用调整后的 SBI 品味信念量表，对一般情境下与媒介情境下人们的品味信念水平进行总体测量，以期对品味的总体水平进行把握，了解大众的品味信念提升空间。

（三）控制实验法

控制实验法是心理学研究最常使用的方法之一，通过严格的实验控制，设置实验组与对照组，以测试某一变量的作用。一般与人的心理、精神、情绪、认知等有关的传播效果研究也多使用实验法进行操作。在本章研究中，为了解有意义媒介内容对阅听人品味信念的影响，故设置控制实验，通过改良后的 SBI 品味信念量表对实验被试进行前测与后测，了解总体的品味信念水平后，进行严格的控制实验，运用恰当的实验工具，即精选的有意义媒介内容，进行对照实验，探析品味信念与有意义媒介内容之间的关系。

二　研究工具

（一）问卷：一般情境与媒介情境下品味信念量表

问卷以 2003 年 Bryant 等人研制的 SBI（Savoring Beliefs Inventory，品味信念量表）为依托，进行中文翻译与本土化调适，用以测量一般情境下公众品味信念水平。此问卷共 24 个问项，分 3 个维度，每个维度含 8 个小题，采用 7 点计分法，奇数题正向计分，偶数题负向计分，得分越高，代表个人的品味信念水平越高，对于积极体验的感知、处理能力更好。另外，在一般情境下品味信念量表的基础上，针对媒介情境——有意义媒介内容，进行问卷的重新编排，使其充分适应媒介情境。最后编好的问卷亦为 24 个问项，3 个维度，计分方式同上。最后用以调查和实验的问卷“有意义媒介内容与品味信念调查问卷”共由三个部分组成：第一部分为一般情境下品味信念量表；第二部分为媒介情境下品味信念量表；第三部分则是被调查者人口基本信息。

（二）实验工具：“梦想改造家”选段

“梦想改造家”① 是东方卫视播出的一档“大型家装改造节目”，每期节目都会有一组生活条件相对艰苦的幸运家庭得到相应的家装补贴，在设计师和栏目组的帮助下，完成梦想中新家的改造工程。该档节目在一般的家装真人秀背后，增加了很多情感交流、困难解决、梦想实现等人性善良的积极因子，是有价值观输出的节目。2014 年 7 月 30 日开始播出第一季 13 集，2015 年 7 月 21 日开始第二季的 13 集，每期节目一个家庭，时长约为 60 分钟。节目播出后，各界好评如潮，其官方微博粉丝数突破 10 万人次，不少人在留言中提到了“感动”“帮助人的好节目”等正向评价，足见这是一档符合“有意义媒介内容”内涵的节目，可以适用于本章研究的实验操作。

---

① “梦想改造家”，百度百科，http：//baike. baidu. com/link？ url = YhxP0lvoy7qW_SmKzV-2Gr1InufW4H-y_ aGk7_ IpwwH0DqgHqiBLUt3rpcy0pbGJFBA7lONauxDE5IUaupIQTq.

另外，“家”是我们中华民族历来珍视的重要元素，节目不仅是装修设计，更是在圆一个家的梦，把以房子为中心联系起来的一家人之间的感情当作重点呵护对象。这几年，各大卫视综艺节目火热，各种以明星为主导的真人秀节目层出不穷，其中以“家”、“孝”为出发点的节目日益增多，比如“爸爸去哪儿”“旋风孝子”“女婿上门了”等。从普通人的“家”这个角度切入的节目也在增加，除了央视的“交换空间”，当下还有日本的《全能住宅改造王》、北京卫视《暖暖的新家》，以及上面提到的将会作为本章研究工具的“梦想改造家”。这类节目以帮助普通人进行新家改造为主要内容，透出家庭背后的故事、情意等，让人感受到心灵激荡，易于萌发那些积极的情感因子，比如感动、感恩、回报、孝顺、省思、礼让等。从这些角度来讲，“梦想改造家”符合本章研究的需求，故作为实验工具使用。

三　研究对象

在本章研究中，并不对研究对象做过多限制，一般的普通大众，只要是接触媒介的，均可以成为本章研究的对象范畴。但是，在这里必须强调的是，本章研究中所使用到的舆论主体概念，在内涵上与传统媒介时代的“阅听人”概念的主动性意涵相一致，而并不是传统意义上的“受众”。“阅听人”对应英文中的“audience”一词，它与受众（“receiver”）一词有所区别。两者皆是指传播活动中的信息接收一方，但前者比后者在表述上更能体现主体的主动性，是传播活动中能动的主体。受众往往具有被动意，指传统大众传播模式下，传播者传播信息的接受者。而“阅听人”一词，则相较于受众更为中性，仅从信息传播状态“阅读（观看）”和“听”界定传播主体概念更为准确和客观，也避免了“受众”作为传播主体的主动性被掩盖的嫌疑。在本章研究中，由于强调传播主体个人对信息的选择、品味，因此用“阅听人”一词更为准确客观，也更能体现舆论主体在传播过程中的主动性。当然，将阅听人放置于积极网络舆论引导视野中，阅听人就赋予了积极舆论主体的角色与功能。

四 实际操作

（一）预测问卷的发放

本章研究的对象并不在性质上做限制，需要大量的社会成员，故采取滚雪球抽样、熟人找熟人的方式进行，借由老师、同学、朋友的关系找到不同的人进行问卷的填写，包括学校教师、学生、科学家、销售人员、普通公职人员、家庭妇女等角色。

2014 年 11 月下旬，通过问卷星发放预测问卷共计 103 份，实际收回问卷 100 份，经审核，并无缺填、漏填和乱填等情况，故将这 100 份问卷进行数据统计与分析。其中男性答卷者 35 人，占比 35%；女性答卷者 65 人，占比 65%。从年龄分布来看，16—25 岁的占大多数，比重 64%，其次为 26—35 岁，占比 18%；36— 45 岁，占比 16%；另有 2 名年龄在 46—55 岁的答卷者。从文化程度来看，以大学本科学历为主，占比 56%，另有研究生及以上学历者 38 人。

（二）问卷信度分析与反馈说明

1. 问卷总体信度及内部各维度信度检验

问卷的信度（reliability）是衡量一个问卷是否具有较高稳定度和可信度的关键性指标，一般用克朗巴哈系数检测内部一致性和各个维度之间的一致性。α 系数越大表示问项间的一致性越好。统计上认为，α 大于 0.80，表示内部一致性非常好；α 介于 0.60 至 0.80 之间，说明内部一致性较好；α 小于 0.60，则说明内部一致性较差。

通过 SPSS 的数据处理，对一般情境下大众品味信念量表与媒介情境下阅听人品味信念量表进行信度检测，结果如下：

表 7-1　　一般情境下大众品味信念量表整体信度检验

Reliability Statistics

Cronbach's α	Cronbach's α Based on Standardized ltems	N of ltems
0.913	0.915	24

表 7-2 媒介情境下阅听人品味信念量表信度检验

Reliability Statistics

Cronbach's α	Cronbach's α Based on Standardized ltems	N of ltems
0.839	0.844	24

从表 7-1、表 7-2 可以清楚看到，一般情境下品味信念量表与媒介情境下品味信念量表的 Cronbach's Alpha 分别为 0.839 和 0.913，均大于 0.8，这就说明，这两个量表的内部一致性非常好，适用于研究。

其次，对于两个分量表的三个维度进行信度检验，结果如下：

表 7-3 分量表各维度内部信度检验

Cronbach's α / 分量表问卷	期待未来	品味当下	回忆过去
一般情境下品味信念量表	0.662	0.660	0.841
媒介情境下品味信念量表	0.768	0.769	0.849
题目数	8	8	8

从表 7-3 可以看到，分量表内部各维度的克朗巴哈系数均在 0.660 至 0.849 之间，均大于 0.6，说明各维度内部一致性比较好，其中“回忆过去”部分的信度更好些。

2. 预测卷反馈的问题和修订方案

通过预测问卷的发放，不仅是对问卷设置进行信度检测，更是通过预调查了解问卷存在的一些问题，并实际解决，以便之后的正式调查顺利进行。通过问卷发放和反馈意见回收，多数人对以下几点提出疑虑或建议：问卷表述过于专业，不便实际理解和联想；反映这一问题的为多数，主要以“品味信念”和“有意义媒介内容”两个概念为重难点，部分建议进行具体事例解释，用“如……”表达。为了不对被调查者进行过多思维禁锢和预设引导，不采取上述建议，但会在每一部分问卷开头对具体概念进行平直化口语化叙述，以便帮助理解。这一方法被理解和接受，在正式问卷回收时诸如以上反馈明显减少。问卷似乎重复，翻来覆去一直问，容易厌烦；由于问卷是由心理量表进行编译的，同一问题存在正反两个问项，对于不常接触心理调研或是专业问卷调查的人来说，可能会觉得有些重复而缺失填答耐心。对此，本章研究坚持保留正反问项，但会对话语表述进行适当修改调整，以让被调查者感觉到变化而非重复，提高填答欲望和热情。

（三）正式问卷的发放

表 7-4　　**人群职业分布情况**　　（单位：人次）

		Frequency	Percent	Valid Percent	Cumulative Percent
Valid	事业单位人员	6	2.3	2.3	2.3
	军队警察	3	1.2	1.2	3.5
	企业单位人员	39	15.1	15.1	18.6
	专业技术人员	9	3.5	3.5	22.1
	科教文卫部门人员	15	5.8	5.8	27.9
	个体经营者	9	3.5	3.5	31.4
	公司职员	24	9.3	9.3	40.7
	一般公务员	3	1.2	1.2	41.9
	学生	132	51.2	51.2	93.0
Valid	离退休人员	3	1.2	1.2	94.2
	其他	15	5.7	5.7	100.0
	Total	258	100.0	100.0	

在总结预测问卷的问题及进行相应调整之后，于 2015 年 10 月通过网络和实地发放两种形式，进行正式问卷发放。网络问卷采用群内转发、社交媒体转发等形式扩散，实地发放采用街头随机偶遇方式进行。共回收问卷 284 份，剔除乱填、漏填等无效问卷，实际收回有效问卷 258 份，有效回收率 90.85%。其中，男性填答者 108 人，占比 41.86%，女性填答者 150 人，占比 58.14%。在年龄结构上看，仍以 16—25 岁居多，共 165 人，占比 63.95%；26—35 岁的填答者 48 名，占比 18.60%；36—45 岁的 36 人，占比 13.95%；另有 46—55 岁的填答者 6 名，占比 2.33%。从文化程度上看，以大学本科人群居多，共 132 人，占比 51.16%。从收入来看，81.40%的人收入在 6000 元以下。人群的职业分布详见表 7-4。

（四）实验设计与操作

1. 实验对象选取

为便于实验的正常开展，从参与填答问卷的人中间选取被试。被试须符合以下几个条件：①研究者可以联系得到并自愿参与实验；②人群属性占问卷填答样本的大多数。先期邀请实验对象23人，其中3人未如期参加实验，故最终确定计入统计分析的实验对象共20人，其中男性9人，女性11人。从年龄分布看，均为16—30岁年龄段，具体分布如下：

表7-5　　实验对象年龄分布情况　　（单位：岁）

		Frequency	Percent	Valid Percent	Cumulative Percent
Valid	18—25	11	55.0	55.0	55.0
	26—30	9	45.0	45.0	100.0
	Total	20	100.0	100.0	

从文化程度看，本科学历13人，占比65%，其余为研究生、大专生和高中（高职）学历。其中，收入在1000—6000元的共12人，占比60%；在所有参与试验对象中，6名为全日制学生，其他均从事不同的行业。

2. 实验前测

2016年2月18日，对选取的实验对象进行前测。于当晚，统一发送问卷链接，要求其填写“品味信念与有意义媒介内容量表”（即之前发放的正式问卷），并与其约定3月1日、2日晚间进行实验。

3. 实验操作

通过随机数表法将被试分为实验组与对照组，实验组10人，对照组10人。2016年3月1日、2日晚，通过QQ与微信发送制作好的视频链接给实验组成员，并通过QQ视频聊天界面对有条件的被试进行一定的观察。在视频播放完成后，要求其填答问卷（品味信念与有意义媒介内容量表），作为后测的数据，同时，增加部分与节目相关的半结构化访谈，要求其作答，以便更深入地了解被试在观看有意义媒介内容后的认知、态度与情感状况。而对于对照组，则不发送视频内容，于当晚直接让其填答问卷。

4. 实验后测

我们通过两次问卷填答取得的数据与对实验组的观察，以及对实验组在观看实验材料后的访谈，综合判断实验前后被试品味信念的变化状况，并通过统计分析得出研究结论。

（五）数据处理与分析

本章研究的数据统一使用 SPSS 18.0 进行数据处理与分析，便于数据管理。在本章研究中，主要采用以下几种分析手法：

1. 信度分析

信度分析主要用于预测问卷发放后，对统计结果进行问卷的信度分析，目的是检验根据国际问卷 SBI 品味信念量表翻译、调整的问卷是否具有可靠性和可信性，尤其是对媒介情境下的有意义媒介内容品味信念部分，以保证问卷的本土适应性和切实有用性，保障实验和研究的顺利开展。

2. 描述性统计分析

描述性统计分析主要在于把握数据的基本特征，比如人口学统计量，品味信念的大致情况与各维度间的分布状况。在本章研究中，这一分析方法主要应用于问卷环节。具体包括：其一，大众总体品味信念水平和媒介情境下品味信念水平如何；其二，不同人口统计变量下，品味信念水平与媒介品味信念水平的差异。

3. 独立样本 t 检验

独立样本 t 检验主要用于检测呈正态分布的变量在两个维度或指标上的平均数的差异是否显著，用来推导或检验差异发生的概率。所以，首先对数据进行正态分布检验，一般用到的是 K-S 非参数检验（D 检验）或 S-W 检验（W 检验）。一般认为，在样本容量小于 2000 个时，用 W 检验，以 W 检验为准，反之用 D 检验。其中，两者都是看 P 值的大小，$P>0.05$，则认为 95%的置信水平下，变量服从正态分布。如果要对分布的情况做进一步解释说明，则要用到偏度系数 Skewness 和峰度系数 Kurtosis，前者用于判断分布是偏左还是偏右，或者用于判断曲线是陡峭还是平缓。一般认为，$Sk=0$，$Ku=0$ 时，分布呈正态；$Sk>0$ 时，分布呈正偏态，$Sk<0$ 时，分布呈负偏态。而当

Ku>0 时，则曲线较为陡峭；Ku<0 时，曲线较平坦。

第三节　有意义媒介对舆论主体品味信念的提升结果

一　舆论主体品味信念的整体状态

（一）舆论主体的品味信念水平有待提高，更倾向于从美好回忆中寻找愉悦

通过对回收的 258 份有效问卷进行统计分析，了解舆论主体整体的品味信念，包括一般情境与媒介情境，以一个宏观视角分析人们对于从一般情境的积极体验中获取品味的能力与对于从有意义媒介内容中获得品味的能力分别是怎样的水平。

首先，是一般情境下舆论主体的品味信念水平，如图 7-1 所示。

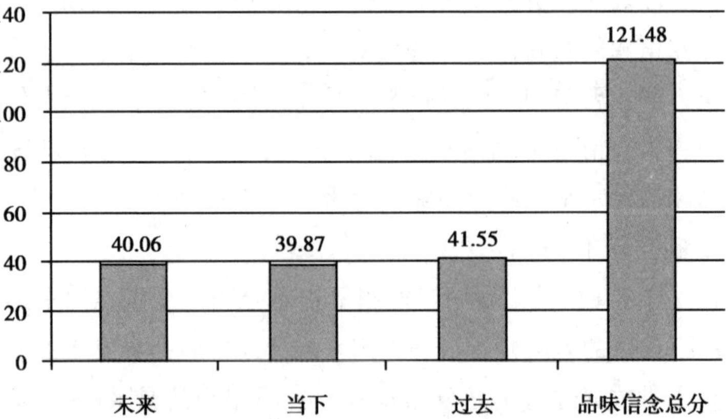

图 7-1　积极舆论主体品味信念得分

从统计结果可以看到，舆论主体的总体品味信念得分为 121.48 分，由于问卷设置 24 个分量表题项，平均每个题项得分 5.06 分，对照问卷 7 点计分制，从 1—7 分来看，舆论主体的品味信念表现为中等偏上水准，说明目前，舆论主体对一般情境下积极体验的“处理”能力有待提高，人们对于积极体验、积极事件的主观欲望仍不够强

烈，面对积极体验时，还处于一种被动获得状态的人为多数，而不是去增强这种积极体验的强度或者延长沉浸其中的时间。

从品味信念的三个维度指标来看，人们更倾向于或者更擅长于从追忆过往中获得积极体验；其次是在对未来产生期待与憧憬中获取愉悦；相反，对于抓住当前的美好、从当下获取享受、快乐，会觉得稍难一些。这说明在获取愉悦方面，人们更倾向于在过去的记忆中找答案，而不是抓住现在。由于问卷是自我研判后的作答，因此这也从一个侧面验证了大众对于当前的积极体验、感知力与主观能动性都不强：一来难以报备当下感受到的愉悦，二来对进行时的积极事件获得力、体悟力不够，主动性不强，较难增强与延长积极体验，以获得更多的愉悦感、满足感。

（二）阅听人通过有意义媒介内容获得的愉悦同现实生活基本持平

在对问卷的第二部分“有意义媒介内容”的品味信念调查后，将其总体与各维度的平均分绘制成图。

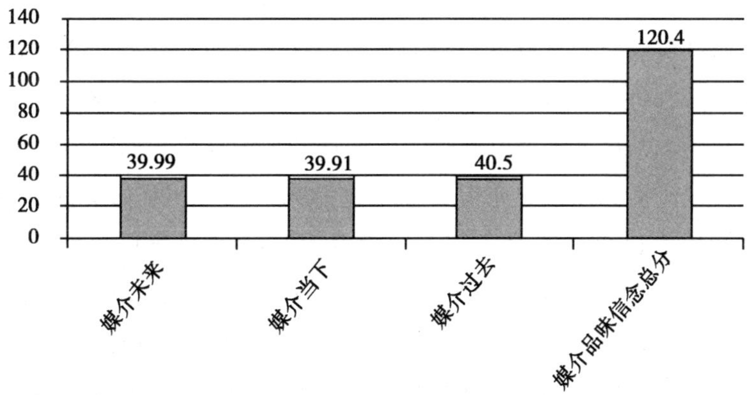

图 7-2　媒介情境品味信念得分

首先，如图 7-2 所示在媒介情境下，舆论主体对于从有意义媒介内容中获取的愉悦、享受、满足等积极情绪的总得分为 120.4 分，平均到每一问题，得分均值为 5.02 分，也是处于品味信念中间偏上一点的水平，仍旧有待提高。从与一般情境下品味信念的得分对比来看，在媒介情境下，阅听人的品味信念稍有下降。这表明舆论主体从有意义媒介内容中获取愉悦的难度，相对于从一般生活中获取愉悦的难度要大一些。但是两者分值相差不大，说明目前人们从有意义媒介内容中获取的愉悦，与自身生活中获取的愉悦，在总量上是差不多的。这也印证了当下社会是一个比较完全的媒介化生存环境，人们借由媒介获得的信息与知识，其实与个人在现实生活中获得的相差不大，而从中获取的积极体验、积极情绪也基本持平。

其次，从内部的三个维度指标得分来看，虽然回忆过去这一维度的得分稍高于其他两个维度，但这三个维度的得分总体一致。这说明人们通过有意义媒介内容在时间维度上获取幸福的表现相似。舆论主体既能通过有意义媒介内容来展望未来，也可以活在当下，当然也能回忆过往。这从一个侧面说明了：当前，对于舆论主体而言，有意义媒介内容在这三个方面表现得相对较为均衡，因此他们才能够从有意义媒介内容中获得差不多程度的愉悦。

二 品味信念的人口统计变量分析

（一）女性的一般情境品味信念与媒介品味信念得分均高于男性

通过对“有意义媒介内容与品味信念调查问卷”的258份有效问卷进行数据分析，以人口统计学变量中的性别变量为基准，将一般情境品味信念与媒介情境品味信念不同性别平均分绘制如图7-3所示。

首先，从总体情况来看，无论是品味信念，还是媒介品味信念，女性的均值得分始终高于男性，女性总体均值得分比男性高了4.2分。其中，在媒介情境下，性别差距表现更为明显，女性比男性高了近3.2分。这与Bryant当年的调查结果非常相似。因此有理由认为，女性对于积极体验的品味能力较高，尤其是对于有意义媒介内容的感受力上表现更为优异。

其次，从内部的各个维度上看，可以发现，对于未来的期待和对过去的回忆方面，女性的得分都高于男性，但是就品味当下而言，男性得分反高于女性。这与不同性别的心理特性有关，女性往往相较于男性更容易期待或幻想未来，也更念旧，容易或乐意回忆美好过往；相反，男性则更现实一些，更重视当下感，倾向于把握当下的美好，

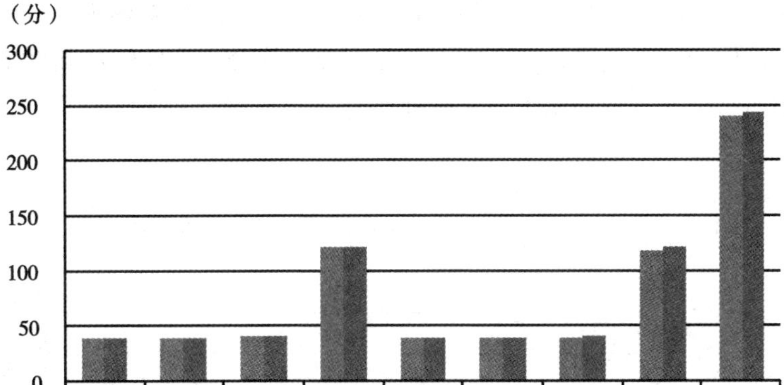

	未来	当下	过去	品味信念	媒介未来	媒介当下	媒介过去	媒介品味信念	品味信念总分
男性	39.11	40.64	41.11	120.8	39.17	40.11	39.31	118.5	239.4
女性	40.74	39.32	41.86	121.9	40.58	39.76	41.36	121.7	243.6

图 7-3　不同性别的一般情境品味信念与媒介品味信念得分均值

更为实际。

（二）社会中青年的媒介品味信念有待提高

通过对年龄这一人口统计学变量的分析，总分与各维度得分的均值绘制如图 7-4。我们可以清晰地看到，相对而言，得分随着年龄增大，呈现 U 字形，社会中青年人群（26—35 岁与 36—45 岁）的一般情境品味信念与媒介品味信念得分均较低，与总体得分均值 241. 87 分分别相距 2. 87 分与 3. 37 分。细分来看，16—25 岁这个年龄层的人一般情境品味信念与媒介品味信念基本持平，并且得分偏高，说明这一年龄阶段的人，无论是在一般情境，还是在有意义媒介内容情境，均能够较好地品味积极体验。

26—45 岁的社会中青年存在一个共同的趋势，一般情境品味信念明显高于媒介品味信念，说明他们能在一般情境下较好地品味积极，而对媒介提供的有意义媒介内容感悟较差。这一年龄段的人，多是社会的中坚力量，承担的责任与压力要比其他年龄段的人多很多，他们往往更为现实和奋进，对于媒介呈现的内容秉持一种更为严苛的态度。所以说，这个年龄阶段的人媒介品味信念总体不高，尤其是对于媒体较为失望、对于媒介内容不信任。从内部的几个维度来看，中青年人通过有意义媒介内容获得愉悦，更多地来自未来和当下，这也就说明了，虽然整体上他们的媒介品味信念不高，但是有意义媒介内容能够使其对未来更有期待与憧憬，对现实更为了解和满足。

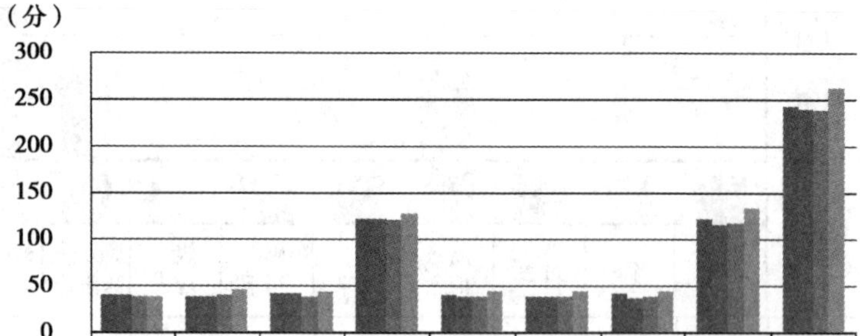

	未来	当下	过去	品味信念	媒介未来	媒介当下	媒介过去	媒介品味信念	品味信念总分
■ 16—25岁	40.00	39.76	41.75	121.5	40.25	39.78	41.49	121.5	243.0
■ 26—35岁	41.00	38.87	42.63	122.5	39.06	39.75	37.69	116.5	239.0
■ 36—45岁	39.92	40.75	39.67	120.3	39.58	39.67	38.92	118.1	238.5
■ 46—55岁	39.00	46.00	43.50	128.5	44.50	44.50	45.50	134.5	263.0

图 7-4　不同年龄层的品味信念与媒介品味信念得分均值①

46—55 岁的人群，其品味的总体水平较高，超出一般值，并且较能从有意义媒介内容中品味积极情绪体验，因此媒介品味信念得分远高于一般情境品味信念得分。从内部的各个维度来看，大体也呈现这样一种趋势：随着年龄的增长，人们越来越能够从当下品味到积极，把握当下，活在当下，乐享当下。

（三）品味信念水平较高的人集中于中等收入或高收入人群

在对人口统计学变量中的月均收入做分析时，发现一般情境品味信念或媒介品味信念并不总是随着收入的增加而提高，中间会经历一个低谷。详情已绘制如图 7-5 所示。

为了更加清晰地表现这一关系，将一般情境品味信念总均分、媒

① 年龄在 16 岁以下的答卷人仅为 3 人，样本量小，为更清晰地观看数据，故未在图上进行标示。

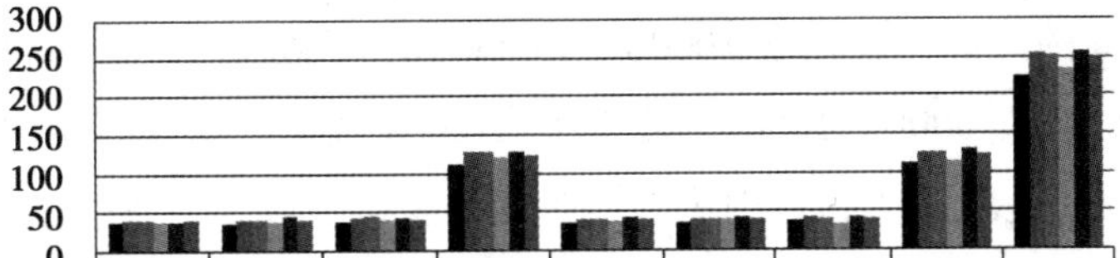

	未来	当下	过去	品味信念	媒介未来	媒介当下	媒介过去	媒介品味信念	品味信念总分
1000元以下	37.81	36.52	38.45	112.77	37.16	36.94	38.00	112.10	224.87
1000—3000元	41.85	41.89	43.52	127.26	41.85	41.81	43.41	127.07	254.33
3000—6000元	41.50	41.75	44.67	127.92	41.67	41.50	41.92	125.08	253.00
6000—10000元	39.67	39.50	41.17	120.33	39.67	40.17	34.17	114.00	234.33
10000—15000元	39.50	44.75	43.25	127.50	43.50	43.00	43.50	130.00	257.50
15000元及以上	41.50	41.50	41.67	124.67	40.83	41.17	41.83	123.83	248.60

图 7-5　不同收入的品味信念与媒介品味信念得分分布

介品味信念总均分，以及总体得分的均分情况按收入绘制成如下折线图，并加以分析。从图 7-6 中可以看到，各项得分并不总是随着收入的增加而提高，而是出现一种“M”字形，也就是说随着收入的增加，一般情境品味信念与媒介品味信念先增长，后持平略降，继而再上升，最后缓降，呈现一种起伏波动状态。

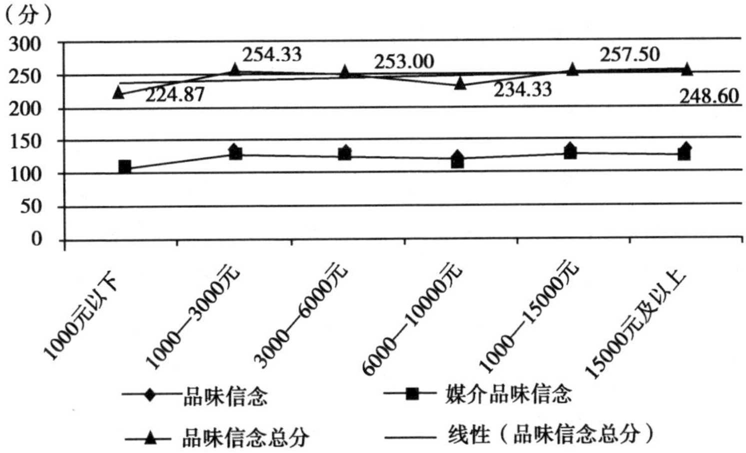

图 7-6　总体得分不同收入分布情况

首先，从总得分的趋势线上看，总体而言，收入增加会带来一定程度上品味信念得分的提高。但细分开来，却能发现，品味信念得分最高的人群，收入在10000—15000元，其次为1000—6000元，最低段出现在6000—10000元，因此形成M线型。曾经有美国的经济学家Myers提出过“拐点理论”，探讨幸福感与经济水平之间的关系，发现个人财富与幸福感之间存在一个拐点，即在贫穷的国家，财富对幸福感的提升有很大作用，但是当一个国家人均收入超过一定数额时，两者间的高相关性就消失了。这一拐点值，在美国的社会研究中被认定为家庭年收入5万美元。而在清华大学彭凯平教授“幸福中国”的研究项目中发现，我国也存在着这样一个幸福拐点，为人均GDP3000美元，一旦超过这个数额以后，幸福感并不完全随着财富的增长而提升。按照这一理论，人均月收入大约在1628元为中国贫穷地区的幸福拐点值。鉴于本章研究中问卷填答者多数来自于东部沿海城市，因此拐点出现的值有所提高。较为明显的是，在6000—10000元出现了一个下跌，主要原因在于其媒介品味信念得分较低，说明这一收入段的人群不能很好地从有意义媒介内容中获取积极体验。

另外，从收集到的问卷统计情况看，学历与品味信念的关系和收入与品味信念的关系基本一致，总体而言，学历越高，其一般情境品味信念与媒介品味信念越高，但是对于占多数的本科学历人群而言，则不尽然，反而出现一定程度的下降。

三　实验结果分析

（一）有意义媒介内容对于提升舆论主体品味信念有帮助

在本实验中，对照组10人未接触研究者提供的实验内容——有意义媒介内容“梦想改造家”节目，而实验组全程观看该节目，在观看完这一有意义媒介内容后被要求根据刚才的节目观看体会填答后测问卷，并参与半结构化深度访谈。为研究有意义媒介内容是否会对品味信念产生确实的影响，对比实验组与对照组前后测的差值，运用独立样本t检验的方式去判断实验组与对照组是否存在差异，若存在，则认为有意义媒介内容对品味信念有影响，反之则无影响。为检测实验组与对照组经由随机分配后不存在显著差异，故对两组的品味总得分进行非参数检验，结果发现：偏度系数 Sk=-0.7<0，峰度系数 Ku=-0.41<0，故认为品味总分呈负偏态，较平缓。利用 S-W 非参数检验，发现 Sig=0.103>0.05，说明变量服从正态分布，可进行独立样本 t 检验。经检验，得到如下结果。

表 7-6　　实验组与对照组无差异检验

Independent Samples Test

Equal Variances		Levenes Test for Equality of Variances		t-test for Equality of Means						
		F	Sig.	t	df.	Sig. (2-tailed)	Mean Difference	Std. Error Difference	95%Confidence Interval of the Difference	
									Lower	Upper
总分 1	Equal variances assumed	0.021	0.886	-0.794	18.000	0.438	-5.600	7.054	-20.420	9.220
	Equal variances not assumed			-0.794	17.951	0.438	-5.600	7.054	-20.423	9.223

从表 7-6 可以看到，Sig=0.886>0.05，方差齐，故 Sig（双侧）=0.438>0.05，表明实验组与对照组在品味信念总分上并无差异，可认为两者无差异，可进行实验并统计分析结果。在验证实验组与对照组分组随机、实验前不存在显著差异后，对实验组与对照组前后测进行检验分析，方法同上。

首先，对需要分析的变量“一般情境品味信念差（后测品味信念得分-前测品味信念得分）”与“媒介品味信念差（后测媒介品味信念得分-前测媒介品味信念得分）”进行正态分布分析，以证明后续的独立样本 t 检验真实可靠。品味信念差的正态分布检验显示，Sk=0.755>0，Ku=0.94>0，而媒介品味信念差的 Sk=0.902>0，Ku=0.746>0，因此两个变量均呈现正偏态，曲线较陡峭。S-W 检测的 Sig 值分别是 0.57 和 0.248，均大于 0.05，因此服从正态分布，可以进行独立样本 t 检验。以图 7-7 媒介品味信念差的 Q-Q 图做代表，可验证上述判断。

在明确两个变量均呈现正态分布后，对其进行独立样本 t 检验，情况记录在表 7-7 内。

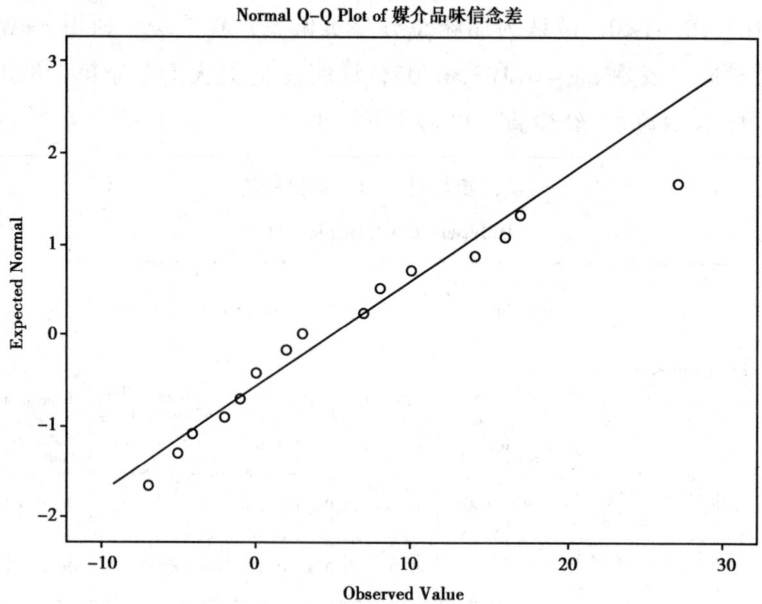

图 7-7　媒介品味信念差的正态分布 Q-Q

表 7-7　一般情境品味信念差与媒介品味信念差值独立样本 t 检验

Independent Samples Test

Equal Variances		Levenes Test for Equality of Variances		t-test for Equality of Means						
		F	Sig.	t	df.	Sig. (2-tailed)	Mean Differe-nce	Std. Error Differe-nce	95%Confidence Interval of the Difference	
									Lower	Upper
品位信念差	Equal variances assumed	0.114	0.740	1.913	18	0.072	7.20000	3.76327	-0.70634	15.10634
	Equal variances not assumed			1.913	17.623	0.072	7.20000	3.76327	-0.71848	15.11848
媒介品位信念差	Equal variances assumed	4.136	0.057	2.217	18	0.040	7.70000	3.47387	0.40167	14.99833
	Equal variances not assumed			2.217	12.868	0.045	7.70000	3.47387	0.18732	15.21268

从表 7-7 可以看到，品味信念差与媒介品味信念差的 Sig 值分别为 0.74 和 0.057，均大于 0.05，因此方差齐。品味信念差的 Sig（双

侧）= 0.072>0.05，故判断无差异，而媒介品味信念差的 Sig（双侧）= 0.045<0.05，判定有差异。因此说明，实验后，有意义媒介内容这一变量确实对媒介品味信念产生一定影响。我们对实验组所有被试的媒介品味信念差进行统计分析，发现总得分上升 90 分，人均得分提高 9 分，说明主体在接触有意义媒介后，其媒介品味信念水平有了一定程度的提升。具体情况见图 7-8。

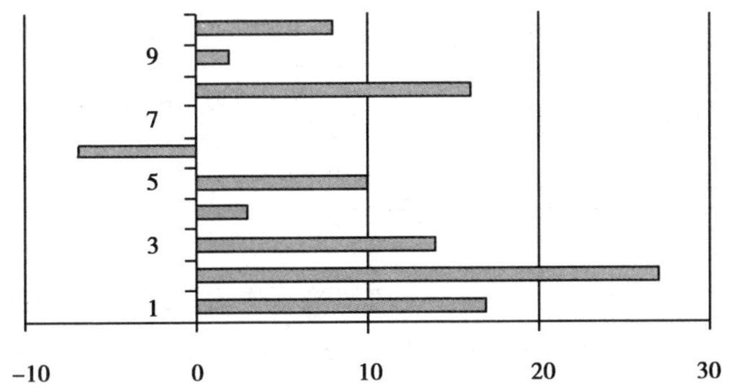

图 7-8　实验组媒介品味信念前后差值分布

（二）有意义媒介内容对原初品味信念得分低的阅听人提升效应大

在分析研究了舆论主体在接触有意义媒介内容后品味信念确有提升后，接着分析不同品味信念的人在接触同一有意义媒介内容后，其品味信念的提升程度是否有所差异，以此判断有意义媒介内容对品味信念的提升作用是否对所有阅听人效用程度一致。若结果显示无差异，则说明有意义媒介内容舆论主体不管其原生品味信念水平如何，均具有一致提升效应。

对实验组的 10 名被试，按照通用的 27%作分组，即按照品味信念得分从高到低依次排序，前 27%为高分组，后 27%为低分组。本研究中，四舍五入后，得分前 3 名的被试为高分组，得分后 3 名的被试为低分组。继而对其按高低分组进行独立样本 t 检验，见表 7-8。

表 7-8　　　　高品位信念与低品位信念差值独立样本 t 检验

Independent Samples Test

Equal Variances		Levenes Test for Equality of Variances		t-test for Equality of Means						
		F	Sig.	t	df.	Sig.（2-tailed）	Mean Differe-nce	Std. Error Differe-nce	95%Confidence Interval of the Difference	
									Lower	Upper
品位信念差	Equal variances assumed	2.466	0.191	-2.722	4	0.053	-16.00000	5.87840	-32.32105	0.32105
	Equal variances not assumed			-2.722	2.971	0.073	-16.00000	5.87840	-34.81058	2.81058
媒介品位信念差	Equal variances assumed	1.800	0.251	-3.184	4	0.033	-13.00000	4.08248	-24.33479	-1.66521
	Equal variances not assumed			-3.184	3.251	0.045	-13.00000	4.08248	-25.44289	-0.55711

由表 7-8 我们可以看到，一般情境品味信念差与媒介品味信念差的 Sig 分别为 0.191 和 0.251，均大于 0.05，方差齐，故 Sig（双侧）分别为 0.053 和 0.033，前者大于 0.05，后者小于 0.05，故认为，媒介品味信念差这一变量有差异，而一般情境品味信念差无差异。

进而对差值进行分析后我们发现，高分组在实验前后，媒介品味信念得分平均增长 7 分，而低分组平均增值 20 分，差值非常大，差距非常明显。这就说明了，虽然有意义媒介内容对阅听人媒介品味信念普遍有所提升，但是对于其中原初品味信念较低的阅听人，提升效应更为明显，提升幅度更大。详情可见图 7-9，其中横轴 1、2、3 代表低分组 3 名被试，4、5、6 代表高分组 3 名被试，纵轴为实验前后媒介品味信念得分的差值。

（三）“梦想改造家”半结构化访谈结果

从实验过程及事后的访谈回答情况看，80%的人都全神贯注地沉浸于视频内容，多数人反馈在节目中数度被感动，也愿意将这样的节目内容加以分享。

具体来看，实验结束后，要求被试用 3 个词表达自己观看完后的心情，共收回 30 个词语，其中有 14 个词语表达了被试内心的愉悦，

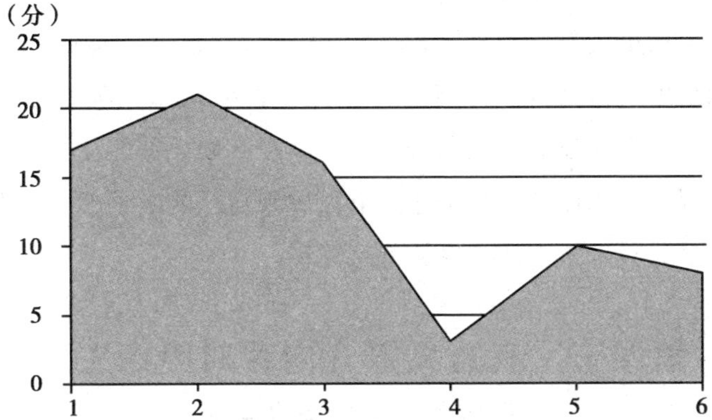

图 7-9　高分组与低分组媒介品味信念前后差值

3 个词语为“感动”，还有 5 个词语表达了期待未来、自我努力等未来的正向情绪，因此表达积极情绪的词汇至少达到总词汇数的 73.33%，具体词语统计见表 7-9。

表 7-9　每人 3 个词表达观看完的心情

词 1	词 2	词 3
震撼	佩服	愉快
开心	高兴	欢乐
感动	羡慕	欣慰
惊讶	完美	能力
欣喜	感动	期待
还行	平常	创意
轻松	愉快	有趣
惊喜	感动	冲动
兴奋	幸福	努力
美好	欣慰	学习

70%的被试报告有被节目内容感动到，具体体现在当事人之间的情感、相互理解、“即使生活艰苦也要乐观面对”，以及设计师对这一家人的情感与付出，甚至有 30%的被试报告自己数度想要落泪。以上说明，舆论主体在观看这一有意义媒介内容时，产生了较多的同理心、愉悦、期待等多种积极情绪，品味到了这样一种积极体验，有利于帮助其

品味信念的提升。通过节目，80%的被试认为节目当事人的生活会因这档节目而变得更美好，也有 80%的人认为自己的生活会越来越好，将节目内容折射到自己身上，产生联想与对个人未来生活的期待。综上，有意义媒介内容不仅能够让阅听人当下沉浸其中，更能让其产生许多美好情绪，提升品味信念，甚至通过节目看到自己的影子，对个人往昔生活产生追忆，对未来生活产生期待与憧憬。

第四节　有意义媒介内容对舆论主体品味信念的提升策略

一　有意义媒介内容对舆论主体品味信念的提升

（一）舆论主体的品味信念处于中等偏上水平，更能从美好回忆中获得愉悦

从研究结果来看，社会大众总体的品味信念还处于中等偏上水平，仍有较大提升空间。一般情境品味信念与媒介情境品味信念的得分相差无几，说明人们从日常生活与媒介内容中品味积极体验、获得积极情绪与情感升华的能力持平。从内部细分维度看，按时间划分，人们更能够从美好回忆中获得愉悦，其次是对于未来的期待，最后才是眼下的生活。

（二）大众品味信念在性别、年龄和收入等人口统计学变量上存在一定差异

经由本章研究可以看到，大众的品味信念，不论是一般情境还是媒介情境，都在人口统计学变量上存在一定差异。首先，女性往往比男性更能从有意义媒介内容中获得愉悦，更有能力去品味媒介与生活中的各类积极体验。其次，社会中青年人群的品味信念得分较低，26—45 岁的人的品味信念是整个社会最低的，但他们能通过有意义媒介内容获得对当下与对未来的积极情绪。最后，与“幸福拐点”理论相一致，品味信念在收入上升的初期会随着收入的增长而逐步提升，但到了一定阶段，品味信念的增长会出现波动，并不完全随着收

人增多而提升。因此，在突破这些关键节点的时候，有意义媒介内容或许能够助其一臂之力，使人获得更多的愉悦与幸福。

（三）有意义媒介内容对舆论主体品味信念确有提升，且对品味信念低的人提升效果更显著

通过对比实验可以清晰地看到，有意义媒介内容对舆论主体的品味信念提升确实起到一定的作用，会促发那些积极的情感体验产生，包括对过去的美好回忆、对当下的热情把握，以及对未来的憧憬期待。虽说不同品味信念高低的舆论主体在接收同一有意义媒介内容刺激后，都会产生积极情绪与品味升华，但是，这种提升效应在品味信念得分较低的人身上，增幅更大，效果更为显著。

二　对舆论主体品味信念提升的策略性建议

（一）个人层面：调试个人心态，多接触有意义媒介内容，提升品位信念

俗语有云"有一千个读者，就有一千个哈姆雷特"，同样，一件事情，不同的人抱持不同的心态，看出去的世界截然不同。品味信念高低的人，对待同一事物或媒介内容所感知到的幸福感亦有所不同。因此，从个人层面讲，一方面要调适心态，以更为开放和积极的精神状态，去品味社会生活中的积极体验，更多接触积极事物、积极体验，全面提高个人整体的品味信念。另一方面，多接触那些有意义的媒介内容，以宽容和开放的态度接收多元观点与内容，吸收那些积极正向的媒介信息与主流媒介价值观，借由媒介中他人的生活故事，照亮个人的现实生活，更好地回忆过往、品味当下、期待未来。

（二）媒体层面：注重价值观输出，精进传播技巧，创造有意义媒介内容

在本章研究中能够清晰地看到，有意义媒介内容对于阅听人品味信念确实具有明显的提升作用，因此对于广大阅听人品味信念提升来讲，媒介肩负着不可逃避的责任。作为触达面最广的机构或组织，媒介应切实肩负起应有的社会责任，一方面以引导正确舆论、弘扬正确积极价值观为己任，创造更多、更好的有意义媒介内容。不仅满足于

做社会的映照者，更应做社会的瞭望者、引导者，以高标准要求自身，注重正确价值观的输出。另一方面，在明确树立正确价值观引导后，切记精进传播技巧，以适应当下网络化、社交化的传播形态，以可看性、可听性、亲民性、接地气的媒介内容，以变通灵通的传播方式引导舆论，切忌媒体霸权。

除此之外，还有一点需要厘清。有意义媒介内容是指能让人产生愉悦的媒介内容，能够让接收这类媒介内容的阅听人产生“变好”这么一种积极向上的力量。而传统所说的“正面宣传、正面报道”，与此有所不同。传统所说的“正面宣传”容易让人产生逆反心理。“正面宣传”要从传播效果进行评估，达到正面效果的才是真正意义上的“正面宣传”。如此说来，真正意义上的“正面宣传”所希望达到的预期正面效果与“有意义媒介内容”有共通之处。切记摒弃传统理解而言的容易令人反感的“正面宣传”。这也是为什么尤其要强调传播的内容与手段技巧。

（三）国家层面：继续提倡“正能量”传播，给予媒体自主创新空间

媒体一直是党的喉舌，因此，媒介内容价值观的重要性无须多议，我们国家党和政府一直提倡“正能量”传播，弘扬社会主义核心价值观，从最高决策层面给予媒体政策支持。同时，这一决议切不可专断，应给予媒体足够的自主创造空间，只有在一定的自由范围内，媒体才能够改进创新，创造出人民大众喜闻乐见的媒介形式，传播有意义的媒介内容，弘扬正确价值取向。

参考文献

陈力丹：《舆论学——舆论导向研究》，中国广播电视出版社1999年版。

刘建明：《基础舆论学》，中国人民大学出版社1988年版。

刘建明、纪忠慧、王莉丽：《舆论学概论》，中国传媒大学出版社2009年版。

张隆栋：《大众传播学总论》，中国人民大学出版社1998年版。

［美］斯坦利·巴兰、丹尼斯·戴维斯：《大众传播理论：基础、争鸣与未来》，曹书乐译，清华大学出版社2004年版。

金惠敏：《积极受众论：从霍尔到莫利的伯明翰范式》，中国社会出版社2010年版。

石义彬：《单向度、超真实、内爆——批判视野中的当代西方传播思想研究》，武汉大学出版社2003年版。

金惠敏：《走向社会本体论——试论戴维·莫利的积极受众论》，《汉语言文学研究》2012年第3卷第3期。

喻国明、欧亚、张佰明等：《微博：一种新传播形态的考察》，人民日报出版社2011年版。

臧海群、张晨阳：《受众学说：多维学术视野的关照与启迪》，复旦大学出版社2008年版。

童清艳：《超越媒介——揭开媒介影响受众的面纱》，中国广播电视出版社2002年版。

刘京林：《新闻心理学原理》，新华出版社2012年版。

柯惠新、王锡苓、王宁：《传播研究方法》，中国传媒大学出版社2010年版。

任俊：《积极心理学》，上海教育出版社 2006 年版。

《毛泽东新闻工作文选》，新华出版社 1983 年版。

《毛泽东选集》，人民出版社 1991 年版。

《邓小平文选》，人民出版社 1994 年版。

阳志平：《积极心理学团体活动课操作指南》，机械工业出版社 2010 年版。

邱永文：《当代中国政治参与研究》，中共中央党校出版社 2009 年版。

王巍、牛美丽：《公民参与》，中国人民大学出版社 2009 年版。

王金水：《网络政治参与与政治稳定机制研究》，中国社会科学出版社 2013 年版。

肖唐镖：《群体性事件研究》，学林出版社 2011 年版。

严峰：《网络群体性事件与公共安全》，上海三联书店 2012 年版。

［美］马丁·塞利格曼：《持续的幸福》，赵昱鲲译，浙江人民出版社 2012 年版。

宋维强：《社会转型时期中国农民群体性事件研究》，华中师范大学出版社 2009 年版。

王维国：《公民有序政治参与的途径》，人民出版社 2007 年版。

王锡锌：《公众参与和行政过程——一个理念和制度分析的框架》，中国民主法制出版社 2007 年版。

王学辉等：《群发性事件防范机制研究》，科学出版社 2010 年版。

魏星河：《当代中国公民有序政治参与研究》，人民出版社 2007 年版。

吴浩主编：《国外行政立法的公众参与制度》，中国法制出版社 2008 年版。

沙莲香：《社会心理学》，中国人民大学出版社 2002 年版。

莫泰基：《公民参与：社会政策的基石》，中华书局（香港）有限公司 1995 年版。

蒋晓丽、石磊：《传媒与文化：文化视角下的传媒研究》，华夏出版社 2008 年版。

周宪、许钧主编：《文化与传媒译丛总序》，商务印书馆 2001 年版。

段鹏：《传播效果研究——起源、发展与应用》，中国传媒大学出版社 2008 年版。

周葆华：《效果研究：人类传受观念与行为的变迁》，复旦大学出版社 2008 年版。

陈力丹：《解析中国新闻传播学（2014）》，人民日报出版社 2014 年版。

《现代汉语词典》（第 5 版），中国社会科学院语言研究所词典编辑室，商务印书馆 2007 年版。

杨天宇：《礼记译注（上下）》，上海古籍出版社 2007 年版。

［美］沃尔特·李普曼：《公共舆论》，阎克文、江红译，上海人民出版社 2006 年版。

［加拿大］马歇尔·麦克卢汉：《理解媒介：论人的延伸》，何道宽译，商务印书馆 2009 年版。

［美］甘布尔等：《有效传播》（第 7 版），清华大学出版社 2005 年版。

［美］谢丽·比亚吉：《媒介/影响：大众传播媒介概论》（第九版），中国人民大学出版社 2010 年版。

［美］詹宁斯·布莱恩特、苏姗·汤普森：《传媒效果概论》，中国传媒大学出版社 2006 年版。

［美］Glenn G.Sparks：《媒介效果研究概论》（影印版），北京大学出版社 2004 年版。

［德］齐美尔：《社会是如何可能的》，广西师范人学出版社 2002 年版。

［美］C.R.斯奈德、沙恩·洛佩斯：《积极心理学——探索人类优势的科学与实践》，王彦、席居哲、王艳梅译，人民邮电出版社 2013 年版。

［爱尔兰］Alan Carr：《积极心理学——有关幸福和人类优势的学科》，丁丹等译，中国轻工业出版社 2014 年版。

[美] 马丁·塞利格曼:《真实的幸福》，洪兰译，万卷出版公司2010年版。

[美] 芭芭拉·弗雷德里克森:《积极情绪的力量》，王珺译，中国人民大学出版社2013年版。

[英] 克里斯托弗·彼得森:《积极心理学》，徐红译，群言出版社2010年版。

[英] 卡伦·罗斯、弗吉尼亚·奈廷格尔:《媒介与受众:新观点》，北京大学出版社2006年版。

[美] 艾尔·巴比:《社会研究方法基础》，邱泽奇编译，华夏出版社2010年版。

[英] 利萨·泰勒、安德鲁·威利斯:《媒介研究:文本、机构与受众》，吴靖、黄佩译，北京大学出版社2005年版。

[古希腊] 亚里士多德:《尼各马可伦理学》，商务印书馆2003年版。

[英] 迪金森:《受众研究读本》，单波译，华夏出版社2006年版。

[英] 戴维·莫利:《电视、受众与文化研究》，史安斌主译，新华出版社2005年版。

[美] Werner J.Severin /James W.Tankard, Jr.:《传播理论——起源、方法与应用》，郭镇之主译，中国传媒大学出版社2006年版。

Carpentier, N. 2011. *New configurations of the audience In Nightingale, V, ed. The handbook of media audience.* Blackwell, United Kingdom.

Ruark, J., *Redefining the Good Life: A New Focus in the Social Sciences*. APA online.See: http: //www.apa.org/ed/goodlife.html.

Diener, E.Subjective WELL-Being: The Science of Happiness and a Proposal for a National Index.*American Psychologist*, 2000, 55 (1).

Waterman.A.S., Sehwartz, S.J., Zamboanga.B.L., Ravert, R.D., Williams, M.K., Agocha, B. et al., The questionnaire for eudaimonic well-being: Psychometric properties, demographic comparisons. and evidence of validity.*Journal of Positive Psychology*, 2010, 5.

Sheldon, M.King, L.Why Positive Psychology is Necessary.*American Psychologist*, 2001, 56 (3).

Seligman, Csikszentmihalyi M.Positive psychology: an introduction.*American Psychologist*, 2000 (1).

Seligman, M.E.Csikszentmihalyi M.Positive Positive Psychology: An Introduction, *American Psychologist*, 2000, 55 (1).

Sheldon&Laura King. Why positive psychology is necessary. *American Psychologist*, 2001 (3).

Allen, R. E. *The Concise Oxford Dictionary*. Clarendon Press, Oxford, 1990.

Department of Health, Education and Welfare (1974).Publication on HRA76-25 US Government Printing Office, Washington, DC.1996.

Hall, L. E.Nursing: What is it?, *Canada Nurs*, 1964, 60 (2).

Hall, L. E. *The Loeb Center For Nursing And Rehabilitation*, Montefiore Hospital and Medical Center, Bronx, New York [J].*Int J Nurs Stud*, 1969, 6 (2).

Katherine, Y. Kolcaba, R. An Analysis of the concept of Comfort. *Journal of Advanced Nursing*, 1991, 16 (11).

Kolcaba, K. Y. A Taxonomic Structure For The Concept Comfort. *The Journal of Nursing Scho larship*, 1991, 23 (4).

Morse, J. M.Comfort: The Refocusing of Nursing Care.*Clin Nurs Res*, 1992, 1 (1).

Cameron, B. L.The Nature of Comfort to Hospitalised Medical Surgical Patients.*Journal of advenced Nursing*, 1993, 18 (3):.

McCann, R. M., Hall, W. J., Groth-Juncker A. Comfort Care For Terminally Ill Patients.The Appropriate Use of Nutrition and Hydration.*JAMA*, 1994, 272 (16).

Katharine Kolcaba.*Evolution of The Mid Range Theory of Comfort For Outcomes Research.* Nursings Outlook, 2001, 49.

Kolcaba, K. Y. . A Theory of Holistic Comfort For Nursing. *Journal of Advanced Nursing*, 1994, 19.

Kolcaba, K. , Steiner, R. Empirical Evidence for The Nature of Holistic Comfort. *Journal of Holistic Nursing*, 2000, 18.

Kolcaba, K. *Comfort Theory And Practice: A Vision For Holistic Health Care And Research*. New York: Springer Publishing, 2003.

Kolcaba, K. Holistic Comfort: Operationalizing The Construct As A Nurse-Sensitive Outcome. *Adv Nurs Sci*, 1992, 15 (1).

Charels Tilly. *The Vendee*. Harvard Press. Cambridge. Massachusetts, 1964.

Miller, Harvey. The Interface of Positive Psychology with a Psycho1ogy of Loss: A Brave New World. *American Journal of psychotherapy*, 2001, 10.

Miller. The Benefits of Positive Psychology. *The Harvard Mental Health Letter*, 2012, 07.

Faller. Positive Psychology: A Paradigm shift. *Journal of Pastoral Counseling*, 2001, 11.

Seligman, E. P. *Positive Psychology, Positive Prevention and Positive Therapy*. In C. R. Snyder&Shane J. Lopez, *Handbook of Positive Psychology*. New York: Oxford University. Press, 2002.

Seligman, E. P. *Authentic Happiness*. New York: The Free Press, 2002.

Sheldon, K. M. & Laura King. Why Positive Psychology Is Necessary. *American Psychologist*, 56 (3).

Bryant, F. B., & Veroff, J. (2007). *Savoring: A New Model of Positive Experience*. Mahwah, NJ: Lawrence, Erlbaum Associates.

Seligman, M. E. P. (2002). *Positive psychology, positive prevention, and positive therapy*. In C. R. Snyder, & S. J. Lopez (Eds.), *Handbook of positive psychology* (vol.2, pp.3-9). London: Oxford University Press.

Bryant, F. B. (2003). Savoring Beliefs Inventory (SBI): A scale for measuring beliefs about savouring. *Journal of Mental Health*, 12, 2.

Bryant, F.B.& Veroff, J. (2002).Savouring: A process model for positive psychology.*Unpublished Manuscript Bryant*, F.B.& Veroff, J .Savoring: A new model of positive experience. Mahwah. NJ: Lawrence Erlbaum Associates-2007.

Bryant, F.B. (1989).A Four-Factor Model of perceived control: Avoiding, coping, obtaining, and savoring. *Journal of Personality*, 57 (4).

Cafasso-L. L.. Bryant, F. B.. &Jose, RR. A scale for measuring children's savoring beliefs.*Paper presented at the* [102]*nd annual American Psychological Association convention.*Loyo: a Angeeles.C. A. , 1994.

Ferguson, Y.L., & Sheldon, K.M. (2013).Trying to be happier really can work: Two experimental studies. *The Journal of Positive Psychology*, 8 (1).

Gentzler, A. L., Morey, J. N., Palmer, C. A., & Yi, C. Y. (2013).Young adolescents' responses to positive events: Associations with positive affect and adjustment.*The Journal of Early Adolescence*, 33 (5).

Lazarus, R.S. (1993).Coping theory and research: Past, present, and future.*Psychosomatic Medicine*, 55 (3).

Lindberg, T. (2004).Enjoying the moment in the East and West: A cross-cultural analysis of savoring.Unpublished doctoral dissertation, *University of British Columbia*, *Vancouver*, *Canada.*

Duncan, E, & Grazzani, J.Positive emotional experience in Scottish and Italian young adults: A diary study.*Journal of Happiness Studies*.2004.5.

Quoidbach, J., Berry, E.V., Hansenne, M., & Mikolajczak, M. (2010).Positive emotion regulation and well-being: Comparing the impact of eight savoring and dampening strategies.*Personality and Individual Differences*, 49 (5).

Quoidbach, J., & Dunn, E.W. (2013).Give it up: A strategy for combating hedonic adaptation.*Social Psychological and Personality Science.*

Quoidbach, J., Wood, A.M., & Hansenne, M. (2009).Back to

the future: The effect of daily practice of mental time travel into the future on happiness and anxiety. *The Journal of Positive Psychology*, 4 (5).

Loewenstein, G. Anticipation and valuation of delayed consumption. *The Economic Journal*. 1987, 97.

附　　录

附录1　实现幸福感问卷

1. 性别：□男　　　□女

2. 年级：□本科生　□研究生

3. 专业：□文科　　□理科

亲爱的同学：

您好！

为了了解大家的实现幸福感水平，我们特别设计了这一调查问卷。请仔细阅读问卷中的每一个句子，判断它是否符合您的实际情况，然后在相应的一个数字上画圈。请注意每个数字所代表的含义：1代表“明显不符合”；2代表“不符合”；3代表“有些不符合”；4代表“介于中间”；5代表“有些符合”；6代表“符合”；7代表“明显符合”。请您根据过去一个月的真实情况作答，同时切记不要漏答任何一个句子。

您的回答没有对错之分，真实的答案就是最好的答案。本问卷的结果只作为研究所用，绝对不会向外公开。如果您对我的研究感兴趣，可以与我联系：E-mail：******@qq.com.

真诚感谢您的合作！

项　目	明显不符合	不符合	有些不符合	介于中间	有些符合	符合	明显符合
1. 我很了解自己	1	2	3	4	5	6	7
2. 我比别人更清楚，哪些事情是对我有利的	1	2	3	4	5	6	7

续表

项　目	明显不符合	不符合	有些不符合	介于中间	有些符合	符合	明显符合
3. 我知道自己的优势在哪里	1	2	3	4	5	6	7
4. 我有自己的价值观，而且它给了我人生的意义	1	2	3	4	5	6	7
5. 我已经找到了未来的目标	1	2	3	4	5	6	7
6. 我已经有了对未来的规划	1	2	3	4	5	6	7
7. 我知道自己对将来的打算	1	2	3	4	5	6	7
8. 我相信自己有巨大的潜能，并希望去挖掘这些潜能	1	2	3	4	5	6	7
9. 当我充分发挥自己的潜能时，我感到活着的价值	1	2	3	4	5	6	7
10. 我平时做的很多事情能使我的潜能得到发挥	1	2	3	4	5	6	7
11. 我喜欢生命充满挑战	1	2	3	4	5	6	7
12. 我经常审视自己的努力是否和目标一致	1	2	3	4	5	6	7
13. 我在做事情的时候，很容易进入角色	1	2	3	4	5	6	7
14. 我会全身心地投入每天的生活	1	2	3	4	5	6	7
15. 在做我认为值得努力的事情的时候，我感觉很好	1	2	3	4	5	6	7
16. 我很看重活动给我带来的满足感	1	2	3	4	5	6	7
17. 我认为自己喜欢比别人的评价更重要	1	2	3	4	5	6	7
18. 我经常去做那些我认为有意义的事情	1	2	3	4	5	6	7
19. 我会去做那些我认为是正确的事情	1	2	3	4	5	6	7
20. 我认为有些事情虽然很难，但是值得去做	1	2	3	4	5	6	7

附录 2　基于实现论幸福感的媒介使用动机调查问卷

亲爱的同学：

您好！

为了了解大家基于实现论幸福感的媒介使用动机，我们特别设计了这一调查问卷。请仔细阅读问卷中的每一个句子，判断它是否符合您的实际情况，然后在相应的一个数字上画圈。请注意每个数字所代表的含义：1 代表“明显不符合”；2 代表“不符合”；3 代表“有些不符合”；4 代表“介于中间”；5 代表“有些符合”；6 代表“符合”；7 代表“明显符合”。无须多思考，同时切记不要漏答任何一个句子。

您的回答没有对错之分，真实的答案就是最好的答案。本问卷的结果只作为研究所用，绝对不会向外公开。如果您对我的研究感兴趣，可以与我联系：E-mail：*****@qq. com.

真诚感谢您的合作！

注：“媒介”是指介于传播者与受传者之间的用以负载、传递、延伸特定符号和信息的物质实体，它包括书籍、报纸、杂志、广播、电视、电影、网络等及其生产、传播机构。“媒介使用”是指人们从事各种跟媒介有关的行为，包括对媒介内容的接受（被动接受）和借助媒介传递自己的观点（主动传播）。比如：对于报纸、电视、广播、手机等媒介的使用，在使用过程中接收信息和观点，并通过社交应用传递自己的观点意见，以及通过自媒体传播信息和价值观等。

1. 通过使用媒介，我很了解自己的媒介使用行为及媒介表达。（1—2—3—4—5—6—7）

＊例如：通过接收媒介信息，更认清自己的性格类型或气质类型；通过在媒介中发布信息，更了解自己的用词习惯和表达模式等。

2. 通过媒介使用，我比别人更清楚，哪些事情是对我有利的。（1—2—3—4—5—6—7）

＊例如：通过接受和筛选海量的媒介信息，对是非的判断、利弊的评断更有经验。

3. 在使用媒介传递信息和人际交往时，我更明确意识到了自身的优势所在，并知道如何利用媒介发挥自己话语表达和动员能力的优势。（1—2—3—4—5—6—7）

4. 通过使用媒介，我形成自己的价值观，它给了我人生的意义。

(1—2—3—4—5—6—7)

＊例如：通过接受媒介庞杂的信息，形成自己的判断力和基本的价值观，价值观的形成对人生意义的确立和追寻产生影响。

5. 通过使用媒介，即在对媒介信息处理和人际交流中，我已经找到了未来的目标。

(1—2—3—4—5—6—7)

＊例如：通过接收媒介信息，发现自己感兴趣的职业或发展方向，即对未来目标的确立产生影响。

6. 在使用媒介过程中，通过媒介信息的辅助，我确立起了对未来的具体规划方案。

(1—2—3—4—5—6—7)

7. 通过使用媒介，我明确了将来具体要做的事情。(1—2—3—4—5—6—7)

8. 通过使用媒介，我更相信自己有巨大的潜能，如自我能力的挖掘、对公共事务的参与等，并希望通过挖掘这些潜能去追求个人目标。(1—2—3—4—5—6—7)

9. 在使用媒介过程中，当我充分发挥自己的潜能时，如自我能力的挖掘、对公共事务的参与等，我感到自己存在的价值。(1—2—3—4—5—6—7)

10. 通过媒介的使用和延伸，能充分发挥我意见表达和公共参与的潜能。

(1—2—3—4—5—6—7)

＊例如：微公益传播中，普通大众通过对自我潜能的挖掘和发挥，筹集到超出想象的善款，发挥前所未有的能力。

11. 我喜欢生命充满挑战，媒介使用满足了我挖掘自身潜能、服务社会的需求。

(1—2—3—4—5—6—7)

12. 媒介使用敦促我更经常地审视自己的努力是否和目标一致。(1—2—3—4—5—6—7)

13. 我在使用媒介过程中，很容易进入媒介既定角色（如公共事

务参与者、正义伸张者、是非审判者等)。(1—2—3—4—5—6—7)

14. 我会全身心地投入每天的生活，而使用媒介是我生活的一部分。(1—2—3—4—5—6—7)

15. 在媒介使用过程中，在做我认为值得努力的事情的时候，我感觉很好。

(1—2—3—4—5—6—7)

16. 在媒介使用过程中，我很看重媒介实践给我带来的满足感。(1—2—3—4—5—6—7)

17. 在媒介使用过程中，我认为自己喜欢比别人的评价更重要。(1—2—3—4—5—6—7)

18. 在媒介使用过程中，我经常去做那些我认为有意义的事情。(1—2—3—4—5—6—7)

19. 在媒介使用过程中，我会去做那些我认为是正确的事情。(1—2—3—4—5—6—7)

20. 在媒介使用过程中，我认为虽然有时会遇到困难，如表达意见遭受误解、个人行为遭受非议、参与公众事务遭遇阻碍力量等，但是仍值得去做。(1—2—3—4—5—6—7)

附录 3　大学生作为积极传播主体的媒介使用动机深度访谈提纲

您的媒介使用频率是?

您最经常使用哪种形式的媒介?

您使用媒介经常做哪些事情呢?

您使用媒介是基于哪些需求与动机?

通过使用媒介，您对自己有哪些新的认识呢?

您觉得通过使用对您自我能力有挖掘和提升作用吗? 主要表现在哪些方面呢?

您认为媒介使用对您的在校学习有帮助吗? 具体体现在哪些方面呢?

在您个人发展过程中会使用媒介作为辅助吗？

当您感到迷茫彷徨时，媒介使用是否能使你得到排解？

您有使用媒介参与公共事务的经历吗？

您认为通过媒介使用能更好地参与社会活动吗？

您认为使用媒介有哪些收获呢？

附录4 舒适状况量表

（Kolcaba，K. H. 编制，朱丽霞等修订）

您好！这是一份关于舒适状况的量表。请根据您对各个项目所描述的情况同意的程度在每题后相对应的数字上画“√”。答案无所谓好坏对错，请根据真实情况填写。所有资料均会绝对保密。感谢您付出宝贵的时间完成此量表。

请您在答题之前先填写以下资料，选择时在您要选的选项上打个“√”。

①姓名_______　　②年龄_______　　③性别：男□　女□

项　目	非常不同意	不同意	同意	非常同意
1. 当我需要帮助时，我可以找到可靠的人	1	2	3	4
2. 我不想活动	1	2	3	4
3. 我的状况使我很沮丧	1	2	3	4
4. 我感觉有信心	1	2	3	4
5. 我现在觉得生命很有价值	1	2	3	4
6. 知道别人在关心我，我很受鼓舞	1	2	3	4
7. 太吵，我不能休息	1	2	3	4
8. 没有人能体会我现在的感受	1	2	3	4
9. 我疼痛得不能忍受	1	2	3	4
10. 没人陪伴时我很不开心	1	2	3	4
11. 我不喜欢这里这样	1	2	3	4
12. 我现在情绪低落	1	2	3	4

续表

项　　目	非常不同意	不同意	同意	非常同意
13. 我现在觉得身体不好	1	2	3	4
14. 这个房间让我感觉怪怪的	1	2	3	4
15. 我害怕将会发生的事情	1	2	3	4
16. 我现在非常累	1	2	3	4
17. 咳嗽时疼痛难以忍受	1	2	3	4
18. 我现在感到很满足	1	2	3	4
19. 这床铺（椅子）让我不舒服	1	2	3	4
20. 这里的气氛很平静	1	2	3	4
21. 这里没有我喜欢的东西	1	2	3	4
22. 在这里我没有归属感	1	2	3	4
23. 我亲戚、朋友经常打电话来关心我	1	2	3	4
24. 我需要更好地了解我的病情	1	2	3	4
25. 医护人员不关心我的感受	1	2	3	4
26. 我没有太多的选择	1	2	3	4
27. 这房间气味不好	1	2	3	4
28. 我心情很平静	1	2	3	4
29. 我发现生活很有意义	1	2	3	4
30. 希望家属多陪伴我	1	2	3	4

附录5　简化积极社会制度框架量表

项　　目	非常不同意	不同意	同意	非常同意
1. 当我需要帮助时，这条新闻让我找到可靠的信息。PE	1	2	3	4
2. 这条新闻让我不想活动。NA	1	2	3	4
3. 新闻中的状况使我很沮丧。NE	1	2	3	4
4. 这条新闻让我感觉有信心。PA	1	2	3	4
5. 这条新闻让我现在觉得生命很有价值。PA	1	2	3	4

续表

项　目	非常不同意	不同意	同意	非常同意
6. 这条新闻让我知道有人关心，我很受鼓舞。PA	1	2	3	4
7. 这条新闻让我觉得环境太吵，无法休息。NE	1	2	3	4
8. 这条新闻让我觉得没有人能体会我的感受。NE	1	2	3	4
9. 这条新闻让我感到疼痛不能忍受。NE	1	2	3	4
10. 这条新闻让我觉得没人陪伴时我很不开心。NA	1	2	3	4
11. 这条新闻让我不喜欢这里这样。NA	1	2	3	4
12. 这条新闻让我现在情绪低落。NA	1	2	3	4
13. 这条新闻让我现在觉得身体不好。NA	1	2	3	4
14. 这条新闻让我感觉身处的环境怪怪的。NE	1	2	3	4
15. 这条新闻让我害怕将会发生的事情。NA	1	2	3	4
16. 这条新闻让我感觉现在非常累。NA	1	2	3	4
17. 这条新闻让我觉得身体患病时疼痛难以忍受。NE	1	2	3	4
18. 这条新闻让我现在感到很满足。PA	1	2	3	4
19. 这条新闻让我觉得我的床铺（椅子）让我不舒服。NE	1	2	3	4
20. 这条新闻让我觉得这里的气氛很平静。PE	1	2	3	4
21. 这条新闻让我觉得这里没有我喜欢的东西。NE	1	2	3	4
22. 这条新闻让我觉得在这里我没有归属感。NA	1	2	3	4
23. 这条新闻让我感到我亲戚、朋友经常打电话来关心我。PA	1	2	3	4
24. 这条新闻让我更好地了解我的情况。PE	1	2	3	4
25. 这条新闻让我觉得社会官员不关心我的感受。NE	1	2	3	4
26. 这条新闻让我觉得我没有太多的选择。NA	1	2	3	4

续表

项　目	非常不同意	不同意	同意	非常同意
27. 这条新闻让我觉得身处的环境气味不好。NE	1	2	3	4
28. 这条新闻让我觉得心情很平静。PE	1	2	3	4
29. 这条新闻让我发现生活很有意义。PE	1	2	3	4
30. 这条新闻让我希望家属多陪伴。NA	1	2	3	4

附录 6　积极人格特质与公民有序参与调查问卷

您好，欢迎参加本次答题，本问卷采用不记名形式填答，不会做个人评价，只是作为研究使用，希望您能够如实回答，谢谢您的支持与帮助！（请在您认为最符合您的情况的选项上面打“√”）

第一部分：积极人格特质量表

项目	很不符合	较不符合	不确定	较为符合	很符合
1. 我习惯于从正反方面来辩证地看问题	1	2	3	4	5
2. 我能很客观地评价我的思考能力	1	2	3	4	5
3. 我是一个充满激情的人	1	2	3	4	5
4. 我是一个有明确目标的人	1	2	3	4	5
5. 在没有完成任务前我决不放弃	1	2	3	4	5
6. 作为领导，无论下属有无经验，我都会平等对待	1	2	3	4	5
7. 无论是谁，我都一视同仁	1	2	3	4	5
8. 我总是既往不咎	1	2	3	4	5
9. 我总是能看到事情积极的一面	1	2	3	4	5
10. 尽管道路是艰辛曲折的，但我还是勇往直前	1	2	3	4	5
11. 我发现这个世界非常有趣	1	2	3	4	5

续表

项目	很不符合	较不符合	不确定	较为符合	很符合
12. 我宁愿死也不愿做一个虚伪的人	1	2	3	4	5
13. 即使是很好吃的食物放在我的面前，我也不多吃	1	2	3	4	5
14. 我愿意积极参与各种小组和团体活动	1	2	3	4	5
15. 看到美好的事物我会被吸引	1	2	3	4	5
16. 我知道如何应对各种社交场合	1	2	3	4	5
17. 我总是对新的知识很感兴趣	1	2	3	4	5
18. 对于自已的成绩总是保持低调	1	2	3	4	5
19. 我愿意帮助每一个需要帮助的人	1	2	3	4	5
20. 当我审视生活时，会发现有很多值得感激的事	1	2	3	4	5
21. 对于同一问题我总是想出不同的解决方法	1	2	3	4	5
22. 我考虑问题总是从大处着眼	1	2	3	4	5
23. 我的朋友认为我能对生活中的事情做出明智的选择	1	2	3	4	5
24. 我总是知道该如何激发他人的潜力	1	2	3	4	5
25. 我富有幽默感	1	2	3	4	5
26. 我精力充沛	1	2	3	4	5
27. 我可以表达出我对他人的爱	1	2	3	4	5
28. 我有坚定的人生信念	1	2	3	4	5
29. 我是不会轻易放弃的人	1	2	3	4	5
30. 如果我是领导，我会给每个人同样的机会	1	2	3	4	5
31. 每个人的权利对我来说同等的重要	1	2	3	4	5
32. 我会给犯错的人重新改正的机会	1	2	3	4	5
33. 消极的事情中我常常能看出积极的一面	1	2	3	4	5
34. 我可以直面我的恐惧	1	2	3	4	5
35. 我认为我的生活充满了乐趣	1	2	3	4	5
36. 只有当我有十足的把握时我才会作出定论	1	2	3	4	5
37. 我不能想象我会欺骗和说谎	1	2	3	4	5
38. 我可以保持规律的饮食习惯	1	2	3	4	5

续表

项目	很不符合	较不符合	不确定	较为符合	很符合
39. 我很乐意能加入一个团队	1	2	3	4	5
40. 我十分欣赏各种形式的艺术	1	2	3	4	5
41. 我了解自己的情感和动机	1	2	3	4	5
42. 我喜欢学习新鲜事物	1	2	3	4	5
43. 我从来不会自夸我的才能	1	2	3	4	5
44. 我从未故意地伤害过任何人	1	2	3	4	5
45. 我对人生中的每一天都心怀感激	1	2	3	4	5
46. 在做事情时我喜欢创新	1	2	3	4	5
47. 对于以下问题的看法，我能像思想家一样理性客观	1	2	3	4	5
48. 我有能力使大家感到快乐	1	2	3	4	5
49. 每天醒来我都能感觉到自己充满了活力	1	2	3	4	5
50. 在我的亲人和朋友当中有我关心的人	1	2	3	4	5
51. 我的信念一直支撑着我	1	2	3	4	5
52. 无论我决定做什么，都会坚持到底	1	2	3	4	5
53. 作为一个好的管理者，我对同事和下属一视同仁	1	2	3	4	5
54. 即使我不喜欢某个人，我也会公正客观地看待他	1	2	3	4	5
55. 我总是愿意给别人改正错误的机会	1	2	3	4	5
56. 尽管有挑战，但我还是对未来充满希望	1	2	3	4	5
57. 对世界总是充满着好奇	1	2	3	4	5
58. 我会在说话前深思熟虑，想好要说什么	1	2	3	4	5
59. 我会合理地安排时间锻炼身体	1	2	3	4	5
60. 对我来说，和我所在的团队保持和谐至关重要	1	2	3	4	5
61. 我总是渴望去感受伟大的艺术	1	2	3	4	5

第二部分：积极舆论主体有序参与情况问卷

1. 请问您知道2013年长春“304盗车弃婴案”吗？

A. 知道

B. 不知道（选此项请跳至19题）

2. 您是通过什么途径知道的“304盗车弃婴案”？

A. 广播电视报纸

B. 网络

C. 从别人那里听说

3. 您对此事件的关注度怎样？

A. 不关注

B. 比较关注

C. 十分关注

4. 您是怎样参与该事件的？

A. 只浏览相关信息

B. 跟踪事件进展，转发相关信息

C. 亲身参与其中

5. 知道这一事件时您的第一反应是什么？

A. 指责婴儿父母的失职

B. 把所知真实信息通过网络散播，希望更多的人参与救助工作

C. 咒骂盗车贼的良心泯灭

6. 对于一时之间网络上泛滥的相关信息，您是如何处理的？

A. 只要是和此事件相关，全部转发

B. 只浏览信息，不予转发和评论

C. 核实信息真伪，提供有用线索

7. 如果在这个事件中您得到了一条重要线索，您会怎么做？

A. 告知他人，大家想对策

B. 自己按照线索去寻找

C. 置之不理，觉得自己的线索可能没什么用

8. 对于警方的行为，您的看法是什么？

A. 行动迟缓，拖延时间

B. 部署失当，打草惊蛇

C. 部署周密，策略合理

9. 如果您在案发现场，您会怎么做?

A. 与警方配合，听从指挥

B. 按照自己得到的线索去寻找车和婴儿

C. 围观

10. 如果盗车贼被现场抓获，您会有何反应?

A. 对其进行谩骂或拳脚相加，替社会出气

B. 罪犯终于伏法，拍手称快

C. 冷静对待，希望判决公正

11. 面对"罪犯伏法，小浩博离开人世"的结果，您的想法是

A. 都是父母的疏忽，这是给他们的教训

B. 罪犯太残忍，残害婴儿，死不足惜

C. 为婴儿小浩博祈祷，希望此事能警醒世人

12. 对于全国各大媒体对此事的报道，您的看法是

A. 正是由于这种轰炸式的报道，导致了罪犯杀人灭口

B. 媒体的报道带动了全国人民的关注和参与，促进案件破获

C. 媒体的报道有利有弊

13. 此事件过去了那么久，您现在的感想是

A. 没有感觉

B. 如果有类似的事件发生，还会尽一臂之力

C. 觉得自己当初做得不够多

14. 如果您身边发生了一件公共事件，您会参与吗?

A. 只是围观

B. 适当参与

C. 不管自己能不能帮上忙，都想去参与

15. 对于网络上出现的公共事件，您通常的态度是

A. 大发言论，表达自己的看法

B. 谨言慎行，提出合理建议

C. 旁观者清，做一个僵尸粉

16. 您觉得对于群体性事件，该如何对待？

A. 理性参与

B. 人云亦云

C. 置之不理

17. 您的性别

A. 男

B. 女

18. 您的年龄

A. 18 岁以下

B. 18—35 岁

C. 35 岁以上

19. 您的学历

A. 专科及以下

B. 本科

C. 研究生及以上

20. 您的生源地

A. 农村

B. 城市

21. 是否为独生子女

A. 是

B. 否

附录 7 有意义媒介内容与品味信念调查问卷

您好！

本问卷主要是对您的品味信念以及媒介情境下的品味信念进行调查，希望得到您的配合！

请仔细阅读问卷中的每一个句子，判断它是否符合您的实际情况，根据您平时的感受，对照下列各项叙述，在括号内填入符合您情况的数字。如无说明，题目均为7点计分题，请注意每个数字所代表的含义：1代表“完全不符合”；2代表“不符合”；3代表“有些不符合”；4代表“介于中间”；5代表“有些符合”；6代表“符合”；7代表“完全符合”，分数越高，符合程度越高。

每个句子不要多思考，同时切记不要漏答任何一个句子。您的回答没有对错之分，真实的答案就是最好的答案。本问卷的结果只作为研究所用，绝对不会向外公开。如您对我的研究感兴趣，请与我联系：****@***

真诚感谢您的合作！

一、品味信念

面对不好的事情，我们“应对”它，面对美好的事情、积极的体验时，我们“品味”它。所以，品味指的是“增强或者延长这种积极体验的主观欲望”，主要分为期待未来、品味当下和回忆过往。

1. 当我展望未来时，我感到愉悦。
2. 我不喜欢过于期待未来。
3. 我能从期待中感受到喜悦。
4. 我认为期待未来是在浪费时间。
5. 在事情发生前，我能够在期待、幻想中体会到乐趣。
6. 在事情发生前，我很难感到兴奋与期待。
7. 通过想象结果，能让自己感觉良好。
8. 展望未来的感觉并不舒服。
9. 我知道怎样利用美好时光。
10. 我认为抓住美好感觉是困难的。
11. 通过自身努力，我可以让愉悦感持续得更久一些。
12. 快乐不起来的最大原因在于自己不愿意或不容易快乐起来。
13. 我能够全然地欣赏美好事物。
14. 即使是开心时刻，我也不能感受到乐趣。
15. 只要我愿意，取悦自己非常容易。
16. 面对值得开心的事，我也无法完全开心起来。
17. 回忆过去美好时光，我感到快乐。

18. 我不喜欢回忆过去。

19. 回忆过去，让我感觉良好。

20. 回忆过去，让我感到失落。

21. 我喜欢储存记忆，留待以后回忆。

22. 我认为回忆过去是在浪费时间。

23. 我很容易就能从愉悦记忆中获得快乐。

24. 最好不去回想过去的快乐时光。

二、媒介情境的品味信念

以下会多次提到“有意义媒介内容”，它是指那些能够让你获得心灵满足、精神提升的媒介内容，如接触后，令你获得有益知识、获取精神力量、发人深省、感受幸福等积极能量的电视、电影、报纸、杂志、微博、微信等媒介上的内容。

25. 设想将要接收“有意义媒介内容”就会感到愉悦。

26. 我不会太期待接收“有意义媒介内容”。

27. 期待接收“有意义媒介内容”，我感到喜悦。

28. 我认为期待“有意义媒介内容”就是在浪费时间。

29. 接收“有意义媒介内容”前，我能够体会到期待的乐趣。

30. 接收“有意义媒介内容”前，我很难感到兴奋与期待。

31. 通过设想接收“有意义媒介内容”，能让自己感觉良好。

32. 对“有意义媒介内容”期待的感觉并不好。

33. 我能够充分利用好接收“有意义媒介内容”的时光。

34. 在接收“有意义媒介内容”过程中，很难有美好的感觉。

35. 通过自身努力，我可以让接收“有意义媒介内容”时的愉悦感持续得久一些。

36. 不能从“有意义媒介内容”中获得快乐的最大原因在于我自己不愿意或不容易快乐起来。

37. 我认为自己能够完全地欣赏“有意义媒介内容”。

38. 即使是“接收有意义媒介内容”，我也不能从中获得乐趣。

39. 只要愿意，我很容易通过接收“有意义媒介内容”让自己快乐起来。

40. 即使接收“有意义媒介内容”，我也不能享受其中。

41. 回忆过去接收“有意义媒介内容”的美好时光，我感到快乐。

42. 我不喜欢回忆过去“接收有意义媒介内容”的时光。

43. 回忆过去接收的“有意义媒介内容”，我感觉良好。

44. 回忆过去接收的“有意义媒介内容”，我感到失落。

45. 我喜欢储存“有意义媒介内容”的接收记忆（比如剪报、截图、写影评等），留待以后回忆。

46. 我认为回忆过去接收的“有意义媒介内容”是在浪费时间。

47. 容易从“有意义媒介内容”接收的愉悦记忆中获得快乐。

48. 最好不去回想过去“有意义媒介内容”接收时的快乐时光。

三、基本信息

49. 您的性别是：________

50. 您的年龄是：

○ 18 岁以下

○ 18—25 岁

○ 26—30 岁

○ 31—40 岁

○ 41—50 岁

○ 51—60 岁

○ 60 岁以上

51. 您的文化程度是：

○ 初中及以下

○ 高中（含职高）

○ 大专

○ 大学本科

○ 硕士研究生

○ 博士研究生及以上

52. 您的月收入为：

○ 1000 元及以下

○ 1000 元≤X<3000 元
○ 3000 元≤X<6000 元
○ 6000 元≤X<10000 元
○ 10000 元≤X<15000 元
○ 15000 元及以上

53. 您目前从事的职业：

○ 全日制学生
○ 生产人员
○ 销售人员
○ 市场/公关人员
○ 客服人员
○ 行政/后勤人员
○ 人力资源
○ 财务/审计人员
○ 文职/办事人员
○ 技术/研发人员
○ 管理人员
○ 教师
○ 顾问/咨询
○ 专业人士（如会计师、律师、建筑师、医护人员、记者等）
○ 其他

附录 8　“梦想改造家”观后访谈提纲

1. 您在之前是否观看过“梦想改造家”节目？
2. 请用 3 个词语描述自己观看完节目的心情或收获。
3. 请用一句话对您刚才观看的节目进行评价。
4. 您在观看节目时是否全神贯注、非常投入？
5. 您在观看节目中有被感动到吗？若有，主要表现在哪些地方？
6. 您是否认为这档节目不错，愿意分享给其他人？

7. 节目中是否有令你想要流泪的地方？

8. 节目中可有某些情景令您回忆起自己以前的生活？

9. 您认为这一家人的生活会因这次节目而变得更幸福吗？

10. 观看节目后，是否让您对未来生活产生美好愿景？

11. 您是否有看过类似的其他节目？您认为这样的节目在价值塑造方面表现如何？

后　记

在我看来，《积极网络舆论引导论》是一项融合政治哲学、伦理学、舆论学、积极心理学与传播心理学以及中国传统文化等多学科理论与理念的研究，我更把它看作一项积极转向的传播心理学的学术成果。为了更好地理解书中所形成的理论框架与理论观点，我需要从过去十年间与学生们一起讨论的基于传播心理学的媒介素养课程理论与实践到积极媒介素养理论建构的脉络说起。

我的第一届硕士研究生汝晓红在2006年进入硕士研究阶段，并在我的“新闻与传播心理研究”课上对男大学生的网络游戏行为及其主观幸福感的关系非常感兴趣。当时我刚博士毕业，正以满腔热情投入媒介素养课程理论与实践的研究设想中，那时国内新闻传播学界也正聚焦于对西方媒介素养理念引入与博客元年之后的网络舆论和社会现象的讨论所引发的媒介素养理论与实践的本土化研究，对于汝晓红对大学生媒介实践观察的基础上所感兴趣的男大学生的网络游戏行为究竟是否基于积极的心理动因并产生了积极的心理效应，我不仅没能去感悟更多的研究必要性，甚至认为男大学生是需要在认知、审美、情感与道德方面对网络游戏行为给予批判性审视的。显然，我当时并没能意识到汝晓红是在尝试做一种积极转向的传播心理研究。因此，我给她的建议仅是去心理学的理论中弄清楚什么是主观幸福感。十年之后，我仍记得她告诉我，仅在积极心理学理论中看到几篇主观幸福感的研究性论文。这不难理解，虽说对人生意义与价值的诉求是中国哲学、心学与传统文化中所秉持的重心，但受“西学东渐”的学术研究惯性的影响，一直以来心理学主要是以负面心理与行为为研究对象的，而以幸福感为研究中心的积极心理学在2000年前后才成为世界心理学的一场新的革命，国内第一本《积极心理学》（任俊著）专著在2006年才出版。而对我来说，汝晓红的硕士研究课题，也无意中开启了我和学生们所从事的积极转向的传播心理研究。

还是要回到媒介素养课程理论与实践的研究轨迹中，沿袭我的博士导师刘京林教授的传播心理学理论研究路径，可以说，传播学、心理学的经验理论与批判理论奠定了我当时的媒介素养观，我们陆续开发了小学、高中以及大学的媒介素养实验教程，并在国内多地各年龄层级进行了学校范畴内的媒介素养教学研究。但这项计划并未如我所预期的那样能够积极地培植并提升中国青少年在媒介化环境中的和谐生存能力，在执行到2009年时，问题越发显露出来，诸如，高中生在课堂讨论环节会问老师，新闻是有选择性的，媒介都是经过建构而产生的，媒介背后都是为了博取利润或权利，媒介中都包含着价值和观点，那我们应该如何看待中央电视台的新闻联播？我们是不是可以随意在微博上发表对社会问题的质疑？高中生的这些问题令我们的高中媒介素养课程组的老师们感到困惑，甚至开始有了担忧。一方面，对自身处于“叛逆期”的高中生而言，媒介素养课程中涵盖的对媒介识读与批判角度的理念是否会令高中生在具有了媒介素养基本理念的基础上，走向唯有批判质疑而忽视批判的终极目标在于价值的建构？另一方面，传统媒介素养理念是与国外国情、社会发展状况相联系的，从个体角度考虑其与社会发展相适应的关系，对处于全面建设小康社会的转型时期的中国是不是合适呢？媒介素养理念是不是需要包括国家、社会与个体三个面向上的统合内涵呢？在这种情况下，我决定暂停媒介素养课程实践，回归到媒介素养的理论研究中来，不然我们的媒介素养课很可能不但没有帮助青少年习得符合中国国情的媒介素养，反倒可能成为他们获取媒介化幸福的某种“障碍”。

处于研究走向的困境之中，一方面，伴随着社交媒介实践场景的巨变，我开始尝试透过一些社会心理学理论对网络群体性事件中的网络舆论规律进行观察；另一方面，我很幸运地有了去美国得克萨斯A&M大学传播系跟随Srividya Ramasubramanian博士访学的机会，接触了Srividya和她的博士导师宾州州立大学的知名媒介心理学家Mary

Beth Oliver 教授的积极媒介效果研究。她们对有意义媒介的积极心理与行为效果的实证结论以及发挥媒介的积极作用带来社会积极转型的理论思考让我很受触动。不能否认，媒介对人们心理的负面影响一直是媒介心理学的主要研究内容，但媒介心理学家却已在暗淡的负面研究中转向对积极效果的关注，不仅发现着媒介的意义和美感，更在媒介对个体、社会与国家三个层面的积极贡献间建立起融合的理论模型，尝试发挥有意义媒介的积极效应，发展用户主体的积极素养。而我们却在沿袭媒介的负面效果的结论基础上形成的媒介素养观，在努力地培植青少年很可能“忘了初心”的批判性媒介素养。

这些来自媒介素养实践教学的困惑与媒介心理学的晚近理论的启发让我和学生们开始思考这样一些问题，媒介素养究竟是个体层面的素养，还是也兼有社会属性与国家属性？人究竟具有怎样的对有意义的媒介内容的使用动机，是被动的，还是主动的？人能在媒介化情境中获取幸福，那媒介化幸福是否不仅关涉人与媒介，人与自我，也涉及人与人、人与社会、人与国家的关系？人是如何透过网络情境中的自我呈现与表达实现对促进社会积极转型起作用的？有意义的媒介内容对人的积极心理素养（特质）的影响机制是怎样的？为了解决这些问题，我和学生们回到了政治哲学、伦理学、中国传统文化、积极心理学的理论中去汲取养分，并浸入到大量的网络群体性事件的传播实践中去观察，我们慢慢发现，一种“积极媒介素养”的理论构想在逐步形成。

费了好大的周折才说回到积极网络舆论引导的研究议题，或许在舆论学的已有视域中，舆论形成已从媒体议程更多地转向了公众表达，而舆论引导毕竟还是主流媒体的叙事，与公众媒介素养不仅难以建立起必然的联系，甚至是自说自话的。而我在前面梳理的研究与思考脉络中所极力表达的，也正如本书绪论部分所提及的亚里士多德关于人是“政治人”的判定，人只有通过政治参与，才获得作为人的价值，并且人应该具有智慧、节制、勇敢、正义等美德素养，才能更好地服务于共同体，基于这样的理论与思考，舆论引导与公众主体之间从传播动机、传播内容的表征到传播影响的心理机制都是互相联系、互相顺应的，而非对立、矛盾的，由此看来，积极网络舆论引导论，既是新型主流媒体的舆论引导理论，也是作为舆论主体的公众的积极媒介素养的形成与培植理论。但为了提供更便于符合已有研究惯式的分享，本书所侧重的是积极舆论引导的理论建构，对积极媒介素养的理论内涵将在另一本《积极媒介素养论》一书中给予阐释。

那么，《积极网络舆论引导论》都说了什么？我们认为，本书基于中国步入全面建成小康社会关键时期的重大转型背景，将作为国家战略的主流媒体舆论引导放置于国家与市民社会良性互动的结构脉络之中，独辟蹊径地建构了积极网络舆论引导的理论体系，将针对负面网络舆论引导的重心转化为强化并发展积极网络舆论的轨道上来，夯实了正面舆论引导的理论与道路自信，确立了积极网络舆论主体、积极网络舆论拟态主体（新型主流媒体）的理论内涵，采纳实证研究方法发现了积极网络舆论形成的内在个体、群体心理动因与相关媒介环境因素，阐释了积极网络舆论引导的具体价值内涵与引导策略。本书既可作为媒体部门工作者从事舆论应对与管理的参考专著，也适用于高校和科研机构从事舆论学的研究者，同时也可为提高公众的媒介化生存能力带来帮助。

本书也存在一些遗憾，诸如，连续申请基金都未能获立；因经费的不足，部分研究所涉及调查对象仅限于大学生群体；在对社交网络的文本选取中，也仅以微博为例，而尚未涉及微信、APP、视频弹幕网站以及移动直播平台等新型社交媒介形态，等等。尽管如此，我们也期待将这项自2013年底进入实际操作阶段的，集中四位老师与五位硕士研究生智慧努力的工作结果与更多的人分享。

本书各章的作者分工如下：

绪论　闫欢　闫放　霍美辰

第一章　刘璐　闫欢

第二章　刘璐　闫欢

第三章　赫芳随　闫欢

第四章　闫欢　闫放　刘绩宏

第五章　李敏　闫欢

第六章　郭慧清　闫欢

第七章　沈赟　闫欢

此外，硕士研究生吴松林、陈德强对本书进行了校对；硕士研究生董小宇、牛梦妍、张才益、王云龙、陈德强、刘铭宏、吴松霖、于博、侯碧丹、刘家豪同学参与了本书绪论与第四章的文献查阅、基础研究工作；张浩田、袁歆越等同学参与了第四章中的编码分析工作。

感谢东北师范大学传媒科学学院教授委员会主任王以宁教授、东北师范大学社科处关丰富老师，感谢东北师范大学青年学者出版资金、中央高校基本科研业务费专项资金为本书出版提供的资助。

感谢我的学生们，每周在传媒东楼205室开会讨论的日子仍历历在目。我想正如我大女儿ying所言，这项研究不仅让我们看到媒介的意义，也使我们互相之间更加理解，并在对积极取向的研究中让我们每个人成为更积极生活的人。我想，这真是研究本身带给我们的幸运与福利。

感谢我16岁的大女儿和6岁的小女儿，我的丈夫，还有我亲爱的妈妈，在本书写作过程中对我的支持。谢谢你们。

闫欢

2016年11月29日

于东北师范大学净月高级公寓